基礎から学ぶ

建築構造力学

理論と演習からのアプローチ

中川　肇

まえがき

　筆者は大学院修士課程修了後，民間の建設会社に就職し構造設計，研究開発業務に従事していた。民間の実務経験を生かし，平成14年4月に国立明石工業高等専門学校に赴任した。

　平成17年4月より，建築学科2年生，4年生に対し「建築構造力学」を教えることになったが，まず困ったのが教科書である。世の中には，構造力学の教科書が数多く出版されており，どの書物を教科書にするか迷うところである。複数の書籍を拝見したところ，理論は丁寧に解説されているが，演習問題の量が少なく，解答がかなり省略されており，学生が演習問題を解く際の手助けにならない教科書が多く見受けられた。逆に理論は非常に簡単に紹介されているが，演習問題が多く掲載されている教科書もある。構造力学の教科書は，一長一短と言わざるを得ない。

　筆者は学生時代，構造力学の教科書・参考書を机に複数ならべ，この理論を理解するために複数の教科書を学習したものであるが，最近の学生は一つの教科書で理解を求める場合が多い。

　本書は，高専生及び大学生を対象に，1章〜14章までを「静定構造物編」とし，12章，15章〜18章までを「不静定構造物編」に分けて構成し，できるだけ丁寧に理論を解説し，また学生が必ず引っかかる項目については，可能な限り説明を加えた。また，章ごとに例題を通して構造力学の理解を深め，章末に演習問題（基礎から応用）を複数，掲載し，学生自身が解答できるように，演習問題の解説を丁寧に書いた。

　本書を学習することで，大学（工学部）3年次編入学試験，大学院（前期課程）入学試験および1級・2級建築士学科試験（学科Ⅳ・学科Ⅲ）に十分対応できるものと考えている。また，構造力学をしっかり学習し，構造嫌いを少しでもなくしてほしいと願うものである。構造力学が鉄筋コンクリート構造，鉄骨構造，土質基礎構造，建築振動学などの基礎となっていることを十分に理解してもらいたい。

　実社会の構造設計を見てみると，現代のコンピュータの発達で簡単に応力が算出できるようになり，構造計算が容易にできるようになった。有り難い現象であるが，実は深いブラックボックスともいえよう。構造設計者が手計算をほとんどしなくなった今，構造物にどのような応力や変形が生じているかを，どの程度チェックすることが可能だろうか。構造計算で一番必要なことは，自分の手で丹念に計算し，それぞれの構造物に適した経済的で最適な設計を目指すことである。

将来，構造設計を目指す学生諸君は，構造力学が構造設計の基礎となっていることを十分に理解してもらえるならば，このブラックボックスを打破することは容易である．

　本書の出版に際して，多大のご尽力とご支援を賜わった株式会社井上書院，代表取締役社長の関谷勉氏と本書の編集にご尽力頂きました高橋揚一氏には，厚くお礼を申し上げます．

2013年8月　　著　者

目 次

まえがき ……………………………………………………………………… 3

1章 建築構造と力学 ——————————————————————— 10
1.1 概要 ……………………………………………………………… 10
1.2 構造設計と構造力学の関係 …………………………………… 10
1.3 荷重と単位 ……………………………………………………… 12

2章 力とは ——————————————————————————— 14
2.1 概要 ……………………………………………………………… 14
2.2 力とは …………………………………………………………… 14
2.3 力の合成と分解 ………………………………………………… 15
2.4 力の釣り合い …………………………………………………… 17
演習問題 …………………………………………………………… 18

3章 構造物のモデル化 ————————————————————— 20
3.1 概要 ……………………………………………………………… 20
3.2 構造物の構成 …………………………………………………… 20
3.3 支点 ……………………………………………………………… 20
3.4 節点 ……………………………………………………………… 21
演習問題 …………………………………………………………… 22

4章 反力と応力 ————————————————————————— 23
4.1 概要 ……………………………………………………………… 23
4.2 反力 ……………………………………………………………… 23
演習問題－1 ……………………………………………………… 24
4.3 応力 ……………………………………………………………… 25
演習問題－2 ……………………………………………………… 27

5章 静定梁 ——————————————————————————— 30
5.1 概要 ……………………………………………………………… 30
5.2 片持ち梁の応力 ………………………………………………… 30
5.3 単純梁の応力 …………………………………………………… 32
5.4 ゲルバー梁の応力 ……………………………………………… 36
演習問題 …………………………………………………………… 38

6章　静定ラーメン ― 40
- 6.1　概要 ― 40
- 6.2　片持ち梁型ラーメンの応力 ― 40
- 6.3　単純梁型ラーメンの応力 ― 42
- 6.4　3ヒンジラーメンの応力 ― 43
- 演習問題 ― 45

7章　静定トラス，アーチと合成ラーメン ― 48
- 7.1　概要 ― 48
- 7.2　静定トラスの解法 ― 48
- 演習問題－1 ― 52
- 7.3　静定アーチの解法 ― 53
- 7.4　合成ラーメンの解法 ― 54
- 演習問題－2 ― 55

8章　応力度とひずみ度 ― 56
- 8.1　概要 ― 56
- 8.2　応力度の種類 ― 56
- 8.3　応力度の関係 ― 57
- 8.4　主応力度とモールの応力円 ― 58
- 8.5　ひずみ度の種類 ― 61
- 8.6　弾性係数 ― 61
- 8.7　複合構造の応力度とひずみ度 ― 62
- 演習問題 ― 63

9章　部材断面の性質 ― 65
- 9.1　概要 ― 65
- 9.2　断面1次モーメントと図心の関係 ― 65
- 9.3　断面2次モーメント ― 66
- 9.4　断面係数 ― 67
- 9.5　断面極2次モーメントと断面相乗モーメント ― 68
- 9.6　断面の主軸 ― 68
- 9.7　断面2次半径 ― 70
- 演習問題 ― 71

10章　部材断面の応力度 ― 73
- 10.1　概要 ― 73
- 10.2　軸方向応力度 ― 73
- 10.3　曲げ応力度 ― 73

	10.4 せん断応力度 ………………………………………………………	76
	10.5 軸方向力と曲げモーメントを受ける部材の複合応力度 ………	77
	10.6 断面の核 …………………………………………………………	77
	10.7 座屈 ……………………………………………………………	79
	演習問題 ……………………………………………………………	81

11章　静定梁の変形 ─────────────────────── 83
	11.1 概要 ……………………………………………………………	83
	11.2 弾性曲線による解法 ……………………………………………	83
	11.3 モールの定理による解法 ………………………………………	85
	演習問題 ……………………………………………………………	87

12章　構造物の安定・不安定と静定・不静定 ─────────── 89
	12.1 概要 ……………………………………………………………	89
	12.2 安定・不安定と静定・不静定 …………………………………	89
	演習問題 ……………………………………………………………	91

13章　仕事とひずみエネルギー ───────────────── 92
	13.1 概要 ……………………………………………………………	92
	13.2 外力仕事と内力仕事 ……………………………………………	92
	13.3 ひずみエネルギー ………………………………………………	93
	13.4 仮想仕事の原理 …………………………………………………	96
	演習問題−1 ………………………………………………………	99
	13.5 カスチリアノの定理 ……………………………………………	101
	演習問題−2 ………………………………………………………	106

14章　静定構造物の変形 ───────────────────── 108
	14.1 概要 ……………………………………………………………	108
	14.2 仮想仕事の原理を用いた静定トラスの変形 …………………	108
	14.3 仮想仕事の原理を用いた静定ラーメンの変形 ………………	109
	演習問題 ……………………………………………………………	112

15章　仮想仕事の原理を用いた不静定構造物の解法 ─────── 114
	15.1 概要 ……………………………………………………………	114
	15.2 仮想仕事の原理を用いた不静定梁の解法 ……………………	114
	15.3 最小仕事の原理を用いた不静定トラスの解法 ………………	123
	演習問題 ……………………………………………………………	125

16章　たわみ角法を用いた不静定構造物の解法 —— 128
- 16.1　概要 —— 128
- 16.2　材端モーメント，節点角，部材角 —— 128
- 16.3　たわみ角法の基本式 —— 129
- 16.4　節点方程式 —— 134
- 演習問題－1 —— 138
- 16.5　等価剛比，分割率，到達率 —— 140
- 16.6　層方程式 —— 142
- 演習問題－2 —— 145

17章　固定モーメント法を用いた不静定構造物の解法 —— 146
- 17.1　概要 —— 146
- 17.2　固定モーメント法の原理 —— 146
- 17.3　固定モーメント法を用いた不静定構造物の解法 —— 148
- 演習問題 —— 151

18章　構造物の塑性解析と崩壊メカニズム —— 152
- 18.1　概要 —— 152
- 18.2　崩壊形の種類と仮想仕事法を用いた構造物の崩壊荷重の計算法 —— 152
- 18.3　仮想仕事法を用いた構造物の塑性解析 —— 154
- 18.4　保有耐力設計法と崩壊メカニズム —— 156
- 演習問題 —— 157

演習問題解答 —— 159

- 参考文献 —— 195
- 索引 —— 196

1章　建築構造と力学

1.1 概要

　建築を学び始めた学生は，誰も建築構造力学を一度は学ばなければならない。建築構造力学をなぜ学ぶ必要性があるのだろうか。意匠設計者や設備設計者が構造設計を知らなくても，建築物は設計，施工できると考えている学生はいないだろうか。
　日本は，世界でも有数の地震国の一つである。1995年の兵庫県南部地震以後，マグニチュード6以上の大地震，例えば，鳥取県西部地震（2000），芸予地震（2001），十勝沖地震（2003），新潟県中越地震（2004），紀伊半島南東沖地震（2004），福岡県西方沖地震（2005），能登半島地震（2007），新潟県中越沖地震（2007），岩手・宮城県内陸地震（2008），東北地方太平洋沖地震（2011）など，日本を縦断するかたちで大地震が多発している。地震国日本で建築を志す学生にとって，建築構造力学は建築構造の基礎学問である。
　建築意匠，構造，設備設計を専門とする技術者の誰もが，建築構造の概念と建築構造力学の知識をもっていなければ，地震などの自然災害に強い耐震安全性に優れた建築物を設計することは難しい。
　本章では，建築構造力学の序章として，建築物の設計（意匠・構造・設備）から施工の流れを説明し，建築構造に関するさまざまな構造種別，荷重と単位，建築構造と力学との関係性について解説する。

1.2 構造設計と構造力学の関係

　建築は，計画（意匠デザイン），環境，構造，施工の4分野で構成されている。ここで，建築物が竣工するまでの過程を説明する。図1.1には，施主（以下，建築主）から建築物の設計，施工の依頼を受け，建築設計士と建築主との間で，建築主の要望を聞き，基本設計（スケッチ）を行う。その後，意匠設計図（基本設計図）が構造設計者，設備設計者にわたり，構造計画，設備計画が始まる。
　基本設計が進むと，三者で打合せを行い，設計に対しくい違いがないか確認し，くい違いが生じている場合は調整を行う。建築主の確認後，各分野において実施設計が開始される。実施設計が完了すると，役所の確認申請あるいは大臣認定をともなう検査機構への申請（評価・評定）に入る。
　確認申請の許可後，建築物の施工段階に入り，土工事，山留め，基礎工事および躯体工事（コンクリート，鉄筋，鉄骨工事）が完了するまでは，構造設計者が検査等に立会い，設計図通りに施工が進んでいるかをチェックする。躯体工事完了後は外装・内装工事，設備工事に移り，ここからは意匠・設備設計者が担当となり，その都度チェックすることになる。施工が完了すると役所，建築主の検査を受け，引渡しとなる。
　以上のように，建築物の竣工までの一連の作業には多くの人間が携わり，品質性，機能性に優れた建築物の完成を目指している。
　建築物の設計には，意匠設計（デザイン），構造設計，設備設計の3分野の設計行為がある。意匠設計は，建築という空間デザインを担当，構造設計は意匠設計を具体的

1章　建築構造と力学

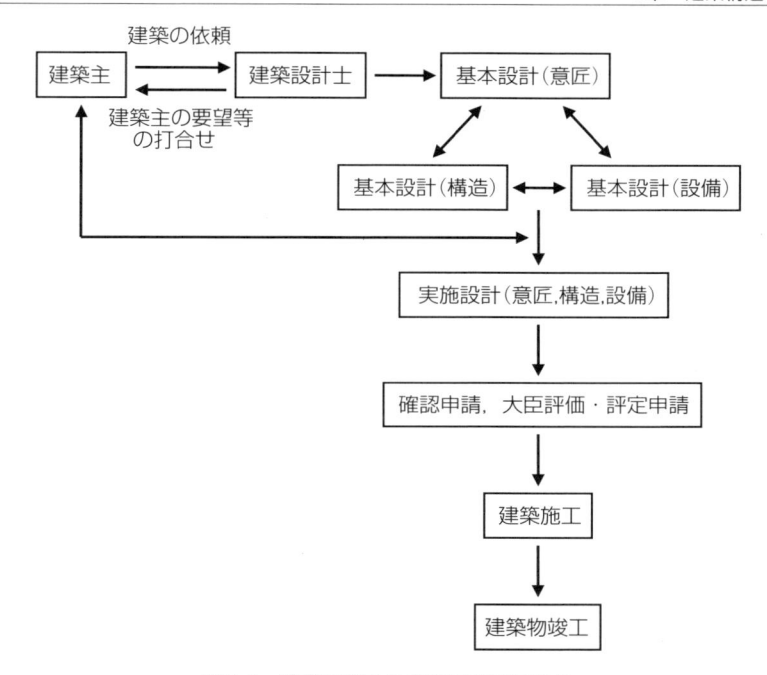

```
              建築の依頼
  ┌─────┐ ←───────→ ┌──────┐ ───→ ┌──────────┐
  │建築主│               │建築設計士│      │基本設計(意匠)│
  └─────┘               └──────┘      └──────────┘
     ↑    建築主の要望等                    ↕     ↕
     │    の打合せ                          │     │
     │                       ┌──────────┐ ↔ ┌──────────┐
     │                       │基本設計(構造)│   │基本設計(設備)│
     │                       └──────────┘   └──────────┘
     │                                 ↓
     │                       ┌────────────────┐
     └───────────────────────│実施設計(意匠,構造,設備)│
                             └────────────────┘
                                      ↓
                             ┌────────────────┐
                             │確認申請,大臣評価・評定申請│
                             └────────────────┘
                                      ↓
                               ┌──────┐
                               │建築施工│
                               └──────┘
                                      ↓
                               ┌───────┐
                               │建築物竣工│
                               └───────┘
```

図1.1　建築の設計から施工までの流れ

に実現するための構造骨組を設計することを担当，設備設計は，意匠，構造設計の中に空調，給排水・衛生，電気，情報通信等の設備を担当する。図1.1に示すように，それぞれの分野が融合し建築物の設計が成立する。

　ここで，建築物の構造種別について少し紹介する。建築物の構造には，木造[※1]，鉄筋コンクリート構造[※2](RC造)，鉄骨造[※3](S造)，鉄骨鉄筋コンクリート構造[※4](SRC造)，プレストレスコンクリート構造[※5](PC構造)，コンクリート充填鋼管構造[※6](CFT構造)が挙げられる。

　このような構造物を設計する場合，予想される外力，例えば，常時作用する荷重，地震や風などの外力が作用すると，構造物は変形し応力が発生する。この応力と変形の関係を数学的に算出するのが**構造力学**である。

　構造力学での計算が，構造物の耐震安全性を決定する重要な因子となる。構造設計にとって，構造力学との関係は深く，この計算が構造設計の良し悪しを決定するといっても過言ではない。

※1：wooden structure　　※2：reinforced concrete structure　　※3：steel structure
※4：steel and reinforced concrete structure　　※5：pre-stressd concrete structure
※6：concrete filled steel tube strucuture

1.3 荷重と単位

構造力学で取り扱う荷重には，3種類が存在する。構造物に常時作用している荷重は**鉛直荷重**（**長期荷重**）と呼ばれ，時間とともに変動する荷重として，地震荷重，風圧力などは**非常時荷重**と呼ばれる。また，衝撃的に構造物に作用する荷重は**衝撃荷重**と呼ばれている。

長期荷重は，「固定荷重＋積載荷重」の和で表現するように，建築基準法で規定されている。

固定荷重は，図1.2に示すような任意階の床，梁，天井，壁の重量を計算した荷重であり，積載荷重は建築基準法施行令第85条に記載されている建築物の用途（事務所，住宅等）に応じて規定されている。人，家具，机，事務機器など，室内に設置されているものが積載荷重の対象となる。

一方，短期荷重は，「長期荷重＋非常時荷重（地震荷重，風荷重）」の和で表現される。地震荷重および風荷重の詳細は，建築基準法を参照されたい。

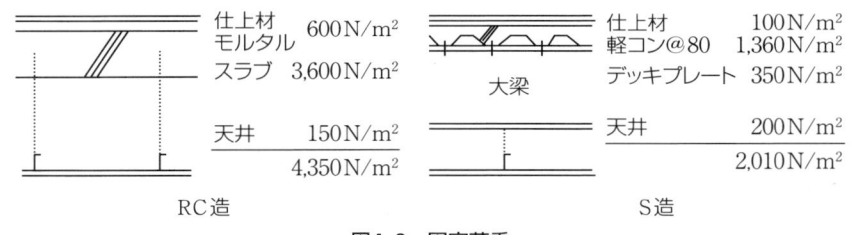

RC造		S造	
仕上材モルタル	600 N/m²	仕上材	100 N/m²
スラブ	3,600 N/m²	軽コン@80	1,360 N/m²
		デッキプレート	350 N/m²
天井	150 N/m²	天井	200 N/m²
	4,350 N/m²		2,010 N/m²

図1.2 固定荷重

構造力学の計算で最も使用される荷重は，**集中荷重**[※7]と**等分布荷重**[※8]である。

図1.3 (a) は，集中荷重と等分布荷重を示している。集中荷重は部材の1点に集中す

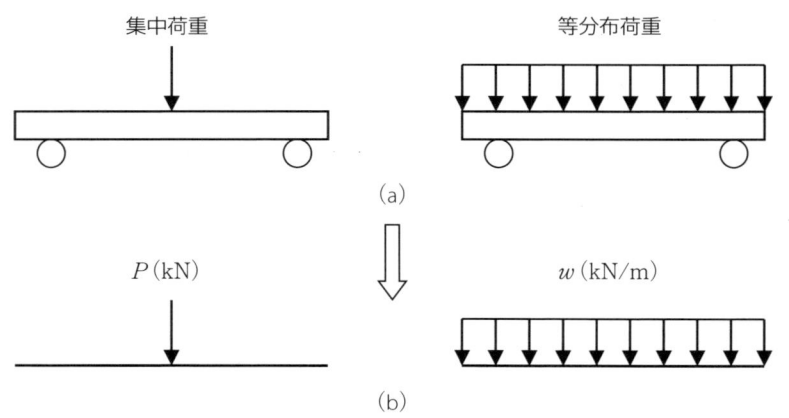

図1.3 集中荷重と等分布荷重

※7：concentrated load　※8：uniformly distribution load

る荷重で，等分布荷重は部材に均等に分布する荷重である。それぞれの単位は，〔kN〕と〔kN/m〕で表現される。図1.3(a)を構造力学でのモデル図で描くと，図1.3(b)となる。

構造力学で使用される単位系を，**表1.1**に示す。

表1.1 構造力学の使用単位

使用対象	単位
部材寸法	mm, cm
部材長（距離）	mm, m
断面積	mm^2, cm^2
力	N, kN
モーメント	kNm
応力度	N/mm^2
仕事量，エネルギー	kNcm, kNm

2章　力とは

2.1 概要

力[※1]は，力学的に「質量[※2]に加速度[※3]を乗じたもの」と定義してもなかなか実感がわかない。例えば，重い荷物を持ったり，背負ったりした場合の重さ，通学での満員電車やバスの中において，人に押されたりした場合に作用する押す力，運動会で綱引きで綱を引く場合の力が，構造力学でいう「力」と同じ意味である。

本章では，力と力のモーメント[※4]の定義および力の合成，分解，釣り合い[※5]について学ぶ。力の合成は，「1点に加わる力の合成」，「1点に集中しない力の合成」を図式解法と数式解法で解説する。また，力の分解および釣り合いについては，力の合成と同じように，図式解法と数式解法で解説する。

2.2 力とは

2.2.1 力の定義と表示

力が物体に作用し，力が釣り合うための条件を考えてみよう。図2.1の物体に，力 F が作用すると，物体は右に移動する。力 F は，ニュートンの第2法則により定義され，次式のように与えられる。

$$F = m \times \alpha \quad (\text{力}Fは，物体の質量mと加速度\alphaの積で表示) \quad (2.1)$$

力はベクトル量であるので，力を表すには，図2.2に示すような3つの要素，**大きさ**，**向き**（方向，作用線），**作用点**が必要となる。この3つの要素を**力の3要素**という。

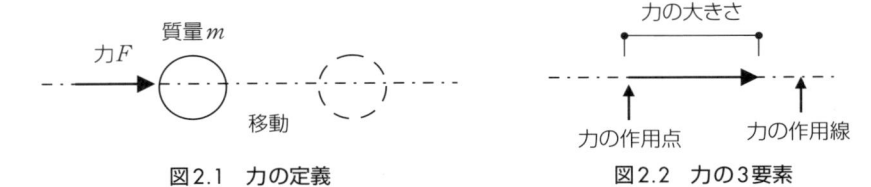

図2.1　力の定義

図2.2　力の3要素

2.2.2 力のモーメント

物体が力を受けて，任意の点を中心に，物体の各部が円運動を示す作用を**回転**[※6]という。その作用の大きさは，力と回転の中心との距離の積で表され，これを**力のモーメント**[※7]という。

図2.3に，力のモーメントの一例を示す。同図より，力のモーメント

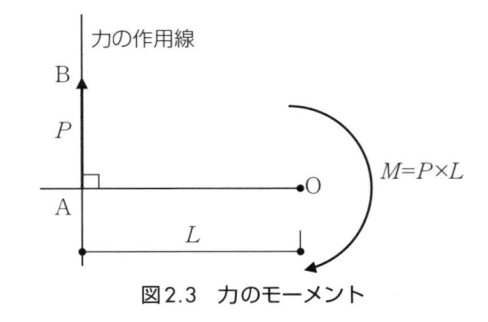

図2.3　力のモーメント

※1：force　※2：mass　※3：acceleration　※4：moment of force
※5：resultant, components and equilibrium of force　※6：rotation　※7：moment of force

M は，O点から力の作用線（AB間）に向かって垂線を下ろし，その長さがモーメントに関する距離となる。

ここでは，上述した力のモーメントを例題2.1で実際に求めてみる。

例題 2.1

図2.4に示す4つの力（$P_1 \sim P_4$）により，A点に生じるモーメントM_A（kNm）を求めなさい。

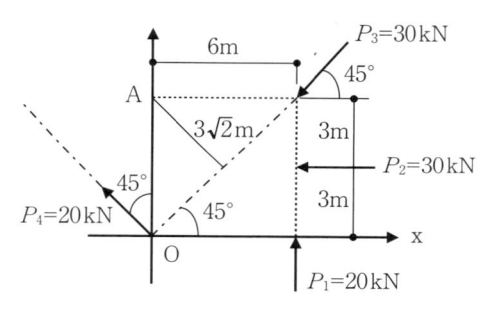

図2.4 力のモーメント

[解説]

図2.4より，A点に生じるモーメントM_Aは，次の値となる。

$$M_A = -20 \times 6 + 30 \times 3 + 30 \times 3\sqrt{2} + 20 \times 3\sqrt{2}$$
$$= -30 + 150\sqrt{2} = 182.1 \text{kNm}$$

2.3 力の合成と分解

2.3.1 力の合成

物体に加わる多くの力を，一つの力に合成することができる。これを**力の合成**という。合成された力を**合力**という。この合成の方法には，**図式解法**と**数式解法**の2種類がある。ここでは，「1点に加わる力の合成」と「1点に集中しない力の合成」を図式解法，数式解法で実際に求めてみる。

1) 1点に加わる力の合成

図2.5には，O点に2つの力が作用している。この2つの力をベクトル的に合成すると，合力Rとなる。この図上で合力を求める解法を，図式解法という。図2.5の場合，力の平行四辺形を描き，合力Rを求めることができる。また，力を平行移動することによって，合力Rを求めることも可能である。図2.6にその例を示す。

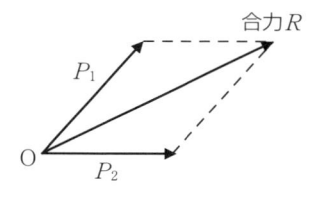

図2.5 力の合成（図式解法）　　図2.6 力の合成（図式解法）

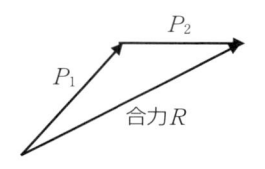

次に，図2.5に示す2つの力を，数式解法を用いて合力を求める。図2.7に示すように，2つの力において，X座標系とY座標系を設定する。斜めの力P_1をX，Y座標系に分解し，3平方の定理より合力Rを求める。

合力Rは，図2.7より，次の値となる。

$$R = \sqrt{(P_2 + P_1\cos\theta)^2 + (P_1\sin\theta)^2}$$
$$= \sqrt{P_1^2 + P_2^2 + 2P_1 \times P_2\cos\theta}$$
$$\theta = \tan^{-1}\left(\frac{P_1\sin\theta}{P_2 + P_1\cos\theta}\right) \quad (2.2)$$

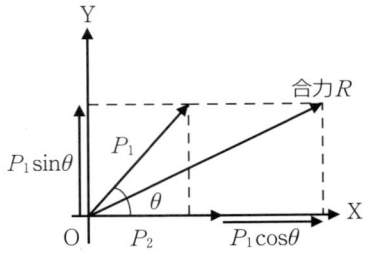

図2.7　力の合成(数式解法)

2) 1点に集中しない力の合成(数式解法)

ここでは，例題2.2に対して，「1点に集中しない力の合成」を数式解法を用いて解説する。

例題 2.2

図2.8に示すように，直線部材のOA間に等分布荷重3kN/m，B点に集中荷重10kNが作用している力の合力を，数式解法を用いて求め，図示しなさい。

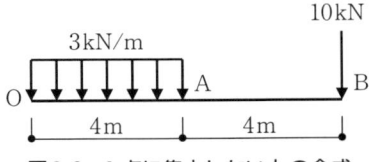

図2.8　1点に集中しない力の合成

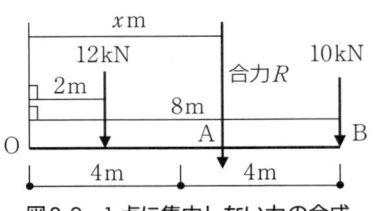

[解説]

図2.8の等分布荷重を集中荷重に置換し，合力を求める。また合力がO点まわりに作るモーメントと，2つの力が作るモーメントの和が等しいと解くと，合力の位置が決定できる。

合力$R = 3 \times 4 + 10 = 22$kN（鉛直下向き）

合力の位置をO点からxmとすると，

合力が作るO点まわりのモーメント：$R \times x = 22x$

2つの力が作るO点まわりのモーメント：$12 \times 2 + 10 \times 8 = 104$kNm

よって，合力の位置xは，次の値となる。

$22x = 104$より，$x = 4.73$m（O点から）

図2.9　1点に集中しない力の合成

3) 任意の点に作用する力の合成(図式解法)

図2.10に示す物体に，2つの力が作用している。この2つの力を合成し，合力を求める。図式解法の手順を以下に示す。

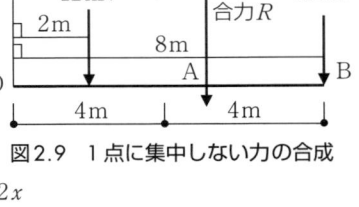

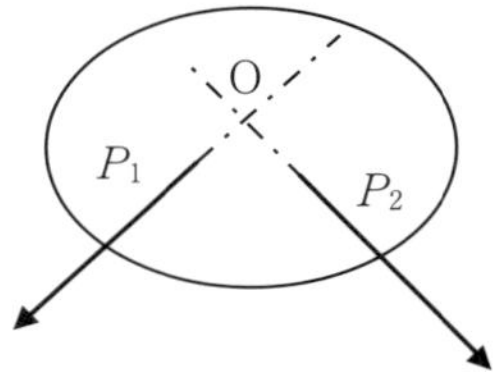

図2.10　任意の点に作用する力の合成

[解法の手順]

①図の横に任意の点Oを取る。

②図2.10を参考に，2つの力P_1，P_2を平行移動し，合力Rを図示し，図2.11の力の三角形(多角形)を描く。

③力の多角形でのそれぞれの点をa, b, cとつける。
④図2.11中のaとO, bとO, cとOを結ぶ。
⑤直線aOに平行に, **図2.12**に直線Ⅰを任意に引く。直線ⅠとP₁の交点をAとする。
⑥A点から, 直線bOと平行に直線Ⅱを引く。直線ⅡとP₂の交点をBとする。
⑦B点から, 直線cOと平行に直線Ⅲを引く。直線ⅠとⅢの交点をCとする。C点を通るように, 合力Rを図示する。

①〜⑦の手順に従い, 合力を求め図示すると, 図2.12となる。

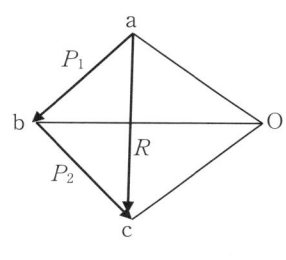

図2.11 力の多角形

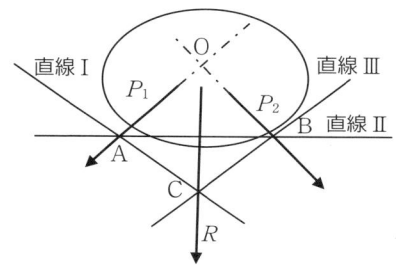

図2.12 合力の図示

2.3.2 力の分解

2つの力を合成すると1つの力になったのと逆に, 力を2つ以上の力に分解することも可能である。これを**力の分解**といい, この分けられた力を**分力**という。

ある点に斜め方向(角度θに対して)に, 力が作用している場合, その力を平面内でX座標とY座標方向に分解することが可能である。ここでは, 力の分解を, **図2.13**をもとに解説する。

図2.13には, O点から角度θをもつ合力Pが作用しており, 合力PをX座標系, Y座標系に分解する。

図2.13より,

$$\left. \begin{array}{l} P_x = P\cos\theta \\ P_y = P\sin\theta \end{array} \right\} \tag{2.3}$$

ここで, P_x, P_yを分力という。

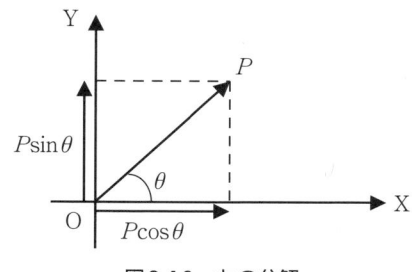

図2.13 力の分解

2.4 力の釣り合い

力が釣り合うということは, 物体に力が作用しても移動, 回転が生じない状態のことである。

例えば, **図2.14**(a)に示すような物体に, 左右に同じ力Pが作用していると, 物体が移動, 回転を生じることはない。つまり, 静止の状態を保っていることを意味する。

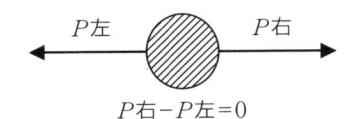

図2.14(a) 2つの力の釣り合い

また，図2.14(b)のように，O点に3つの力が作用し，互いに釣り合っている場合，これを**力の釣り合い**という。

力が釣り合うための必要十分条件は，
①力の多角形が閉合していること（図解的）。
②力の釣り合い条件式が成り立つこと（数式的）。

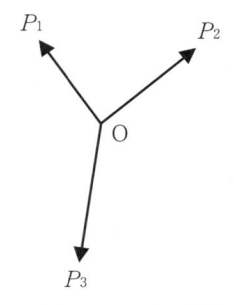

$$\left.\begin{array}{l}\sum X = 0（水平方向）\\ \sum Y = 0（鉛直方向）\\ \sum M = 0（回転方向）\end{array}\right\} \qquad (2.4)$$

図2.14(b) 3つの力の釣り合い

例題 2.3

図2.15には，O点に4つの力が作用している。この4つの力が釣り合っていることを証明しなさい。ただし，例題2.3では数式解法とする。

[解説]

図2.15より，力 F_2，F_4 を X，Y 座標系に分解し，4つの力に対し，(2.4)式の釣り合い条件式を立てる。

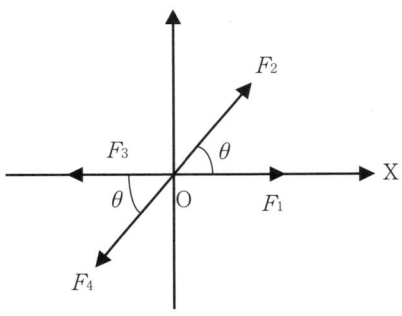

図2.15 力の釣り合い

$\sum X = 0 : F_1 - F_2 + F_2\cos\theta - F_4\cos\theta = F_1 - F_3 + (F_2 - F_4)\cos\theta = 0$ (2.5)
$\sum Y = 0 : F_2\sin\theta - F_4\sin\theta = (F_2 - F_4)\sin\theta = 0$ (2.6)

(2.6)式において，$\sin\theta \neq 0$ より，$F_2 = F_4$ (2.7)

(2.7)式を(2.5)式に代入し，右辺 = 0 になるためには，$F_1 = F_3$ なければならない。以上より，4つの力は釣り合っている（証明終了）。

=== 2章 演習問題 ===

[問2.1] 図2.16に示す力の合力 R を，図式解法あるいは数式解法により求めなさい。

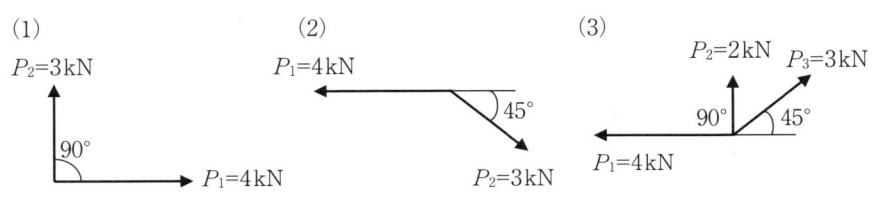

(1) $P_2 = 3\text{kN}$，$90°$，$P_1 = 4\text{kN}$

(2) $P_1 = 4\text{kN}$，$45°$，$P_2 = 3\text{kN}$

(3) $P_2 = 2\text{kN}$，$P_3 = 3\text{kN}$，$90°$，$45°$，$P_1 = 4\text{kN}$

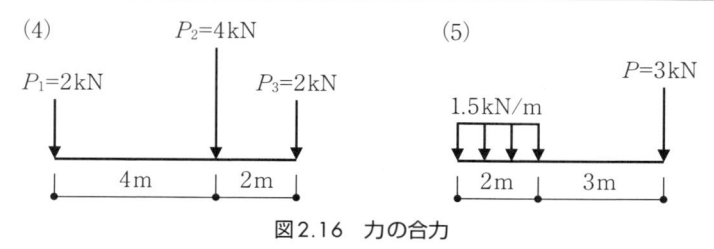

(4)
$P_1=2$kN, $P_2=4$kN, $P_3=2$kN
4m, 2m

(5)
$P=3$kN
1.5kN/m
2m, 3m

図2.16　力の合力

[問2.2] 図2.17に示すA点には，どのような力およびモーメントが作用すれば釣り合うか求めなさい。

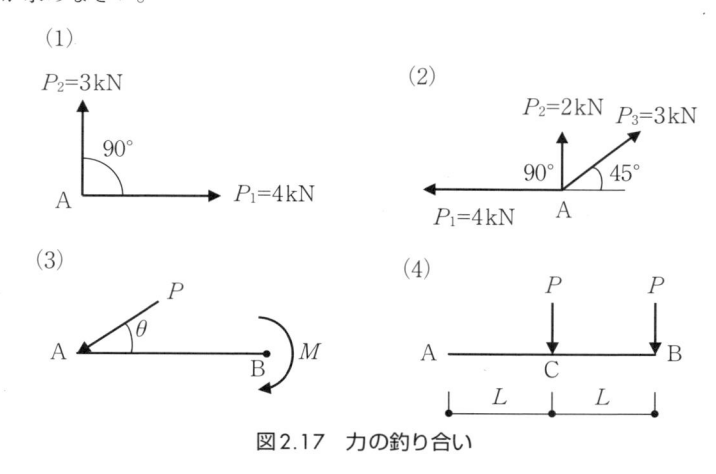

(1) $P_2=3$kN, $P_1=4$kN, 90°

(2) $P_2=2$kN, $P_3=3$kN, $P_1=4$kN, 90°, 45°

(3) P, θ, M, A, B

(4) P, P, A, C, B, L, L

図2.17　力の釣り合い

[問2.3] 図2.18に示す，平行な4つの力 ($P_1 \sim P_4$) は釣り合っている。力の釣り合い条件式を考え，P_2とP_4を求めなさい。

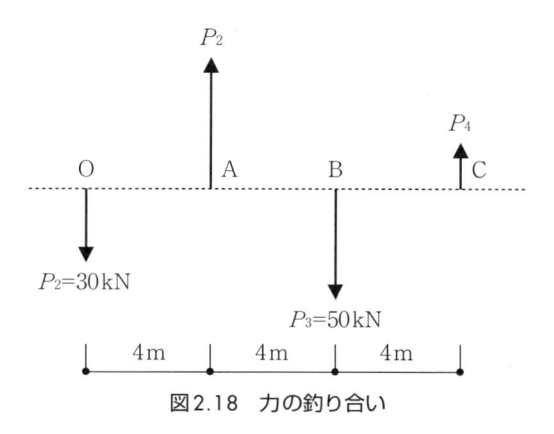

O, A, B, C
P_2 (上向き), P_4 (上向き)
$P_2=30$kN (下向き，Oで), $P_3=50$kN (下向き，Bで)
4m, 4m, 4m

図2.18　力の釣り合い

3章　構造物のモデル化

3.1　概要

　建築構造物は，非常に複雑な構造体である。この複雑な構造体のすべてを考え解析や設計をしようとすれば，大規模で汎用性に富んだコンピュータが必要となる。

　しかし，建築構造物は，実際には，柱，梁，壁，床などの自重や地震力に抵抗する構造部材とそれ以外の非構造部材から構成されている。これらの部材は3次元的な構造で組み立てられるが，建築構造力学を学ぶ上で，取り扱いを簡単にするために，2次元の鉛直面内にある平面構造物として考える。

　また，構造部材は，幅や高さ(成)をもっているが，それを部材の中心にある線上の部材，線材としてモデル化する。本章では，建築構造物の構成（モデル化），支点，節点について解説する。

3.2　構造物の構成

　図3.1(a)のような実際の建築構造物は，柱，梁，床，壁，基礎から成り立っている。構造力学では，(b)図のような線材として平面的な力学モデルに置換される。柱と梁の交点を**節点**といい，柱脚と基礎の節点を**支点**という。

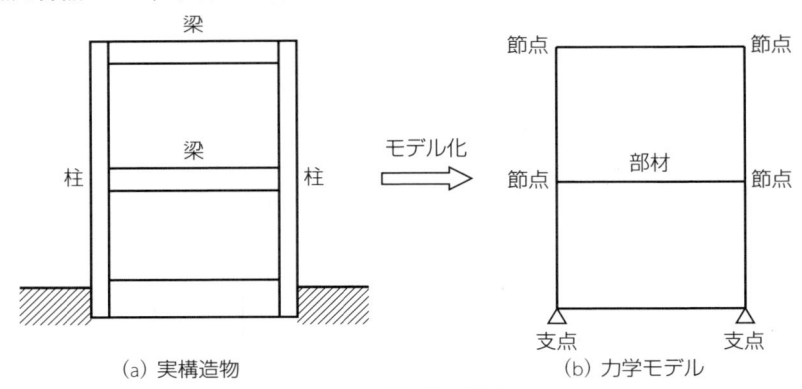

図3.1　構造物の構成

3.3　支点

　建築構造物は，何らかの方法（直接基礎，べた基礎，杭基礎）で支持され，作用した力を地盤に伝達する必要がある。この支持点のことを**支点**[※1]という。

　支点には**反力**[※2]が作用するので，反力の数に応じて支点の種類が分類される。

　本節では，反力を次の記号で表す。水平反力はH，鉛直反力はV，モーメント反力はMとする。

(1) ローラー支点(支持端[※3])

　図3.2に示す支点で，鉛直方向に関し移動不可（拘束），水平・回転方向に自由（非拘

※1：support　　※2：reaction force　　※3：roller support

束)である．したがって，反力は鉛直反力のみである．

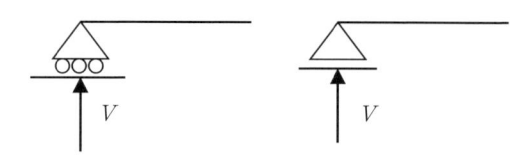

図3.2 ローラー支点

(2) ピン支点(ヒンジ端，回転端)[※4]
　図3.3に示す支点で，鉛直・水平方向に関し移動不可(拘束)，回転方向に自由(非拘束)である．したがって，反力は鉛直・水平反力の2種類である．

(3) 固定支点[※5]**(固定端)**
　図3.4に示す支点で，鉛直・水平・回転方向に関し移動不可(拘束)である．したがって，反力は鉛直・水平・モーメント反力の3種類である．

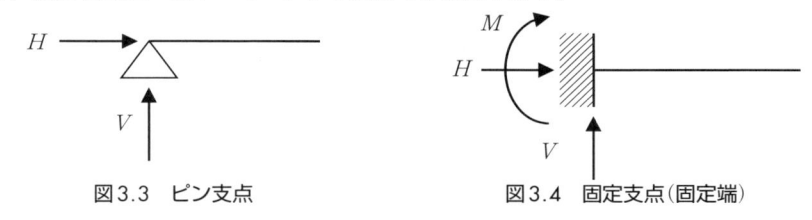

図3.3 ピン支点　　　　図3.4 固定支点(固定端)

支点に関する(1)～(3)の項目を，表3.1にまとめておく．

表3.1 支点と反力

形状	ローラー支点	ピン支点	固定支点(固定端)
支点	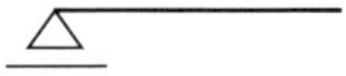		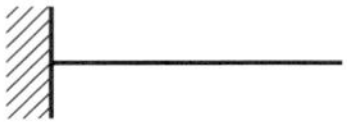
反力数	1 (V)	2 (H, V)	3 (H, V, M)

3.4 節点

　2つ以上の部材の接合点を**節点**[※6]という．構造力学で扱う節点は3種類で，ピン節点，剛節点，ローラー節点がある．

(1) ピン節点[※7]
　ピン節点は，図3.5(a)に示すように，鉛直力Hおよび水平力Vを伝達する節点であり，曲げモーメントは伝達されない．ピン支点と同じである．

(2) 剛節点[※8]
　剛節点は，図3.5(b)に示すように，鉛直力H，水平力Vおよびモーメント力Mを伝達する節点であり，部材間が剛で接合しているために，外力が作用し変形しても，変

※4 : pin or hinged support　　※5 : fixed support　　※6 : joint, node　　※7 : pin joint
※8 : fixed joint

形後の角度は変形前と同じとなる。

(3) ローラー節点[※9]

ローラー節点は，図3.5（c）に示すように，鉛直力 H のみを伝達する節点であるが，現在の建築，土木構造物で採用されている例は少ない。

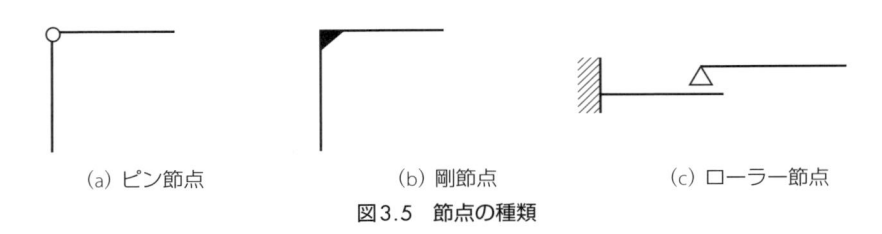

(a) ピン節点　　　(b) 剛節点　　　(c) ローラー節点

図3.5　節点の種類

【注意しておきたいポイント】
日常生活で採用されている支点，節点の事例を少し挙げてみる。ローラー支点は学校の門，駐車場のゲート，固定支点（固定端）は公園のベンチや電柱，ピン節点は海水浴等で使用される大型の日除け，傘の骨と骨との接合部などが挙げられる。

3章 演習問題

[問3.1] 3章で学習した構造物のモデル化に関する語句について解答しなさい。
(1) 支点には，ローラー支点，ピン支点，固定支点がある。それぞれの反力は，1つ，2つ，3つ存在する。各支点の反力が異なる理由を説明しなさい。
(2) 節点には，ピン節点，剛節点，ローラー節点がある。ピン節点，剛節点の特徴を説明しなさい。

※9：roller joint

4章 反力と応力

4.1 概要

本章では，構造物に作用する外力（荷重）に対する支点の反力および部材内部に生じる応力について解説する。反力と応力の計算は，今後，建築構造力学を学習する上での基本であり，5章～7章の簡単な静定構造物から，14章～17章のより複雑な不静定構造物を解くために，反力と応力の計算方法をしっかりと学習してほしい。

4.2 反力

構造物は外力（荷重）を受けると変形を生じるが，いずれ静止する。これは，荷重によって構造物の支点に力やモーメントが生じ，これらが荷重と釣り合っていることを表している。このような支点に生じる力やモーメントを**反力**[※1]という。2章で力の釣り合い条件式，3章で支点の反力数に述べたが，ここでは，例題を通して反力を実際に求めてみる。

例題 4.1

図4.1に示すような，等分布荷重wを受ける片持ち梁の反力を求めなさい。

[解説]

2章の(2.4)式の力の釣り合い条件式をもとに，反力を求める。反力の仮定する向きは一般に，水平反力は右向き，鉛直反力は上向き，モーメント反力は時計まわりとする。(2.4)式より，

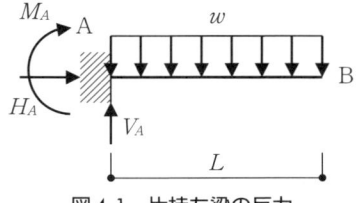

図4.1 片持ち梁の反力

$$\left.\begin{aligned}\sum X = 0 &: H_A = 0 \\ \sum Y = 0 &: V_A - wL = 0 \\ \sum M_A = 0 &: M_A + wL \times \frac{L}{2} = 0\end{aligned}\right\} \quad (4.1)$$

(4.1)式より，$H_A = 0$，$V_A = wL$，$M_A = -\dfrac{wL^2}{2}$ となる。

【注意しておきたいポイント】

等分布荷重wにおいて，反力，応力を求める場合は，等分布荷重を等価な集中荷重Pに置き換え，重心位置に作用させる。

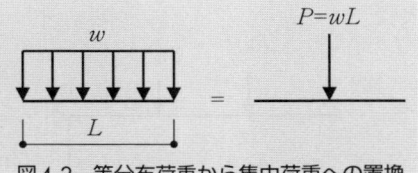

図4.2 等分布荷重から集中荷重への置換

※1：reaction

例題 4.2

図4.3に示すような，C点に集中荷重Pを受ける単純梁の反力を求めなさい。

[解説]

図4.3に示すように，A点のピン支点には水平，鉛直反力，B点のローラー支点には鉛直反力を仮定し，力の釣り合い条件式より，それぞれの反力を求める。

(2.4)式より，

$$\left.\begin{array}{l}\sum X = 0 : H_A = 0 \\ \sum Y = 0 : V_A + V_B - P = 0 \\ \sum M_B = 0 : V_A \times L - P \times \dfrac{L}{2} = 0\end{array}\right\} \quad (4.2)$$

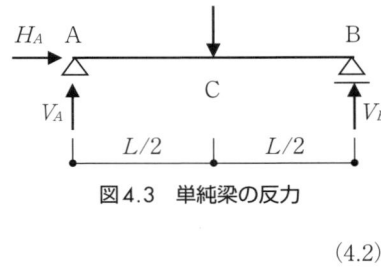

図4.3 単純梁の反力

(4.2)式より，$H_A = 0$, $V_A = V_B = \dfrac{P}{2}$ となる。

【注意しておきたいポイント】

反力の仮定する方向は，構造力学を学び始めた段階では，3章3.3節の図3.3，図3.4で示した方向を仮定することが望ましい。計算の結果，解答にマイナスの符合がつけば，仮定が逆であったことを意味する。構造力学が学ぶにつれて，反力の仮定する方向がわかるようになれば，上記の原則に従う必要性はない。

4章 演習問題－1

[問4.1] 図4.4に示す構造物の反力を求めなさい。

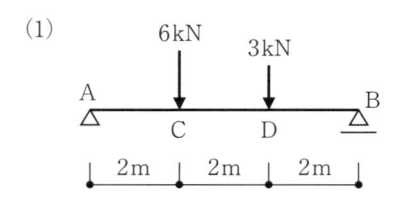

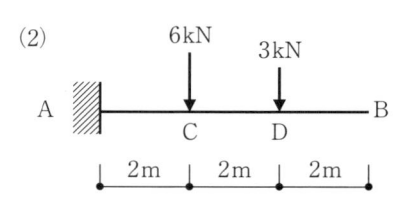

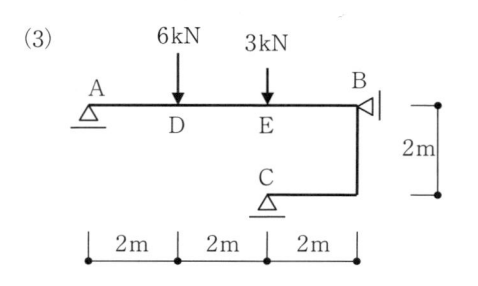

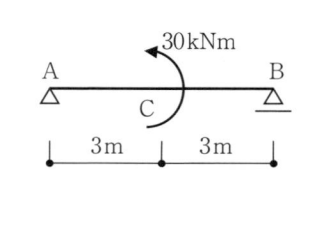

(1) 6kN, 3kN が A—C—D—B の単純梁に作用。A支点（ピン）、B支点（ローラー）。区間 2m, 2m, 2m。

(2) 6kN, 3kN が片持ち梁（A固定端）—C—D—B に作用。区間 2m, 2m, 2m。

(3) 6kN, 3kN が A—D—E—B に作用。B点から下に2m下がってC支点（ローラー）のあるL形構造。A支点（ピン）。区間 2m, 2m, 2m。

(4) 30kNm のモーメントがC点に作用する単純梁 A—C—B。A支点（ピン）、B支点（ローラー）。区間 3m, 3m。

(5) , (6) , (7) , (8)

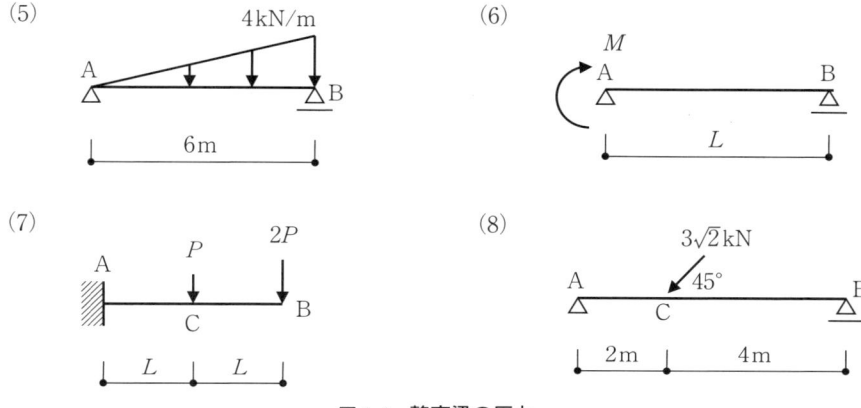

図4.4　静定梁の反力

4.3 応 力

　構造物は外力（荷重）を受けると変形が生じるが，いずれ静止する。4.2節で述べたように，支点には反力が生じ，部材内部には応力（軸方向力，曲げモーメント，せん断力）が生じる。ここでは，応力の種類を説明し，例題を通して，実際に応力を求めてみる。

4.3.1　応力の種類

　外力が構造物に作用した場合，部材には3種類の応力が生じる。本節では，3種類の応力を例題を通して説明する。

　部材に生じる応力には，軸方向力，曲げモーメント，せん断力がある。

(1) 軸方向力[※2]N

　図4.5(a)に示すように，部材の材軸方向に引っ張ったり，押したりするときに生じる応力を軸方向力という。単に「軸力」と呼ぶこともある。一般に引張軸力を正($+$)，圧縮軸力を負($-$)とし，単位は〔N〕，〔kN〕を用いる。

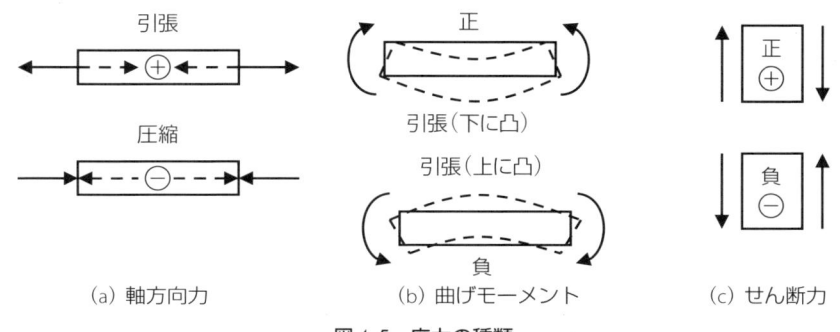

(a) 軸方向力　　(b) 曲げモーメント　　(c) せん断力

図4.5　応力の種類

※2：axial force　　※3：bending moment　　※4：shear force

(2) 曲げモーメント[※3] M

図4.5(b)に示すように，部材の両側から曲げようする力が作用したときに生じる応力を曲げモーメントという。(b)図に示すように，下側が引っ張られる状態を正(＋)，上側が引っ張られる状態を負(－)とする。単位は[kNm]を用いる。

(3) せん断力[※4] Q

図4.5(c)に示すように，部材の材軸方向に対し直角方向に作用する応力をせん断力という。(c)図に示すように，左側のせん断力の向きが上向きの場合が正(＋)，下向きの場合が負(－)とする。単位は[N]，[kN]を用いる。

例題 4.3

図4.6に示すような等分布荷重wを受ける片持ち梁において，C点の応力を求めなさい。

[解説]

図4.6のC点で部材を切断し，その左側のみで応力を求める。ただし，反力の計算は例題4.1で求めているので省略する。

図4.7は，C点で切断した左半分の様子を示している。

C点での左側のせん断力Q_Cは，鉛直方向の力の釣り合い条件より，

$$Q_C = wL - w \times \frac{L}{2} = \frac{wL}{2} \text{（正）} \tag{4.3}$$

C点での左側の曲げモーメントM_Cは，C点でのモーメントの釣り合い条件より，

$$M_C = \frac{wL^2}{2} + wL \times \frac{L}{2} - \frac{wL}{2} \times \frac{L}{2} = -\frac{wL^2}{4} \text{（上側引張）} \tag{4.4}$$

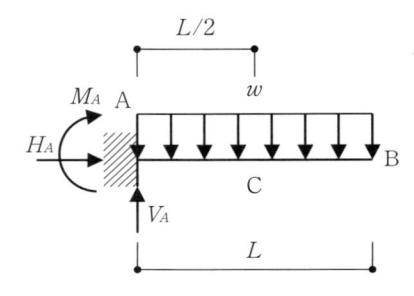

図4.6 片持ち梁の反力

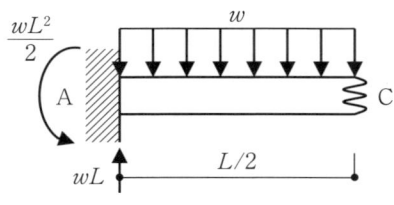

図4.7 切断された片持ち梁（AC間）

4.3.2 荷重，せん断力および曲げモーメント間の関係

図4.8に示すように，AB間に等分布荷重wを受ける単純梁をもとに，荷重，せん断力，曲げモーメント間の関係を導く。図4.8の微小区間dxで部材を切り取り，部材に生じている曲げモーメント，せん断力の応力状態を図4.9に示す。図より，微小区間の左側と右側では，応力状態は異なるために，右側の応力は，左側の応力＋増加分を足して値とする。

図4.8　単純梁

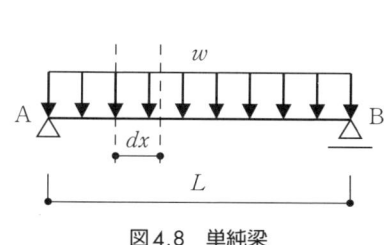

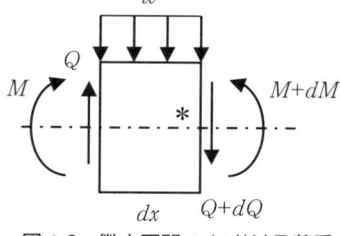

図4.9　微小区間dxにおける荷重，応力の釣り合い

図4.9より，微小区間dx間での力の釣り合い条件式を導くと，次式となる．

$\sum Y = 0 : Q - (Q + dQ) - w \times dx = 0$
$\sum M_* = 0 : M - (M + dM) + Q \times dx - w \times dx \times \dfrac{dx}{2} = 0$ (4.5)

(4.5)式より，せん断力Qと荷重wの関係は，次式となる．

$$\dfrac{dQ}{dx} = -w \tag{4.6}$$

(4.5)式より，曲げモーメントMとせん断力Qの関係は，微小区間dxは微小であると仮定すると，dx^2は0と近似して無視すると，次式となる．

$$\dfrac{dM}{dx} = Q \tag{4.7}$$

【注意しておきたいポイント】

例題4.3では，鉛直，回転方向の釣り合いから，せん断力，曲げモーメントを求めたが，(4.7)式からわかるように，曲げモーメントに関する式を求め，微小区間dxで微分すると，せん断力を求めることができる．せん断力の求め方は2種類あるので，どちらでも求めることができるように理解してほしい．

4章 演習問題－2

[問4.2] 図4.10に示す静定梁の各点の応力を求めなさい．
(1) C，D点の曲げモーメントとCD間のせん断力
(2) B，C点の曲げモーメントとAC間のせん断力
(3) A点の曲げモーメントとAB材の軸力
(4) AC間の軸力とCB間のせん断力
(5) AC間のせん断力とC点の曲げモーメント
(6) A点から4mの位置Dでの軸方向力N_D，せん断力Q_D，曲げモーメントM_D

(1)

```
     3kN   6kN
      ↓     ↓
  A───┬─────┬────△B
      C     D
  |2m |2m  |2m |
```

(2)

```
  2kN   5kN
   ↓     ↓
   ┬─────┬────▨B
   A     C
  |2m  |2m |
```

(3)

```
              4kN
               ↘ 60°
  ▨A───────────B
     |  3m  |
```

(4)

```
          3√2 kN
            ↘ 45°
  △A─────────┬──────△B
             C
   |  2m  |   4m  |
```

(5)

```
        10kNm
         ↺
  △A─────C──────△B
   | 2m  |  3m  |
```

(6)

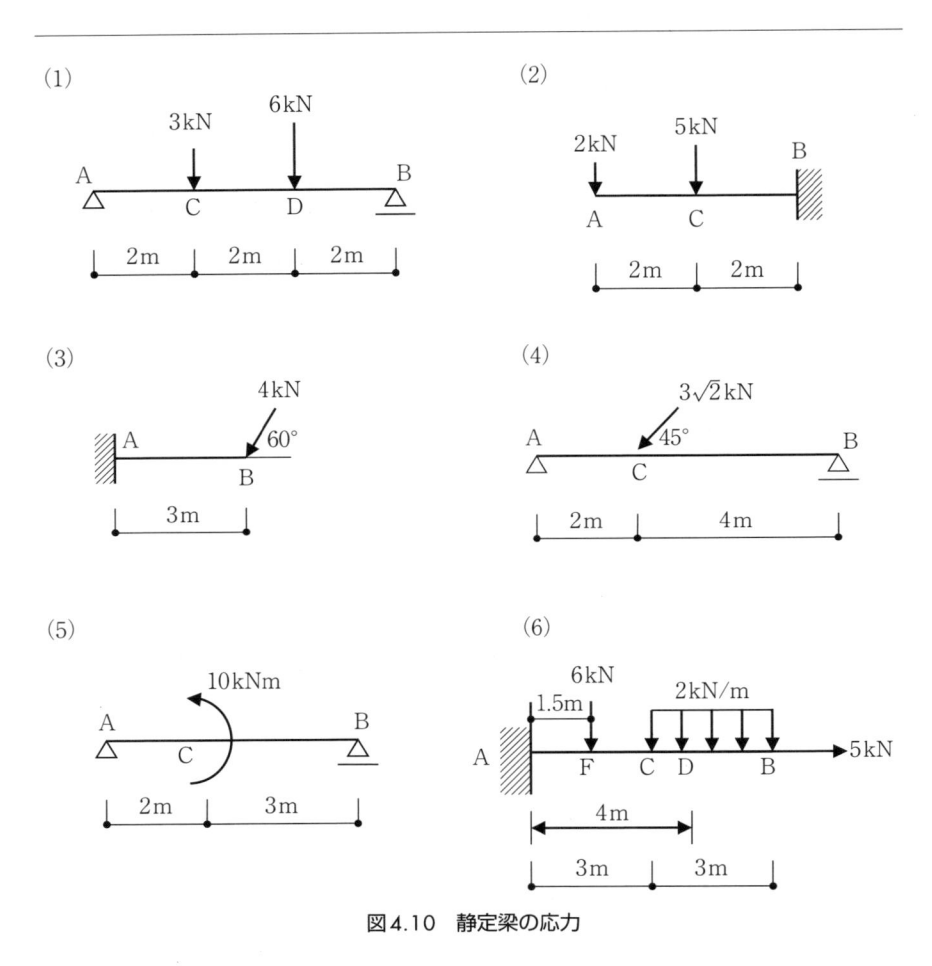

```
         6kN    2kN/m
         ↓    ↓↓↓↓↓
    1.5m |
  ▨A──────F──C──D──B──→5kN
         |← 4m →|
         |  3m  |  3m |
```

図4.10　静定梁の応力

[問4.3] 図4.11に示す静定梁の曲げモーメント図が描かれている。梁にはどのような荷重（集中荷重，モーメント荷重）が作用しているか考え，その荷重の記号と値を梁に記入しなさい。

(1) 単純梁

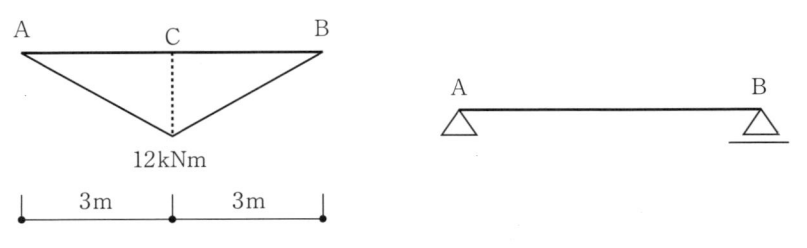

```
  A────C────B
   \   ┊   /
    \  ┊  /
     \ ┊ /
      \┊/
     12kNm
   | 3m | 3m |
```

```
  △A──────────────△B
```

28

(2) 単純梁

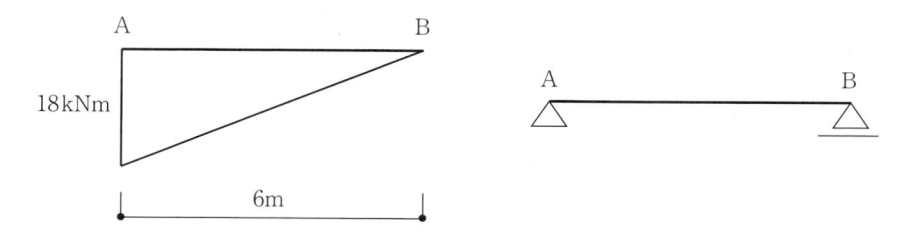

18kNm　6m

(3) 片持ち梁

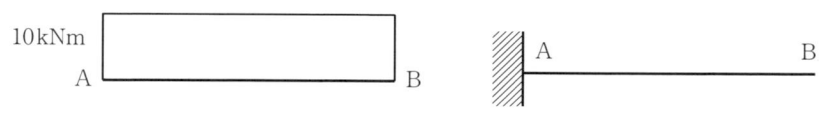

10kNm

図4.11　静定梁と曲げモーメント図

5章　静定梁

5.1　概要

2章，4章において，力の釣り合い条件式，構造物の反力と応力について述べてきた。本章では，静定梁の代表例として，片持ち梁[※1]，単純梁[※2]，張り出し梁[※3]，ゲルバー梁[※4]の応力および応力図の描き方を，例題を通して解説する。

図5.1に片持ち梁，単純梁，ゲルバー梁の一例を示す。ゲルバー梁は，部材の途中にピン節点を設ける静定梁の一種で，一見，力の釣り合い条件のみで反力を求めることが難しいと思えるが，ピン節点の左側と右側で分離し，静定梁として考えれば容易に解くことができる。

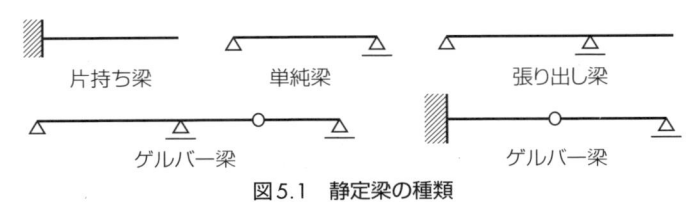

図5.1　静定梁の種類

5.2　片持ち梁の応力

片持ち梁は，静定梁の中で最も単純な梁であり，支点が固定端のみで，3つの反力が生じる。ここでは，例題5.1，5.2を通して，等分布荷重，集中荷重が作用した場合の片持ち梁の応力を実際に求め，応力図を描く。

例題 5.1

図5.2に示すような，等分布荷重 w を受ける片持ち梁の応力図（M図，Q図）を描きなさい。

[解説]

ここでは，反力および応力の計算を行い，応力図を描く。

図5.2　片持ち梁の反力

①反力の計算

反力の仮定する向きは一般に，水平反力は右向き，鉛直反力は上向き，モーメント反力は時計まわりとする。

(2.4)式より，

$$\left. \begin{array}{l} \sum X = 0 : H_A = 0 \\ \sum Y = 0 : V_A - wL = 0 \\ \sum M_A = 0 : M_A + wL \times \dfrac{L}{2} = 0 \end{array} \right\} \quad (5.1)$$

(5.1)式より，$H_A = 0$，$V_A = wL$，$M_A = -\dfrac{wL^2}{2}$ となる。

※1：cantilever beam　　※2：simple beam　　※3：beam with cantilever
※4：Gerber beam or beams connected by a hinge

②応力の計算

等分布荷重がAB間に均等に作用しているので、AB間の任意の位置（左からxm）の位置で切断し、左側のみで応力を求める。

曲げモーメント：$M_x = -\dfrac{wL^2}{2} + wLx - wx \times \dfrac{x}{2}$

$= -\dfrac{wL^2}{2} + wLx - \dfrac{wx^2}{2}$ （5.2）

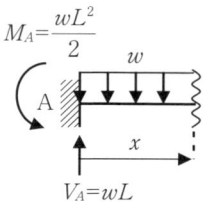

図5.3 切断された片持ち梁

ここで、4.2.2項で説明したように、曲げモーメントとせん断力には一定の関係を示しているので、(5.2)式の両辺をxで微分し、AB間のせん断力Q_xを求める。

せん断力：$Q_x = \dfrac{dM_x}{dx} = \dfrac{d}{dx}\left(-\dfrac{wL^2}{2} + wLx - \dfrac{wx^2}{2}\right) = wL - wx = w(L-x)$ （5.3）

曲げモーメントに関する(5.2)式は、2次曲線を示しているのに対し、せん断力に関する(5.3)式は、直線をしていることがわかる。

(5.2)式、(5.3)式より応力図を描くと、**図5.4**となる。

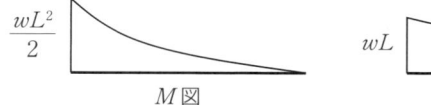

図5.4 応力図

例題 5.2

図5.5に示すような、斜め荷重Pを受ける片持ち梁の応力図（M図、Q図、N図）を描きなさい。

[解説]

図5.6のように、斜め荷重Pを水平、鉛直成分に分解し、反力を求める。

①反力の計算

力の釣り合い条件式より、

$\left.\begin{array}{l}\sum X = 0 : H_A - P\cos\theta = 0 \\ \sum Y = 0 : V_A - P\sin\theta = 0 \\ \sum M_A = 0 : M_A + P\sin\theta \times L = 0\end{array}\right\}$ （5.4）

(5.4)式より、$H_A = P\cos\theta$、$V_A = P\sin\theta$、$M_A = -PL\sin\theta$ となる。

図5.5 片持ち梁

図5.6 片持ち梁

②応力の計算

AB間に中間荷重が存在しないので、AB間のどこで切断しても、曲げモーメント、せん断力に関する一般式は変わらない。左からxmの位置で切断し、左側のみで応力を考える。

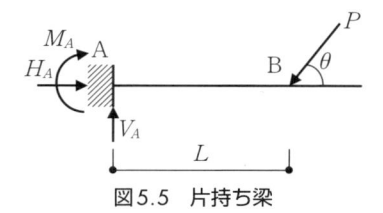

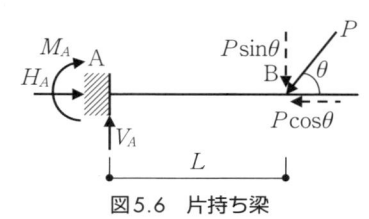

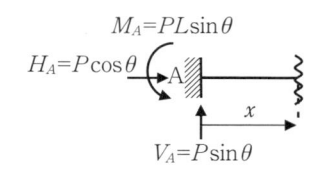

図5.7 切断された片持ち梁

曲げモーメント：$M_x = -PL\sin\theta + P\sin\theta \times x = P\sin\theta(x-L)$ (5.5)

(5.5)式をxで微分し，せん断力Q_xを求める。

せん断力：$Q_x = \dfrac{dM_x}{dx} = \dfrac{d}{dx}\{P\sin\theta \times (x-L)\} = P\sin\theta$ (5.6)

(5.5)式，(5.6)式より応力図を描くと，**図5.8**となる。

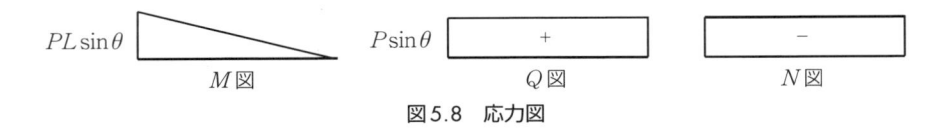

$PL\sin\theta$　　　　　　　　　$P\sin\theta$　　　　　　＋　　　　　　　　　　　　　　　－

M図　　　　　　　　　　　　　　　　　Q図　　　　　　　　　　　　　　　　N図

図5.8　応力図

【注意しておきたいポイント】　応力図の描き方
N図，Q図の符号が正の場合は，材軸に対し上側に，負の場合は下側に描く。曲げモーメントの場合は，引張側に描くのが原則である。引張側がイメージしにくい場合は，ものさしを実際に曲げてみて，引っ張る方向を確認する，あるいは左側から作る曲げモーメントの矢印が，時計まわりか反時計まわりか確認するとよい。

5.3　単純梁の応力

　単純梁は，最も基本的な静定梁の一つで，一端がピン支点、他端がローラー支点であり，支点反力として，水平反力が1つ，鉛直反力が2つ存在する静定梁である。ここでは，外力（荷重）として，集中荷重，等分布荷重，モーメント荷重が作用した場合の単純梁の応力を解説する。

5.3.1　単純梁

　ここでは，例題5.3～5.5を通して，単純梁の応力を実際に求め，応力図を描く。

例題 5.3　集中荷重を受ける単純梁

　図5.9に示すような，集中荷重Pを受ける単純梁の応力図（M図，Q図）を描きなさい。

［解説］
①反力の計算
　この単純梁は対称形の梁であるので，鉛直反力は，$V_A = V_B = P/2$となる。

図5.9　単純梁

②応力の計算
　図5.9より，C点に集中荷重Pが作用しているので，この荷重を境に曲げモーメント，せん断力の式が変化することがわかる。AC間とCB間で切断し，応力を考える。

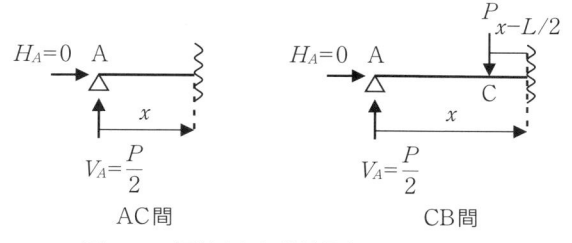

図5.10 切断された単純梁（AC間とCB間）

AC間：
曲げモーメント：$M_x = \dfrac{P}{2} \times x$, せん断力：$Q_x = \dfrac{d}{dx}\left(\dfrac{Px}{2}\right) = \dfrac{P}{2} = V_A$ 　　(5.7)

CB間：
曲げモーメント：$M_x = \dfrac{P}{2} \times x - P\left(x - \dfrac{L}{2}\right) = \dfrac{P}{2}(L-x)$

せん断力：$Q_x = \dfrac{d}{dx}\left\{\dfrac{P}{2}(L-x)\right\} = -\dfrac{P}{2} = -V_B$ 　　(5.8)

(5.7)式，(5.8)式をもとに応力図を描くと，図5.11となる。

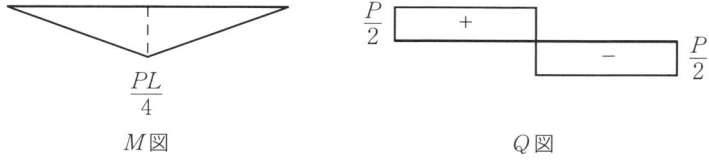

M図　　　Q図

図5.11 応力図

例題 5.4　等分布荷重を受ける単純梁

図5.12に示すような，等分布荷重wを受ける単純梁の応力図（M図，Q図）を描きなさい。

[解説]

①反力の計算

この単純梁は対称形の梁であるので，水平外力は作用しておらず，水平反力H_Aは，$H_A = 0$，鉛直反力は，$V_A = V_B = wL/2$となる。

②応力の計算

図5.12より，等分布荷重はAB間に均等に分布しているので，AB間の任意の位置（A点からxm）で切断し，左側のみで応力を計算する。

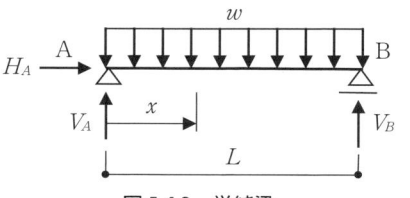

図5.12 単純梁

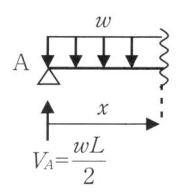

図5.13 切断された単純梁

曲げモーメント：$M_x = \dfrac{wL}{2}x - \dfrac{w}{2}x^2$ (5.9)

せん断力：$Q_x = \dfrac{dM_x}{dx} = \dfrac{d}{dx}\left(\dfrac{wL}{2}x - \dfrac{w}{2}x^2\right) = \dfrac{wL}{2} - wx$ (5.10)

(5.9)式，(5.10)式をもとに応力図を描くと，図5.14となる。

$\dfrac{wL^2}{8}$

M図

$\dfrac{wL}{2}$　+　−　$\dfrac{wL}{2}$

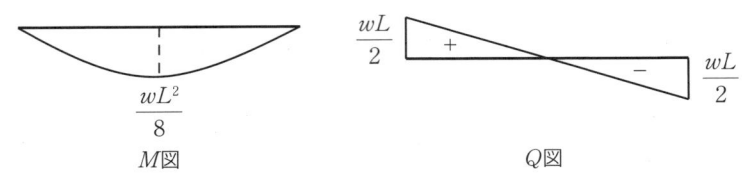

Q図

図5.14　応力図

例題 5.5 モーメント荷重を受ける単純梁（M図が急変する単純梁）

図5.15に示すような，C点にモーメント荷重Mを受ける単純梁の応力図（M図，Q図）を描きなさい。

［解説］
①反力の計算

$\sum Y = 0 : V_A + V_B = 0$
$\sum M_A = 0 : M - V_B \times L = 0$ (5.11)

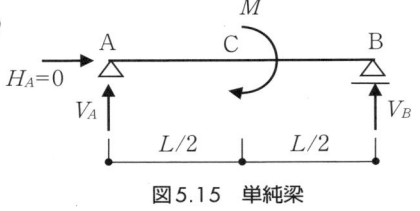

図5.15　単純梁

(5.11)式より，$H_A = 0$，$V_A = -M/L$，$V_B = M/L$となる。

②応力の計算

図5.15より，C点にモーメント荷重Mが作用しているので，この荷重を境に曲げモーメント，せん断力の式が変化することがわかる。AC間とCB間で切断し，応力を考える。

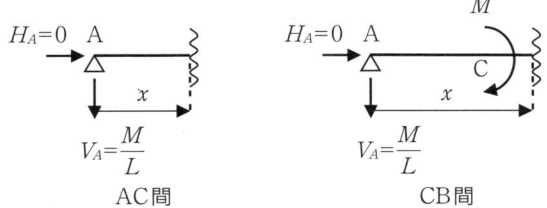

図5.16　切断された単純梁（AC間とCB間）

AC間：
　曲げモーメント：$M_x = -\dfrac{M}{L}x$，せん断力：$Q_x = \dfrac{d}{dx}\left(-\dfrac{Mx}{L}\right) = -\dfrac{M}{L} = V_A$ (5.12)

CB間：
　曲げモーメント：$M_x = -\dfrac{M}{L}x + M$

$$\text{せん断力}: Q_x = \frac{d}{dx}\left(-\frac{M}{L}x + M\right) = -\frac{M}{L} \tag{5.13}$$

(5.12)式，(5.13)式をもとに応力図を描くと，図5.17となる。

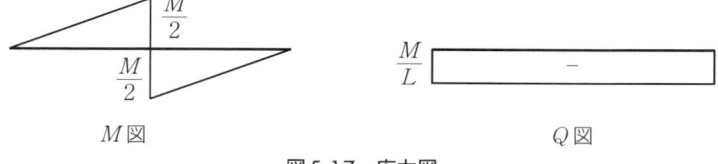

図5.17　応力図

【注意しておきたいポイント】
荷重が集中荷重の場合，曲げモーメント図は直線分布に対し，せん断力図は一定分布となる。また，荷重が等分布荷重の場合，曲げモーメント図は2次曲線分布に対し，せん断力図は直線分布となる。これは，数学的に考えて曲げモーメントの式を1回微分した値がせん断力であるためである。

5.3.2 張り出し梁

張り出し梁は，図5.18に示すような単純梁の一端（B点）に，剛接合された片持ち梁が複合した静定梁の一つである。ここでは，例題5.6を通して，張り出し梁の反力，応力を実際に求め，応力図を描く。

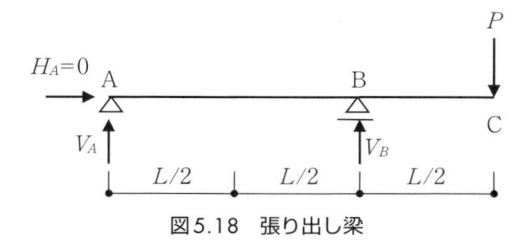

図5.18　張り出し梁

例題 5.6

図5.18に示すような，C点に集中荷重Pが作用している張り出し梁の応力図を描きなさい。

[解説]
①反力の計算

$$\left. \begin{array}{l} \sum Y = 0 : V_A + V_B - P = 0 \\ \sum M_B = 0 : V_A L + P \times \dfrac{L}{2} = 0 \end{array} \right\} \tag{5.14}$$

(5.14)式より，$H_A = 0$, $V_A = -P/2$, $V_B = 3P/2$となる。

②応力の計算

図5.18より，AB間，BC間に中間荷重は作用していないが，B点に鉛直反力が生じるために，この反力を境に曲げモーメント，せん断力の式が変化することがわかる。AB間とBC間で切断し，応力を考える。

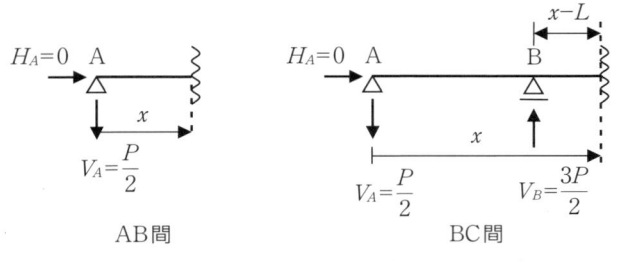

図5.19 切断された張り出し梁（AB間とBC間）

AB間：
曲げモーメント：$M_x = -\dfrac{P}{2}x$, せん断力：$Q_x = \dfrac{d}{dx}\left(-\dfrac{Px}{2}\right) = -\dfrac{P}{2} = V_A$ (5.15)

BC間：
曲げモーメント：$M_x = -\dfrac{P}{2}x + \dfrac{3P}{2}(x-L) = P\left(x - \dfrac{3L}{2}\right)$

せん断力：$Q_x = \dfrac{d}{dx}\left\{P\left(x - \dfrac{3L}{2}\right)\right\} = P$ (5.16)

(5.15)式, (5.16)式をもとに応力図を描くと, **図5.20**となる。

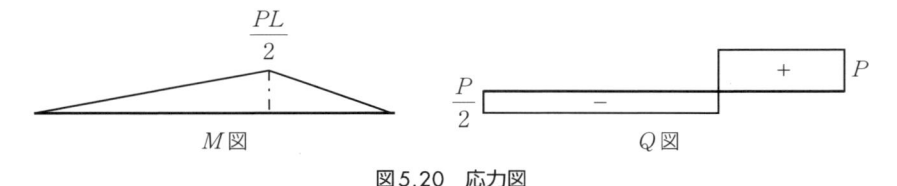

図5.20 応力図

5.4 ゲルバー梁の応力

ゲルバー梁は, ドイツのゲルバー（J.G.H Gerber, 1832 – 1912）が, 1866年にこの形状の梁の特許を取ったことが, この梁の由来である。ゲルバー梁は, 連続する梁材の途中に, ピン節点を設ける静定梁の一つである。ここでは, 例題5.7を通して, ゲルバー梁の反力, 応力を実際に求め, 応力図を描く。

例題 5.7

図5.21に示す, CD間に等分布荷重wを受けるゲルバー梁の応力図を描きなさい。

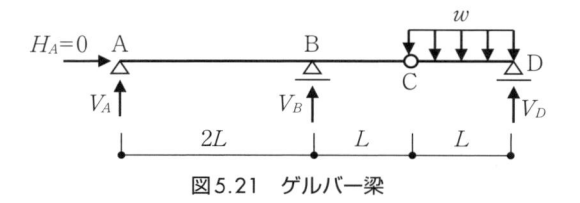

図5.21 ゲルバー梁

[解説]

図5.21に示すように，ゲルバー梁は連続する梁材の途中に，ピン節点を設ける静定梁である。反力が4つ存在するために，力の釣り合い条件式のみで解くことは数学上できないように思えるが，C点がピン接合でモーメントを負担することができないことに気がつけば簡単である。

今，図5.21のゲルバー梁を，C点を境に張り出し梁と単純梁に分離すると，**図5.22**となる。C点は，ピン節点で支点ではないので，分離後，単純梁の鉛直反力V_Cを打ち消すように，張り出し梁の先端C点にV_Cを作用させることが必要である。

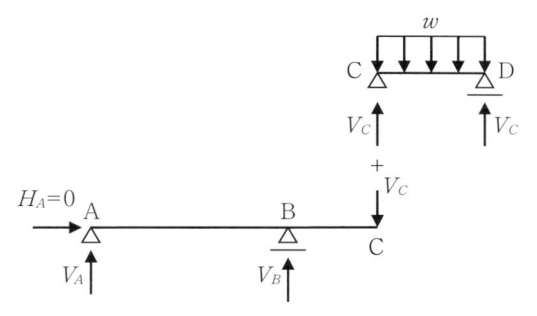

図5.22　張り出し梁と単純梁の分離

①反力の計算

図5.22より，CD梁は対称形であるので，$V_C = V_D = wL/2$となる。

力の釣り合い条件式を張り出し梁に適用すると，次式となる。

$$\left.\begin{aligned}\sum Y = 0 &: V_A + V_B - \frac{wL}{2} = 0 \\ \sum M_B = 0 &: V_A \times 2L + \frac{wL}{2} \times L = 0\end{aligned}\right\} \quad (5.17)$$

(5.17)式より，$V_A = -\dfrac{wL}{4}$，$V_B = \dfrac{3wL}{4}$，$H_A = 0$となる。

②応力の計算

ゲルバー梁の応力図を描くために，AB間，BC間で切断し，応力を考える。

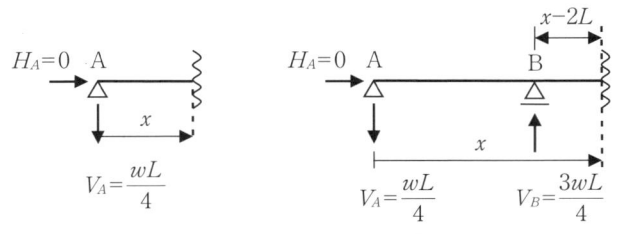

図5.23　切断されたゲルバー梁

AB間：

曲げモーメント：$M_x = -\dfrac{wL}{4}x$

せん断力：$Q_x = \dfrac{d}{dx}\left(-\dfrac{wLx}{4}\right) = \dfrac{wL}{4} = V_A$ (5.18)

BC間：

曲げモーメント：$M_x = -\dfrac{wL}{4}x + \dfrac{3wL}{4}(x-2L) = \dfrac{wL}{2}(x-3L)$

せん断力：$Q_x = \dfrac{d}{dx}\left\{\dfrac{wL}{2}(x-3L)\right\} = \dfrac{wL}{2}$ (5.19)

(5.18)式，(5.19)式およびCD梁のM図を参考に応力図を描くと，図5.24となる。

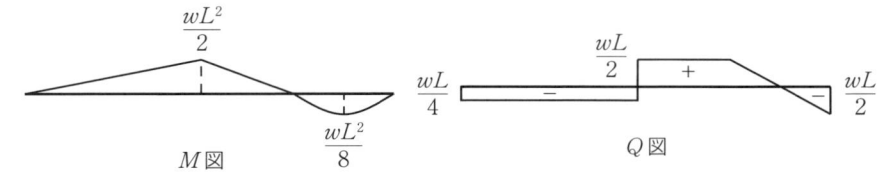

図5.24　応力図

5章 演習問題

[問5.1] 図5.25に示す片持ち梁の応力図を描きなさい。

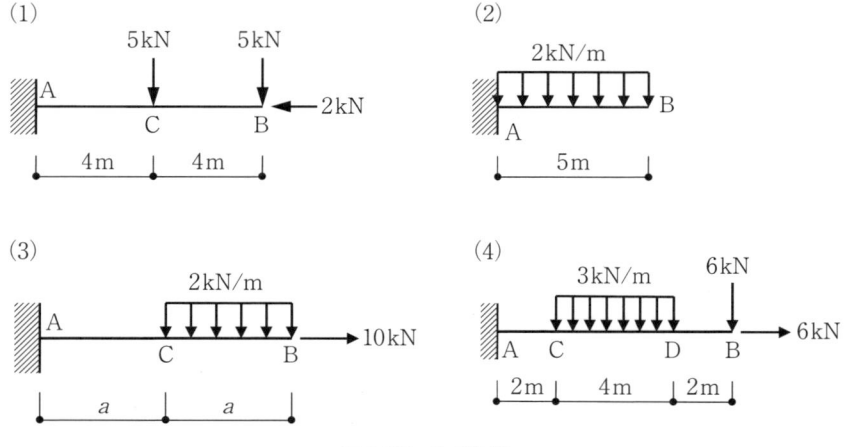

(1) 5kN, 5kN, 2kN, A-C-B, 4m, 4m

(2) 2kN/m, A-B, 5m

(3) 2kN/m, A-C-B, 10kN, a, a

(4) 3kN/m, 6kN, A-C-D-B, 6kN, 2m, 4m, 2m

図5.25　片持ち梁

[問5.2] 図5.26に示す単純梁，張り出し梁の応力図を描きなさい。

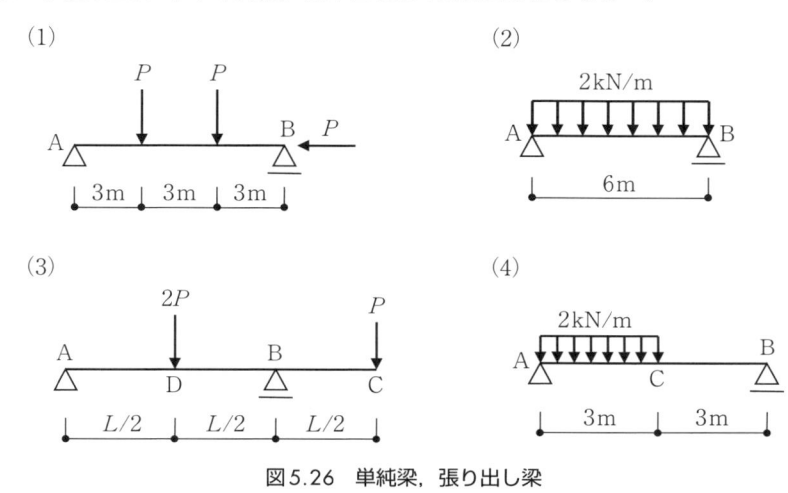

(1)

(2)

(3)

(4)

図5.26　単純梁，張り出し梁

[問5.3] 図5.27に示すゲルバー梁の応力図を描きなさい。

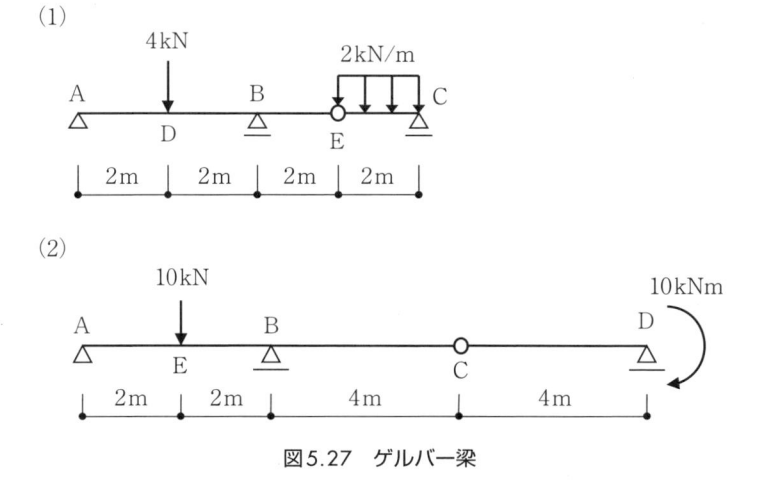

(1)

(2)

図5.27　ゲルバー梁

6章 静定ラーメン

6.1 概要

柱と梁が剛で接合された構造物を**ラーメン構造**[※1]という。本章では，静定ラーメン構造の反力と応力について解説する。**静定ラーメン構造**は，一般に3種類に分類され，片持ち梁型[※2]，単純梁型[※3]（門型ともいう），3ヒンジラーメン構造[※4]である。

図6.1に静定ラーメンの種類（片持ち梁型，単純梁型，3ヒンジラーメン）を示している。片持ち梁型ラーメンは，支点が固定端で，柱・梁部材でラーメン構造を構成し，単純梁型ラーメンは，1端がピン支点，他端がローラー支点で，柱・梁部材でラーメン構造を構成し，3ヒンジラーメンは，2つの支点がピン支点で，部材の節点あるいは部材の中間部分にピン節点を有し，ラーメン構造を構成する。

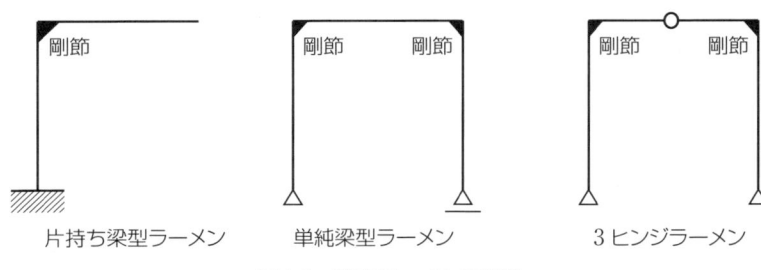

図6.1 静定ラーメンの種類

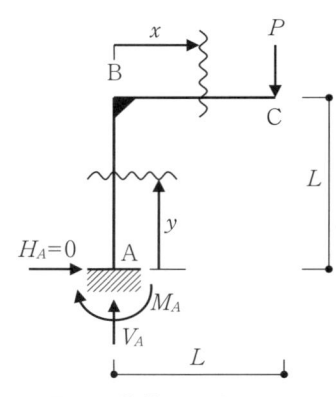

6.2 片持ち梁型ラーメンの応力

ここでは，片持ち梁型ラーメンの反力と応力（曲げモーメントM，せん断力Q，軸方向力N）を例題6.1を通して実際に求め，応力図を描く。

例題6.1

図6.2に示すような，C点に集中荷重Pを受ける片持ち梁型ラーメンの応力図（M図，Q図，N図）を描きなさい。

[解説]

①反力の計算

力の釣り合い条件式より，

$$\begin{aligned}\Sigma Y = 0 &: V_A - P = 0 \\ \Sigma M_A = 0 &: M_A + PL = 0\end{aligned} \right\} \quad (6.1)$$

図6.2 片持ち梁型ラーメン

(6.1)式より，$H_A = 0$，$V_A = P$，$M_A = -PL$となる。

※1：rahmen structure　　※2：cantilever beam type　　※3：simple beam type
※4：three hinged rahmen structure

②応力の計算

図6.2より，柱AB材，梁BC材の応力を求める場合，AB材，BC材とも中間荷重が存在しないので，応力を求める式は，どこで切断しても同じとなる。AB材，BC材でそれぞれ切断し，AB材については下半分，BC材については左半分で応力を考える（図6.3を参照）。

AB間：
$$\left.\begin{array}{l} 曲げモーメント：M_y = -PL \\ せん断力：Q_y = 0 \\ 軸方向力：N = -P（圧縮） \end{array}\right\} \quad (6.2)$$

BC間：
$$\left.\begin{array}{l} 曲げモーメント：M_x = -PL + Px = P(x-L) \\ せん断力：Q_x = P \\ 軸方向力：N = 0 \end{array}\right\} \quad (6.3)$$

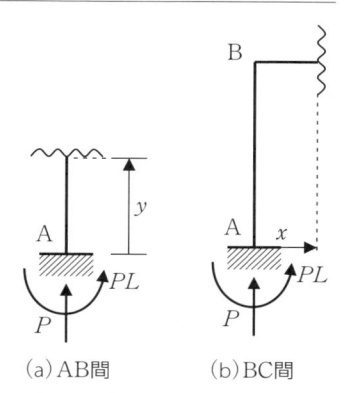

図6.3 切断された片持ち梁型ラーメン（AB間，BC間）

(6.2)式，(6.3)式より，図6.2の応力図（M図，Q図，N図）を描くと，**図6.4**となる。

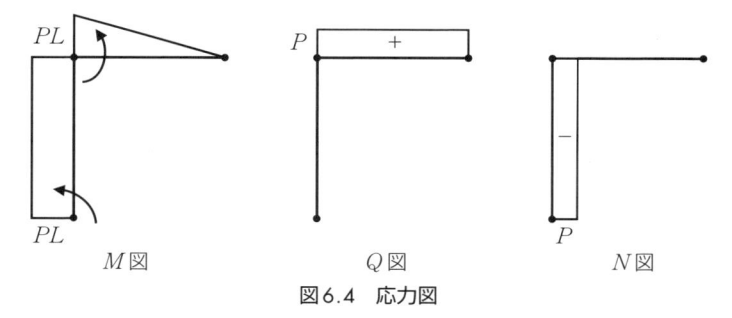

図6.4 応力図

【注意しておきたいポイント】

①Q図，N図の符号のつけ方
ラーメン構造の場合，Q，N図の符号は図6.5に示すように，部材の内側が負，外側が正となるように描く。

②剛節点での柱，梁に生じる曲げモーメントの方向

図6.5 Q図，N図の符号のつけ方

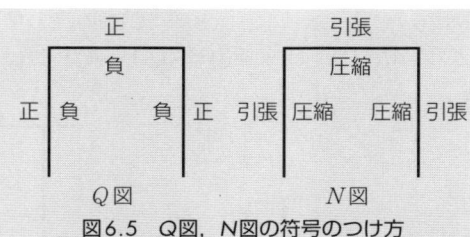

図6.6に剛接合部（C点）での曲げモーメントの一例を示しているが，部材を切断した場合，左側と右側でモーメントの釣り合いが成り立つことが必要である。確認方法として，
1) C点での力の釣り合い条件を考える。この場合，$\sum M_C = 0 : M_右 - M_左 = 0$となる。
2) 柱材を90度回転させ，梁材の曲げモーメントに一致するかを確認する。方向が逆を向いていれば，節点まわりに回転を起こすことになる。

図6.6 柱，梁に生じる曲げモーメントの向きと確認方法

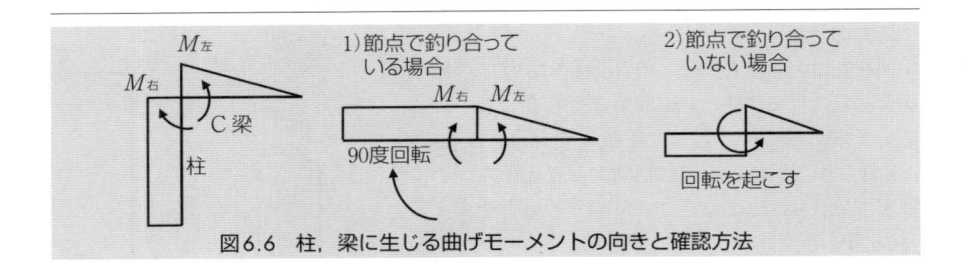

6.3 単純梁型ラーメンの応力

ここでは，単純梁型ラーメンの反力と応力（曲げモーメントM，せん断力Q，軸方向力N）を例題6.2を通して実際に求め，応力図を描く。

例題 6.2

図6.7に示すように，C点に水平荷重P，E点に鉛直荷重Pを受ける単純梁型ラーメンの応力図を描きなさい。

[解説]

①反力の計算

力の釣り合い条件式より，

$$\left.\begin{array}{l}\sum X = 0 : H_A + P = 0 \\ \sum Y = 0 : V_A + V_B - P = 0 \\ \sum M_B = 0 : V_A \times L + PL - P \times L/2 = 0\end{array}\right\} \quad (6.4)$$

図6.7 単純梁型ラーメン

(6.4)式より，$H_A = -P$，$V_A = -\dfrac{P}{2}$，$V_B = \dfrac{3P}{2}$ となる。

②応力の計算

図6.7に示すように，AB間，CE間，ED間で切断し，下半分，左半分で曲げモーメント$M_y(M_x)$，せん断力$Q_y(Q_x)$，軸方向力Nを求める。

AC間　　　　CE間　　　　ED間

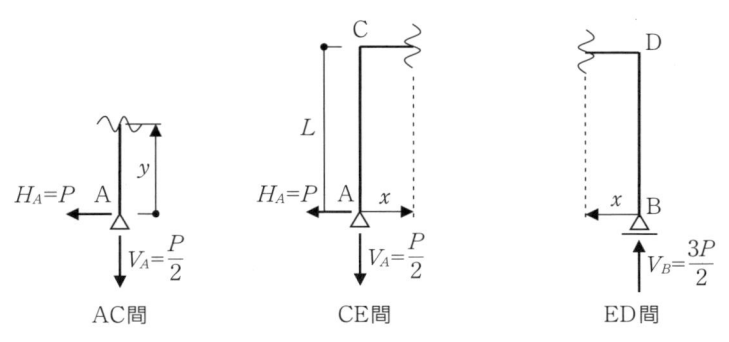

図6.8 切断された単純梁型ラーメン（AC間，CE間，ED間）

AC間：
　曲げモーメント：$M_y = Py$
　せん断力：$Q_y = P$ (6.5)
　軸方向力：$N = \dfrac{P}{2}$（引張）

CE間：
　曲げモーメント：$M_x = PL - \dfrac{P}{2}x = P\left(L - \dfrac{x}{2}\right)$
　せん断力：$Q_x = -\dfrac{P}{2}$ (6.6)
　軸方向力：$N = -P + P = 0$

ED間：切断後，右半分で考える
　曲げモーメント：$M_x = \dfrac{3P}{2}x$
　せん断力：$Q_x = -\dfrac{3P}{2}$ (6.7)
　軸方向力：$N = -\dfrac{3P}{2}$（圧縮）

(6.5)式～(6.7)式より，図6.7の応力図（M図，Q図，N図）を描くと，**図6.9**となる。

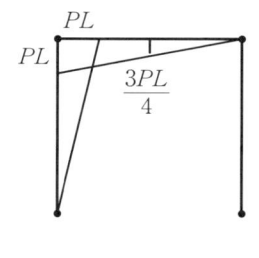

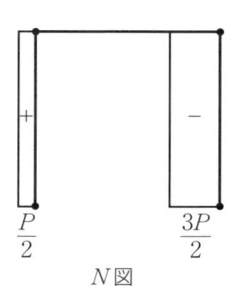

図6.9　応力図

6.4　3ヒンジラーメンの応力

　図6.10に示すような，A，B点がピン支点で支持され，C点，D点が剛節で，部材の途中にピン節点を設ける，3つのピンを有するラーメンを**3ヒンジラーメン**という。ピン支点，ピン節点は，3章で学習したように，ヒンジ，回転端ともいう。

例題 6.3

　図6.10に示すように，E点に鉛直荷重Pを受ける3ヒンジラーメンの応力図（M図，Q図，N

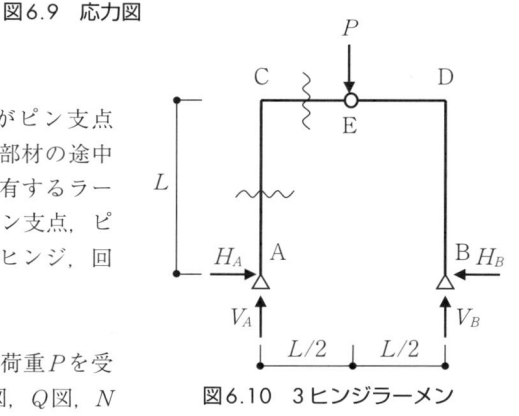

図6.10　3ヒンジラーメン

図)を描きなさい。

①反力の計算

3ヒンジラーメンの場合，反力数が4個存在するために，力の釣り合い条件式（3式）のみで求めることは数学上不可能である。E点がピン節点であるために，E点に曲げモーメントが発生することはないので，E点で構造物を切断し，左半分で水平反力H_Aを求める。残りの3つの反力は，釣り合い条件式から求める。

$$\left.\begin{array}{l}\sum X = 0 : H_A - H_B = 0 \\ \sum Y = 0 : V_A + V_B - P = 0 \\ \sum M_B = 0 : V_A \times L - P \times L/2 = 0 \\ \sum_{左} M_E = 0 : V_A \times L/2 - H_A \times L/2 = 0\end{array}\right\} \quad (6.8)$$

(6.8)式より，反力は，
$V_A = V_B = P/2$, $H_A = H_B = P/4$ となる。

②応力の計算

図6.10を見ると，E点を境に対称形のモデルであるので，応力を求める際，AC間，CE間で切断し，それぞれ下半分，左半分で応力を考え，各部材の曲げモーメント$M_y(M_x)$，せん断力$Q_y(Q_x)$，軸方向力Nを求める。

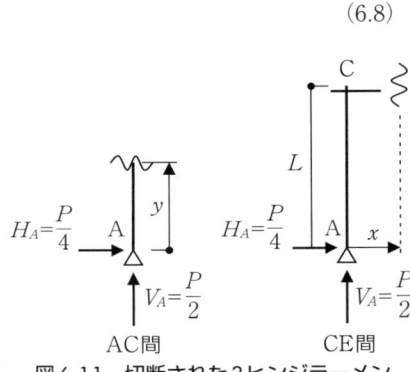

図6.11 切断された3ヒンジラーメン（AC間，CE間）

AC間：

曲げモーメント：$M_y = -\dfrac{P}{4}y$

せん断力：$Q_y = -\dfrac{P}{4}$ (6.9)

軸方向力：$N = -\dfrac{P}{2}$（圧縮）

CE間：

曲げモーメント：$M_x = \dfrac{PL}{4} + \dfrac{P}{2}x$

せん断力：$Q_x = \dfrac{P}{2}$ (6.10)

軸方向力：$N = -\dfrac{P}{4}$（圧縮）

(6.9)式，(6.10)式より，図6.10の応力図（M図，Q図，N図）を描くと，**図6.12**となる。

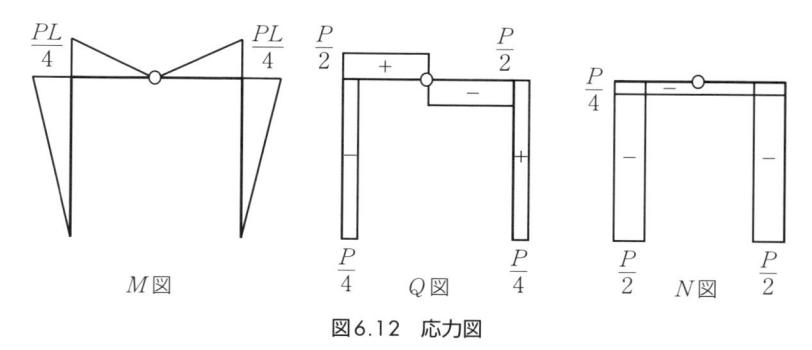

$\frac{PL}{4}$ ... $\frac{PL}{4}$ M図 $\frac{P}{2}$ ... $\frac{P}{2}$, $\frac{P}{4}$ ... $\frac{P}{4}$ Q図 $\frac{P}{4}$ ... $\frac{P}{2}$ ... $\frac{P}{2}$ N図

図6.12 応力図

【注意しておきたいポイント】

3ヒンジラーメンは一見，反力数が4個存在するために静定構造物ではないように思えるかも知れないが，3つ目のピンを部材間，剛節点に設けることで静定構造物になる。この判別については，12章で詳細に説明したい。
3ヒンジラーメンは，反力を求める際に，他の片持ち梁型，単純梁型ラーメンと異なるが，応力の計算手順はまったく同じである。この解法を是非理解し，どのような3ヒンジラーメンでも解けるようになってほしい。

■ 6章 演習問題 ■

[問6.1] 図6.13に示す片持ち梁型ラーメンの応力図（M図，Q図，N図）を描きなさい。

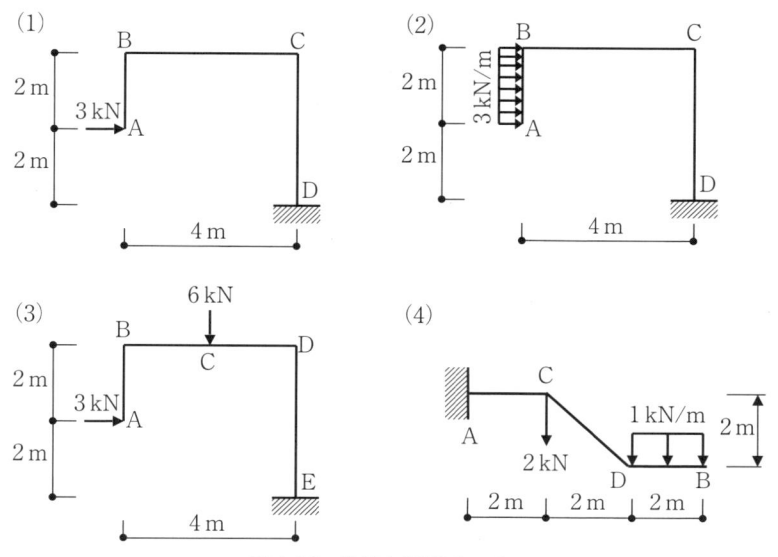

(1) 2m, 2m, 3kN→A, B, C, D, 4m

(2) 2m, 2m, 3kN/m, B, C, A, D, 4m

(3) 2m, 2m, 3kN→A, 6kN↓, B, C, D, E, 4m

(4) A, C, 2kN, 1kN/m, D, B, 2m, 2m, 2m, 2m

図6.13 片持ち梁型ラーメン

[問6.2] 図6.14に示す単純梁型ラーメンの応力図（M図，Q図，N図）を描きなさい。

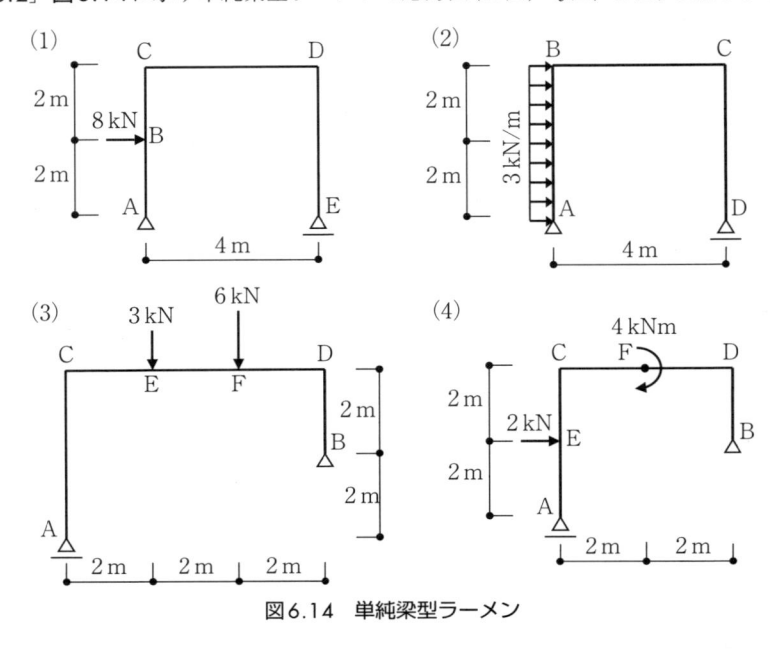

図6.14　単純梁型ラーメン

[問6.3] 図6.15に示す3ヒンジラーメンの応力図（M図，Q図，N図）を描きなさい。

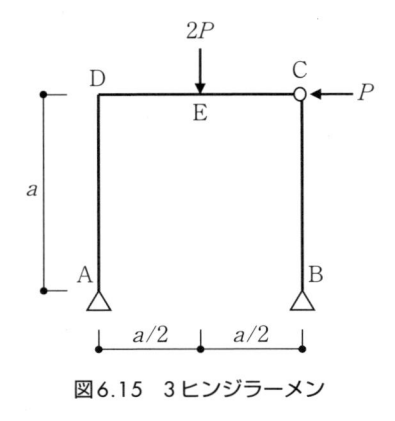

図6.15　3ヒンジラーメン

6章 静定ラーメン

[問6.4] 図6.16の単純梁型ラーメンにおいて，BC材に3kN/mの等分布荷重が作用している。次の設問に答えなさい。
(1) 反力 V_A, V_C を求めなさい。ただし，反力は小数点第2位（第3位を四捨五入）で表示すること。
(2) D点の曲げモーメント M_D, せん断力 Q_D, 軸方向力 N_D, およびE点の曲げモーメント M_E, せん断力 Q_E を求めなさい。ただし，D点，E点の応力には符号をつけること。また，応力は小数点第2位（第3位を四捨五入）で表示すること。

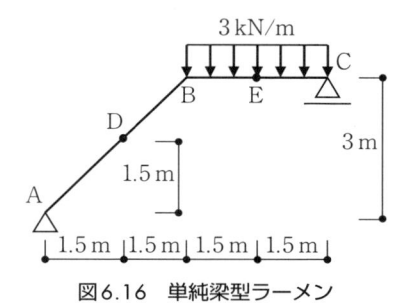

図6.16 単純梁型ラーメン

[問6.5] 図6.17の片持ち梁型ラーメンにおいて，AB材に5kN/mの等分布荷重，E点に集中荷重10kNが作用している。次の設問に答えなさい。
(1) 反力 H_D, V_D, M_D を求めなさい。
(2) 応力図（M図，Q図，N図）を描きなさい。
(3) 図6.18において，F点に曲げモーメントを発生させないためには，C点にいくらの曲げモーメントを作用すればよいか，その値を求めなさい。

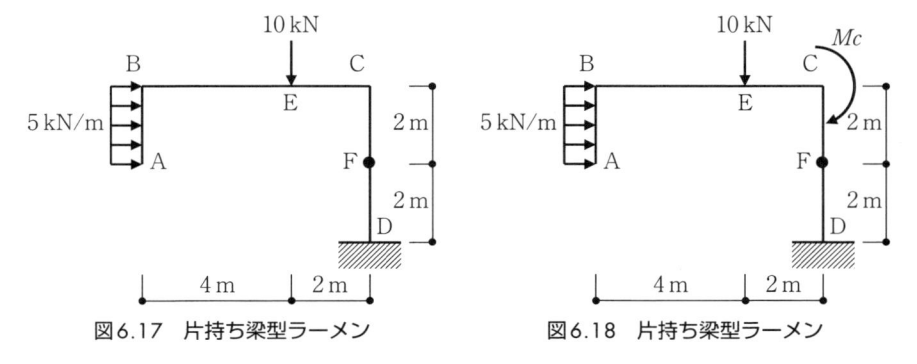

図6.17 片持ち梁型ラーメン　　図6.18 片持ち梁型ラーメン

7章 静定トラス，アーチと合成ラーメン

7.1 概要

本章では，静定トラス，静定アーチ，合成ラーメンの解法について解説する。

静定トラスの解法として一般的なクレモナ図法（図式解法），節点法（数式解法），切断法（数式解法）が挙げられ，7.2節で詳しく解説する。

張間を曲線部材で架け渡した構造物をアーチ[※1]といい，静定アーチは，古くから建築物の開口部，内部空間を構成する構造体，橋梁として用いられている。合成ラーメンは，6章で学習した片持ち梁型ラーメンにトラス材を複合したラーメン構造である。静定アーチと合成ラーメンの解法については，7.3節，7.4節で詳しく解説する。

トラス[※2]**構造**には，**図7.1**に示すような以下の特徴がある。

① トラス構造は，直線部材で三角形を構成し，これを1ユニットし，三角形を複合させる構造である。
② 節点は，すべてピン接合である。このピン節点は，実際のトラス構造では完全なピンではなく，曲げモーメントが若干，発生することはあるが，構造力学では，ピン節点として仮定している。
③ 材端がピンで部材に中間荷重を作用させず，節点に作用させるために，軸方向力のみが生じる。

実際の建築構造物にあるトラス構造は，一般に，**図7.2**に示すような平行弦トラス，山形トラス，ワーレントラスなどが挙げられる。

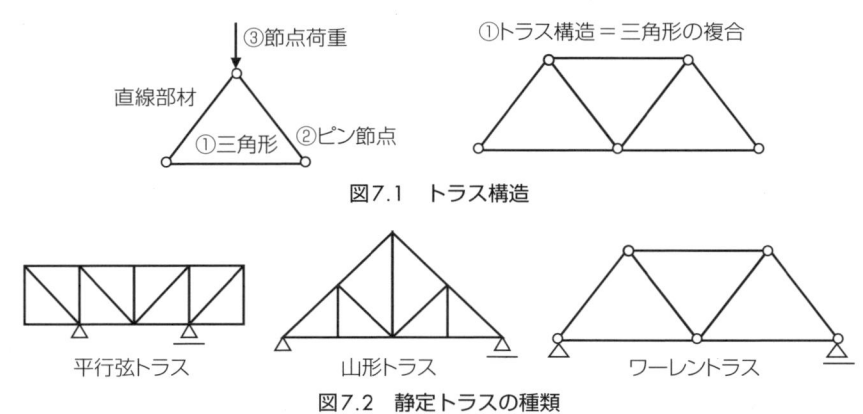

図7.1　トラス構造

図7.2　静定トラスの種類

7.2 静定トラスの解法

ここでは，静定トラスの解法として，クレモナ図法（図式解法），節点法（数式解法），切断法（数式解法）を例題7.1〜7.3を通して解説し，各トラス部材の軸方向力を求める。

7.2.1 クレモナ図法

クレモナ図法は，トラス部材に生じる軸力が圧縮軸力になるのか引張軸力になるの

※1：arch　※2：truss

7章 静定トラス，アーチと合成ラーメン

かを区分し，その値を図解的に示す解法である。ここで，解法の手順を簡単に示す。
① 反力を力の釣り合い条件式より求める。
② トラス図形を正確に描く。実際には，方眼紙などに描くことが望ましい。
③ 外力(荷重)，反力，部材で区切られた空間のネーミングをつける。例えば，①〜⑤，a〜eなどである。
④ 各節点において，2章で学習した示力図を描く。この示力図は，時計まわりに部材を描いていき，最初と最後が閉じるように描く。各節点での示力図が描けたら，全体の示力図を描くと，クレモナ図法の完成である。

例題 7.1

図7.3は，D点に水平荷重Pを受ける静定トラスである。クレモナ図法を用いて，各部材の軸方向力を求めなさい。ただし，A〜D点の節点はすべてピン接合とする。

[解説]

①反力の計算

水平，鉛直反力はそれぞれ，右向き，上向きと仮定すると，力の釣り合い条件式より，次の値となる。

$\sum X = 0 : H_A + P = 0$ より，$H_A = -P$
$\sum Y = 0 : V_A + V_B = 0$ より，$V_A = -V_B$ (7.1)
$\sum M_B = 0 : V_A \times L + PL = 0$ より，$V_A = -P$，$V_B = P$

②クレモナ図法による各部材の軸方向力の計算

図7.4に荷重，反力，部材で区分された空間のネーミングを示す。番号は①〜⑥とする。
1) A点まわり　図7.5(a)に示力図を示す。
2) D点まわり　図7.5(b)に示力図を示す。
3) B点まわり　図7.5(c)に示力図を示す。

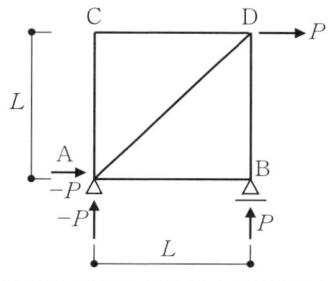

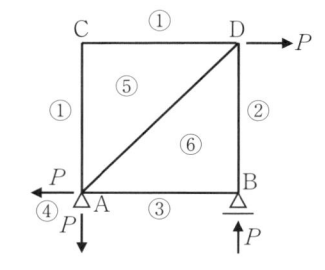

図7.3　静定トラス(クレモナ図法)

図7.4　トラス部材のゾーン分け

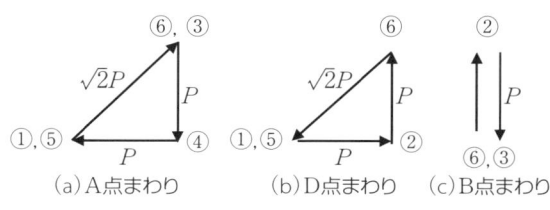

(a) A点まわり　(b) D点まわり　(c) B点まわり
図7.5　示力図

図7.5において，①と⑤，⑥と③のゾーンは，示力図では同じ位置にいることになる。つまり，軸力が生じていないことを示している。図7.5の結果より，各部材に生じる軸方向力は，図7.6となる。

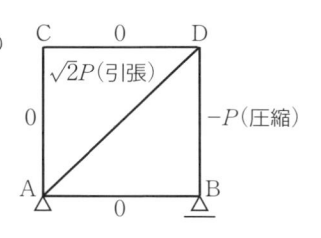

図7.6　軸方向力図(N図)

> **【注意しておきたいポイント】**
> 例題7.1では，簡単な平行弦トラスの軸方向力を求めたが，C点には外力が作用しておらず，部材は直角になっているので，この場合，軸方向力が発生すると示力図が閉じることはない。したがって，軸方向力は0となることは明らかである。また，B点を見ると，B点はローラー支点で水平反力が生じないので，もし，AB材に軸力が生じると，示力図は閉じることはない。したがって，この場合も軸方向力は0となる。
> **静定トラス構造の軸方向力を求める際，ゼロ部材を図中で見つけることが重要である。**
> これを見つけることで，軸方向力の計算が速くなるだろう。

7.2.2 節点法

節点法は，各節点周辺の部材のみを取り出し，部材に生じる軸力は引張軸力と仮定する。力の釣り合い条件式（$\sum X = 0$, $\sum Y = 0$）を用いて，連立方程式を導き，軸方向力を決定する解法である。

例題 7.2

例題7.1で計算した静定トラス（**図7.7**）をもとに，節点法を用いて各部材の軸方向力を求めなさい。

①反力の計算

例題7.1に示しているので，ここでは省略する。

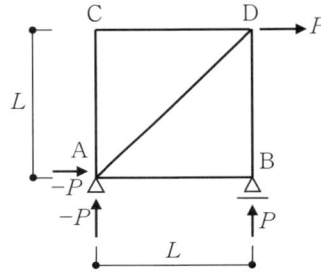

図7.7 静定トラス（節点法）

②節点法による軸方向力の計算

1) ゼロ部材を探す

C点には荷重が作用していないので，AC材，CD材に軸方向力が発生すると，C点が閉合することはできない。よって，$N_{AC} = N_{CD} = 0$となる。また，B点に注目すると，B点の鉛直反力はPであり，ローラー支点のため，AB材に軸力が発生すると，B点が閉合できないので，$N_{AB} = 0$となる。

2) A点での釣り合い

図7.8および力の釣り合い条件式から，AD材の軸方向力N_{AD}を求める。

$$\sum X = 0 : N_{AD}\cos 45° - P = 0$$
$$\therefore N_{AD} = \sqrt{2}P（引張） \qquad (7.2)$$

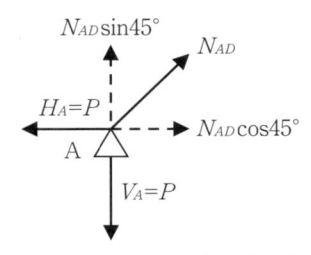

図7.8 A点まわりの力の釣り合い（節点法）

3) B点での釣り合い

AB材はゼロ部材であるために，鉛直方向の釣り合い条件式より，BD材の軸方向力を求める。

$$\sum Y = 0 : N_{BD} + P = 0 より，$$
$$N_{BD} = -P（圧縮） \qquad (7.3)$$

となる。

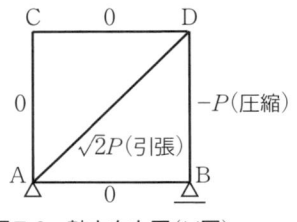

図7.9 軸方向力図（N図）

1)～3)の結果より軸方向力図（N図）を描くと，**図7.9**となる。

7.2.3 切断法

切断法は，トラス構造の任意の部材の軸方向力が知りたいときに，その部材を含む断面でトラス構造物を仮想的に切断し，その片側の構造物の釣り合いを考えて軸方向力を求める。その際，求めたい部材以外の2つの部材を交わる節点で，モーメントの釣り合いを考えることになる。

例題 7.3

例題7.1と同じトラス(図7.10)において，切断法を用いて各部材に軸方向力を求めなさい。

[解説]
①反力の計算
　ここでは省略する。
②切断法による軸方向力の計算
　図7.10中に仮想切断線を記す。

1) 切断線1

図7.11に示すように，切断した部材の軸方向力をすべて引張軸力と仮定する。

N_{AB}を求める際，残りの2つの軸力が交わる節点でモーメントの釣り合いを考える。A点がその節点になる。釣り合い条件式より，

$$\sum M_A = 0 : N_{AB} = 0 \quad (7.4)$$

同様に，$N_{AC} = 0$となる。

N_{AD}は，斜材の軸方向力であるので，平行弦トラスの切断法では解けない。そこで，節点法により求める。力の釣り合い条件式より，

$$\sum Y = 0 : N_{AD}\sin 45° - P = 0 \quad (7.5)$$

(7.5)式より，$N_{AD} = \sqrt{2}P$(引張)となる。

2) 切断線2

N_{AC}，N_{AD}は1)で求めたので，ここでは，N_{BD}を求める。

A点でモーメントの釣り合いを考えると，次式となる。

$$\sum M_A = 0 : -P \times L - N_{BD} \times L = 0 \quad (7.6)$$

(7.6)式より，$N_{BD} = -P$(圧縮)となる。
以上より，軸方向力図(N図)を描くと，図7.12となる。

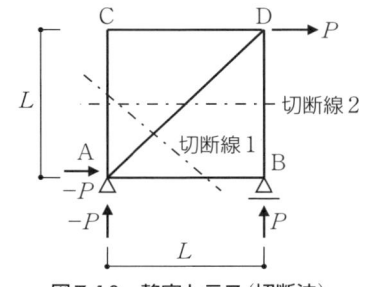

図7.10　静定トラス(切断法)

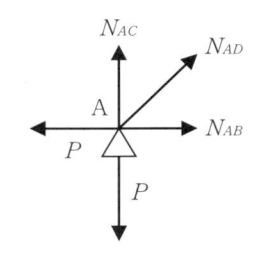

図7.11　A点まわりの力の釣り合い(切断法)

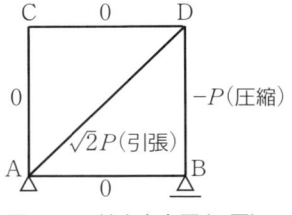

図7.12　軸方向力図(N図)

7章 演習問題−1

[問7.1] 図7.13に示す静定トラスの軸方向力図（N図）を描きなさい。解法はクレモナ図法，節点法，切断法のいずれかとする。

(1)

(2)

(3)

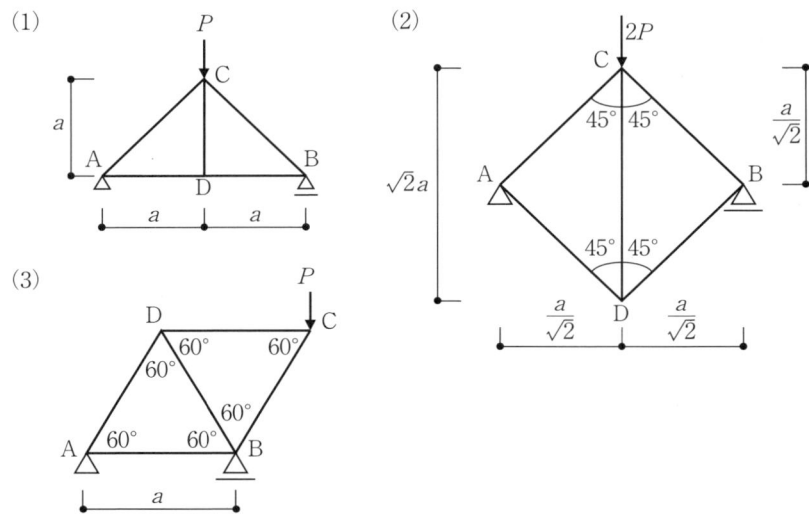

図7.13 静定トラス

[問7.2] 図7.14の静定トラスにおいて，①〜⑤の部材の軸方向力を求めなさい。また，トラス構造は，軸方向力しか作用しない理由（荷重，接合部などを含めて）を説明しなさい。

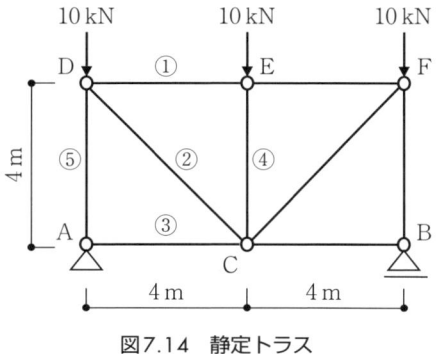

図7.14 静定トラス

7.3 静定アーチの解法

　張間を曲線部材で架け渡した構造物をアーチ[※3]といい，静定アーチは，古くから建築物の開口部，内部空間を構成する構造体，橋梁として用いられている。静定アーチには，ヨーロッパなど地震の少ない国で，昔から煉瓦あるいは石材でアーチを構成する剛性アーチが多く見られ，日本など地震の多い国では，鉄筋コンクリート構造または鉄骨構造でアーチを構成する弾性アーチがある。

例題7.4

　図7.15には，C点に鉛直荷重Pが作用している静定アーチにおいて，D点の軸方向力N_D，せん断力Q_D，曲げモーメントM_Dを求める。

①反力の計算

力の釣り合い条件式より，

$$\sum Y = 0 : V_A + V_B - P = 0$$
$$\sum M_B = 0 : V_A \times L + P \times \frac{L}{2} = 0 \quad (7.7)$$

(7.7)式より，$V_A = V_B = P/2$となる。

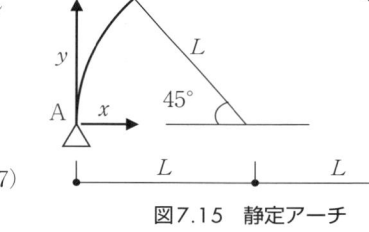

図7.15　静定アーチ

②応力の計算

D点の座標を(x, y)とすると，
$x = L - L\cos 45° = L(1 - 1/\sqrt{2})$，$y = L\sin 45° = L/\sqrt{2}$となる。

曲げモーメント：$M_D = \dfrac{P}{2}x = \dfrac{PL}{2}\left(1 - \dfrac{1}{\sqrt{2}}\right)$

$$= \frac{PL}{2} \times \frac{\sqrt{2}-1}{\sqrt{2}} = \frac{2-\sqrt{2}}{4}PL \quad (7.8)$$

せん断力：図7.16より，$Q_D = \dfrac{P}{2}\cos 45° = \dfrac{\sqrt{2}}{4}P \quad (7.9)$

軸方向力：図7.16より，$N_D = -\dfrac{P}{2}\cos 45° = -\dfrac{\sqrt{2}}{4}P \quad (7.10)$

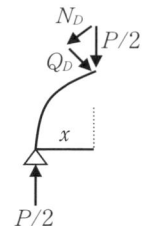

図7.16　切断されたアーチ（AD間）

【注意しておきたいポイント】

7.3節では，静定アーチの解法について簡単に述べたが，アーチの任意点での応力を求める際，極座標系を用いて応力を求めることを勧める。ここで少し極座標系について紹介したい。
極座標とは，平面上の点を定点（原点）Oからの距離rと定半直線Oxからの偏角によって表す座標のことである。図7.17に示す半円の任意の点(x, y)を極座標(r, θ)で表現すると(7.11)式となる。

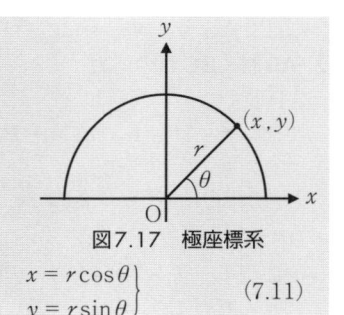

図7.17　極座標系

$$\left.\begin{array}{l} x = r\cos\theta \\ y = r\sin\theta \end{array}\right\} \quad (7.11)$$

※3：arch

7.4 合成ラーメンの解法

合成ラーメンは，図7.18に示すような静定ラーメンにトラス材を追加された構造物である。

合成ラーメン内のトラス部材は，軸方向力のみが生じる。この軸方向力を求める際，図7.18では，B点がピン節点であるために，図中の切断線の左半分を取り出し，B点でのモーメントの釣り合いからトラス材（DE材）の軸方向力を求める。静定ラーメン構造は，6章で学習した内容で応力は求められる。

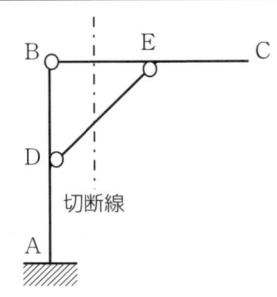

図7.18 合成ラーメン

例題 7.5

図7.19に示すように，C点に鉛直荷重Pを受ける合成ラーメンの応力図（M図，Q図，N図）を描きなさい。

[解説]

① 反力の計算

力の釣り合い条件式より，

$$\left.\begin{array}{l}\sum X = 0 : H_A = 0 \\ \sum Y = 0 : V_A - P = 0 \\ \sum M_A = 0 : M_A + P \times L = 0\end{array}\right\} \quad (7.12)$$

(7.13)式より，

反力は$H_A = 0$，$V_A = P$，$M_A = -PL$となる。

② 応力の計算

1) DE材の軸方向力の計算

図7.19中の切断線に従って部材を切断し，軸力N_{DE}を求める（図7.20）。

B点でのモーメントの釣り合いより，

$$\sum M_B = 0 : -PL - N_{DE} \times \frac{L}{2\sqrt{2}} = 0 \quad (7.13)$$

(7.13)式より，$N_{DE} = -2\sqrt{2}P$（圧縮）となる。

図7.19 合成ラーメン

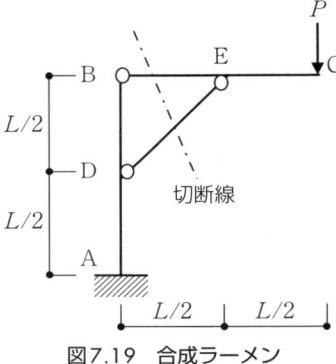

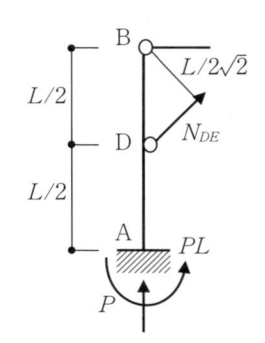

図7.20 切断された合成ラーメン（BE間，DE間）

2) AB材，BC材の応力

AD間：
- 曲げモーメント：$M_y = -PL$
- せん断力：$Q_y = 0$
- 軸方向力：$N_y = -P$（圧縮）

DB間：
- 曲げモーメント：$M_y = -PL + 2\sqrt{2}P\cos 45° \left(y - \dfrac{L}{2}\right) = -PL + 2P\left(y - \dfrac{L}{2}\right)$
- せん断力：$Q_y = 2P$
- 軸方向力：$N_y = P$（引張）

(7.14)

(7.15)

また，BE間，EC間は，トラス材(DE材)の軸力を考える(M図からせん断力，Q図から軸力)。

以上より，応力図(M図，Q図，N図)を描くと，**図7.21**となる。

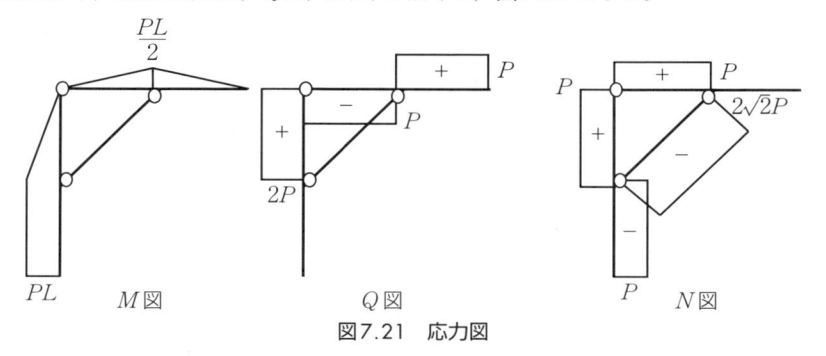

図7.21 応力図

7章 演習問題−2

[問7.3] 図7.22に示す静定アーチにおいて，C点に鉛直荷重Pが作用している場合，D点およびE点の軸方向力N_D，N_E，せん断力Q_D，Q_E，曲げモーメントM_D，M_Eを求めなさい。

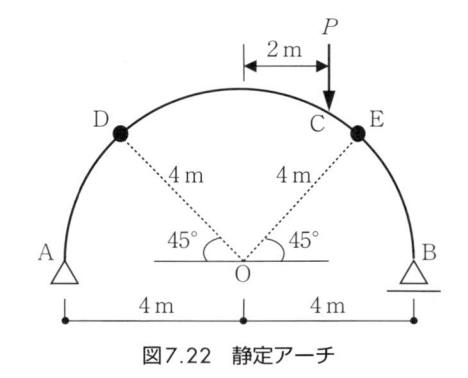

図7.22 静定アーチ

[問7.4] 図7.23に示すように，C点に集中荷重$2P$が作用している合成ラーメンの応力図 (M図，Q図，N図)を描きなさい。

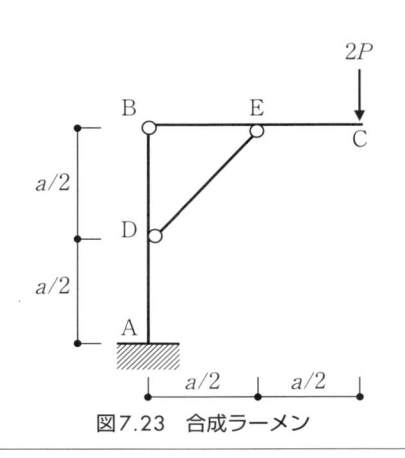

図7.23 合成ラーメン

8章 応力度とひずみ度

8.1 概 要

　荷重（外力）が構造物に作用し，構造部材に応力（軸方向力，曲げモーメント，せん断力）が生じる。それらの応力に対し，部材断面内に**応力度**[※1]（単位面積当たりの力）が生じる。軸方向力N，曲げモーメントMによる応力度を**垂直応力度**といい，せん断力による応力度を**せん断応力度**という。また，応力度が生じることに対応して，部材に伸び縮みが生じる。この変形量を部材長さで除した値を**ひずみ度**[※2]と呼んでおり，応力度と同様に重要であるので，しっかり学習してほしい。

　本章では，応力度とひずみ度について紹介し，応力度を求める解法として，数式解法と「モールの応力円」を用いた図式解法について解説する。

8.2 応力度の種類

　図8.1に示す部材に引張軸方向力が作用すると，部材内部に図のような力の分布が生じる。このような部材に生じる内力または**応力**[※3]といい，応力の単位面積当たりの大きさを**応力度**という。応力度の単位は，一般に〔N/mm²〕で表現される。図8.2に示すように，応力度には，軸方向力および曲げモーメントにより生じる**垂直応力度**[※4]σと，せん断力により生じる**せん断応力度**[※5]τがある。応力，応力度とも左右で釣り合っていることが図から理解できる。

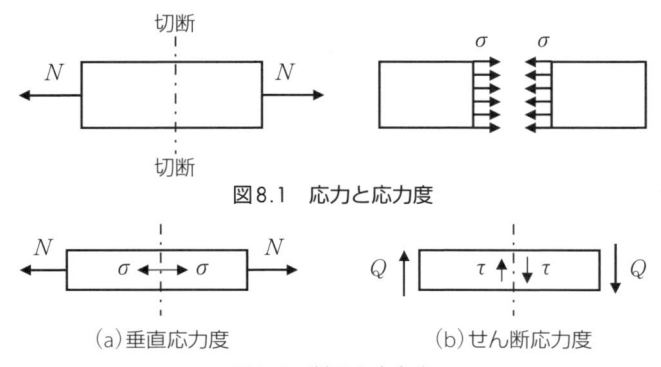

図8.1　応力と応力度

(a)垂直応力度　　　　　(b)せん断応力度

図8.2　断面の応力度

　図8.2(a)に示すように，部材の材軸方向に軸方向力（引張力，圧縮力）が作用した場合，部材断面内に材軸と平行方向に生じる応力度を垂直応力度（8.1式）といい，一般に**引張応力度**[※6]，**圧縮応力度**[※7]と呼ばれている。また，曲げモーメントの作用によっても垂直応力度が生じ，一般に**曲げ応力度**[※8]と呼ばれている。

$$\sigma = \frac{N}{A} \tag{8.1}$$

※1：unit stress　　※2：strain　　※3：stress　　※4：normal stress　　※5：shearing stress
※6：tensile stress　　※7：compressive stress　　※8：bending stress

ここで，式中のAは，部材の断面積(cm^2またはmm^2)を示す。

図8.2(b)に示すように，部材の材軸方向と直交する方向にせん断力が作用した場合に，部材断面に生じる応力度をせん断応力度(8.2式)という。

$$\tau = \frac{Q}{A} \tag{8.2}$$

せん断応力度の分布は理論的に一様ではなく，断面の形状で異なる。また，(8.2)式で示すせん断応力度の値は，平均せん断応力度と呼ばれ，10章で詳細に説明するので参照されたい。

8.3 応力度の関係

図8.3には，部材断面内の微小立方体(dx, dy, dz)に作用している応力度として，垂直応力度σ_x, σ_yおよびせん断応力度τ_x, τ_yを考える。垂直応力度は引張が正($+$)，圧縮が負($-$)で，せん断応力度の符号は，図8.4に示す。

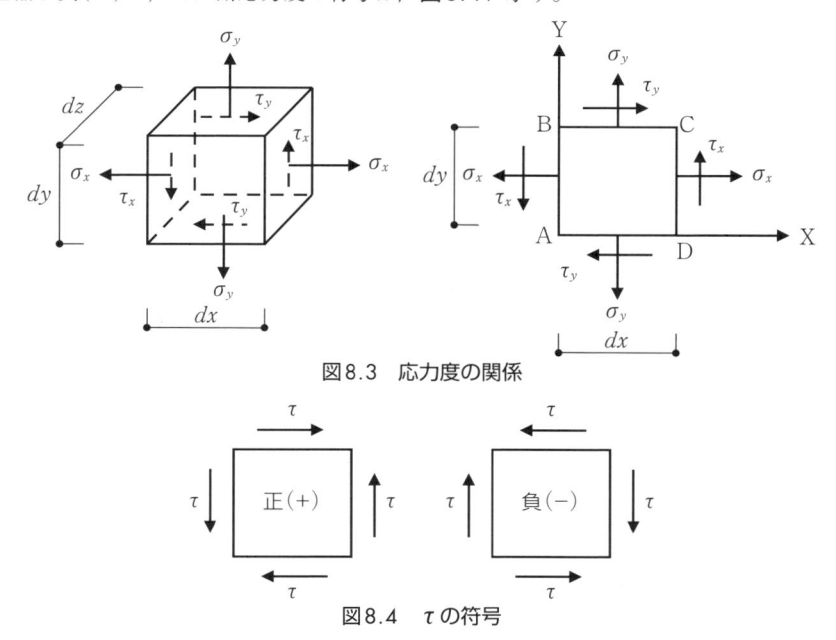

図8.3 応力度の関係

図8.4 τの符号

図8.3より，X，Y方向の力が釣り合っていることが図から理解できる。図8.3の右図のC点において，モーメントの釣り合いを考えると，次式となる。

$$-(\tau_x \times dy) \times d_x + (\tau_y \times d_x) \times d_x = 0 \tag{8.3}$$

(8.3)式より，$\tau_x = \tau_y$となる。つまり，任意の点に直交する面に作用するせん断応力度τの大きさは等しく，その方向は互いに向き合うか，逆方向に向くかのどちらかになる。

8.4 主応力度とモールの応力円

図8.5に示す梁部材の内部の三角柱(微小断面)を考える。(b)図は微小断面の平面を示しており，直交したX，Y面上に応力度が存在しているとき，X軸と角度だけ傾いたS方向に直角な応力度とする。ここで，X方向，Y方向の力の釣り合いを考えると，次式となる。

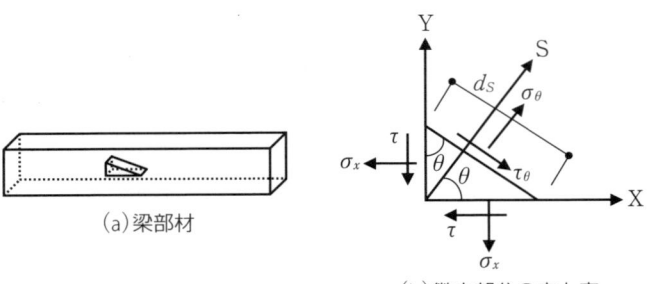

(a)梁部材

(b)微小部分の応力度

図8.5 任意方向の応力度

$$\left.\begin{aligned}\sum X = 0 &: -\sigma_x d_y - \tau d_x + \sigma_\theta d_s \cos\theta + \tau_\theta d_s \sin\theta = 0 \\ \sum Y = 0 &: -\sigma_y d_x - \tau d_y + \sigma_\theta d_s \sin\theta - \tau_\theta d_s \cos\theta = 0 \end{aligned}\right\} \quad (8.4)$$

(b)図より，$d_x = d_s \sin\theta$，$d_y = d_s \cos\theta$ であるので，(8.4)式に代入して整理すると，次式となる。

$$\left.\begin{aligned}\sigma_\theta &= \sigma_x \cos^2\theta + \sigma_y \sin^2\theta + 2\tau\sin\theta\cos\theta \\ \tau_\theta &= (\sigma_x - \sigma_y)\sin\theta\cos\theta + \tau(\cos^2\theta - \sin^2\theta)\end{aligned}\right\} \quad (8.5)$$

ここで，三角公式：$\sin 2\theta = 2\sin\theta\cos\theta$，$\cos 2\theta = \cos^2\theta - \sin^2\theta$ を(8.5)式に代入して整理すると，次式となる。

$$\left.\begin{aligned}\sigma_\theta &= \frac{\sigma_x + \sigma_y}{2} + \frac{\sigma_x + \sigma_y}{2}\cos 2\theta + \tau\sin 2\theta \\ \tau_\theta &= \frac{\sigma_x - \sigma_y}{2}\sin 2\theta - \tau\cos 2\theta\end{aligned}\right\} \quad (8.6)$$

また，(8.6)式の2式を2乗し足し算すると，次式に示すような中心Cが$(\sigma_x+\sigma_y/2, 0)$で，半径$\sqrt{(\sigma_x-\sigma_y/2)^2+\tau^2}$の円を描く。この円のことを**モールの応力円**という。

$$\left(\sigma_\theta - \frac{\sigma_x+\sigma_y}{2}\right)^2 + \tau_\theta^2 = \left(\frac{\sigma_x-\sigma_y}{2}\right)^2 + \tau^2 \quad (8.7)$$

(8.7)式を図で描くと，**図8.6**となる。

図8.6に示すモールの応力円がσ軸と交わるA点，B点では，垂直応力度σ_θは最大と最小となり，せん断応力度τ_θは0となる。この一組の垂直応力度を**主応力度**という。主応力度の作用している面を主応力面という。A

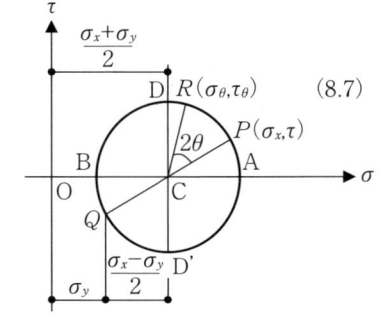

図8.6 モールの応力円

点，B点とは$180° = 2\theta$，すなわち回転した面上の応力度を表すので，主応力面は互いに直交することがわかる。主応力面上には，せん断応力度τが存在しないので，(8.6)式の第2式を$\tau_\theta = 0$とおくと，主応力度面とX軸とのなす角度θが次式となる。

$$\tan 2\theta = \frac{2\tau}{\sigma_y - \sigma_x} \leftrightarrow \theta = \frac{1}{2}\tan^{-1}\frac{2\tau}{\sigma_y - \sigma_x} \tag{8.8}$$

(8.8)式を満足するθの値は，$0° \leq 2\theta \leq 360°$の範囲で2つ存在し，この2つの値は互いに90°異なっている。主応力度とすると，(8.8)式を(8.6)式に代入し整理すると，最終的に次式となる。

$$\left.\begin{array}{l} \sigma_1 = \dfrac{\sigma_x + \sigma_y}{2} + \sqrt{\left(\dfrac{\sigma_x - \sigma_y}{2}\right)^2 + \tau^2} \\ \sigma_2 = \dfrac{\sigma_x + \sigma_y}{2} - \sqrt{\left(\dfrac{\sigma_x - \sigma_y}{2}\right)^2 + \tau^2} \end{array}\right\} \tag{8.9}$$

一方，せん断応力度は，主応力度と45°傾いた互いに直角な面で最大値と最小値をとる。図8.6では，DとD'点である。この一組のせん断応力度を主せん断応力度と呼び，次式のように表現できる。

$$\left.\begin{array}{l} \tau_1 = \sqrt{\left(\dfrac{\sigma_x - \sigma_y}{2}\right)^2 + \tau^2} \\ \tau_2 = \sqrt{\left(\dfrac{\sigma_x - \sigma_y}{2}\right)^2 + \tau^2} \end{array}\right\} \tag{8.10}$$

例題 8.1

主応力度の例を2つ紹介する。

① $\sigma_x = \sigma_y = \sigma$，$\tau_1 = \tau_2 = \tau$の場合(**図8.7**を参照)

主応力度σ_1, σ_2は，(8.9)式に代入すると，

$\sigma_1 = \sigma + \tau$, $\sigma_2 = \sigma - \tau$

主せん断応力度　τ_1, $\tau_2 = \pm\tau$

(8.8)式より，$\tan 2\theta = \infty \leftrightarrow \theta = 45°$

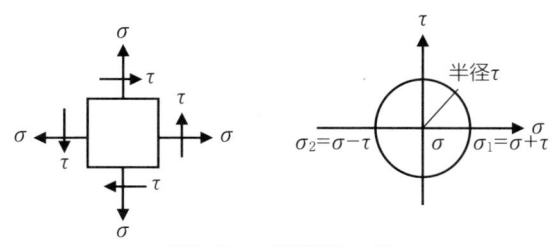

図8.7　一様引張応力場

② $\sigma_x = \sigma$，$\sigma_y = 0$，$\tau = 0$の場合(**図8.8**を参照)

主応力度σ_1, σ_2は，(8.9)式に代入すると，

$\sigma_1 = \sigma$, $\sigma_2 = 0$

主せん断応力度　τ_1, $\tau_2 = \pm\sigma/2$

(8.8)式より，$\tan 2\theta = 0 \leftrightarrow \theta = 0°$

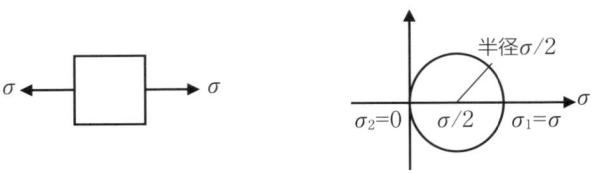

図8.8 一方向引張応力場

例題 8.2

図8.9に示す断面に，垂直応力度 $\sigma_x = 40\,\mathrm{N/mm^2}$，$\sigma_y = -40\,\mathrm{N/mm^2}$ が作用しており，図に示すように，45°傾いたA－A断面での応力度 $(\sigma_\theta, \tau_\theta)$ を求めなさい。ただし，解法は数式解法，図式解法とも示しなさい。

[解説]

①**数式解法**

主応力度 σ_1，σ_2 は，(8.9)式より求めると，次の値となる。

$$\sigma_{\theta=45} = \frac{40-40}{2} + \frac{40+40}{2}\cos 90° = 0\,\mathrm{N/mm^2}$$

$$\tau_{\theta=45} = \frac{40+40}{2}\sin 90° = 40\,\mathrm{N/mm^2} \tag{8.11}$$

②**図式解法（モールの応力円）**

中心 $\left(\dfrac{\sigma_x+\sigma_y}{2},\ 0\right) = (0,\ 0)$

半径 $\dfrac{\sigma_x-\sigma_y}{2} = 40\,\mathrm{N/mm^2}$

この中心と半径でモールの応力円を描くと，図8.10となる。図8.10より，$2\theta = 90°$ となり，図より，$\sigma_{45} = 0$，$\tau_{45} = 40\,\mathrm{N/mm^2}$ となる。

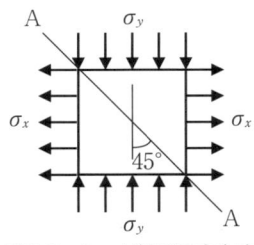

図8.9 A－A断面の応力度

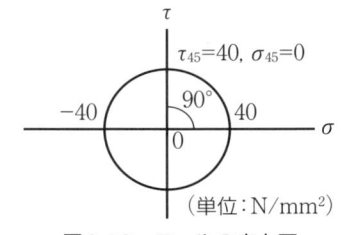

図8.10 モールの応力円

【注意しておきたいポイント】

7章まで部材の反力，応力を学習してきたが，8章は部材内部の応力度を学ぶので，物理的な現象，性質が理解できていれば問題なく理解できると思う。しかし，構造力学を学ぶ上で最初につまずくのが応力度である。特に，モールの応力円の理論を完全に理解できれば問題ないが，学生にとっては難しいようである。8.4節の内容を十分理解し，多くの問題でモールの応力円を描いてほしい。

8.5 ひずみ度の種類

部材に力（荷重）が作用すると，部材内部には応力が生じ，部材は変形する。部材の変化をひずみ（歪み）といい，部材長さ当たりのひずみを**ひずみ度**という。ひずみ度には，垂直ひずみ度（縦ひずみ度と横ひずみ度）およびせん断ひずみ度がある。本節では，このひずみ度について紹介する。

8.5.1 垂直ひずみ度

図8.11に示すように，部材に引張軸方向力Nが作用すると，部材は材軸方向に縮み，材軸に直交する方向に伸びることがわかる。材軸方向のひずみ度である**横ひずみ度**に対し，直交方向のひずみ度を**縦ひずみ度**という。それぞれ，次式のように与えられる。

縦ひずみ度　　$\varepsilon = \varepsilon_L = \Delta L / L$ 　　　　　　　　　　　　　　　(8.12)

横ひずみ度　　$\varepsilon' = \varepsilon_D = \Delta d / d$ 　　　　　　　　　　　　　　　(8.13)

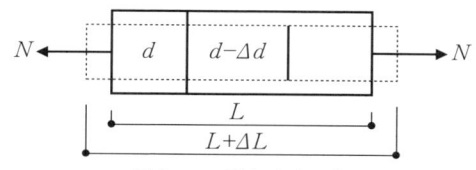

図8.11　垂直ひずみ度

縦ひずみ度に対する横ひずみ度の比の絶対値を**ポアソン比**νといい，コンクリートでは，$\nu = 0.2$で，鉄骨では$\nu = 0.3$程度である。

$$\nu = \left| \frac{\varepsilon_D}{\varepsilon_L} \right|　　　　　(8.14)$$

8.5.2 せん断ひずみ度

部材にせん断力が作用して変形が生じた場合には，正方形であった部分が，図8.12に示す平行四辺形のように変形し，**せん断ひずみ度**が発生する。せん断ひずみ度は，γで表し，次式のように与えられる。

$$\gamma = \frac{\Delta h}{h}　　　　　(8.15)$$

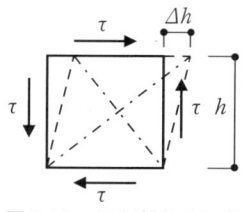

図8.12　せん断ひずみ度

8.6 弾性係数

構造物が力（荷重）を受けると，図8.13に示すように変形する。荷重を除荷し，荷重が0になったとき，変形が0になる。このように，荷重に比例し変形が生じる状態を**弾性**という。それに対し，荷重が一定値以上になると，例えば，鉄筋が降伏し，荷重を0にしても変形が0にならない（残留変形という）状

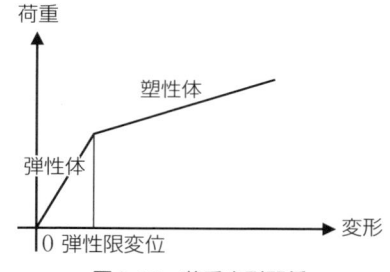

図8.13　荷重変形関係

態を**塑性**という。弾性体から塑性体になる境界を**弾性限界**という。

図8.13より，弾性体の剛性が**弾性係数**となる。今，垂直応力度σにフックの法則を適用すると，次式となる。

$$\sigma = E\varepsilon \tag{8.16}$$

ここで，(8.16)式中のEを**ヤング係数**という。単位は応力度と同じ，〔N/mm²〕となる。

一方，せん断応力度τにフックの法則を適用すると，次式となる。

$$\tau = G\gamma \tag{8.17}$$

ここで，(8.17)式中のGを**せん断弾性係数**という。単位は応力度と同じ，〔N/mm²〕となる。

ヤング係数Eとせん断弾性係数Gは，部材のポアソン比がわかれば，固有の関係をもっており，次式のように表現できる。

$$G = \frac{E}{2(1+\nu)} \tag{8.18}$$

ここで，鉄骨，コンクリートのヤング係数Eとせん断弾性係数Gを以下に示す。

鉄骨：$E = 2.05 \times 10^5 \text{N/mm}^2$，$G = 8.1 \times 10^4 \text{N/mm}^2$
コンクリート：$E = 2.1 \times 10^4 \text{N/mm}^2$，$G = 9 \times 10^3 \text{N/mm}^2$

ただし，コンクリートは設計基準強度によって異なる。詳細は日本建築学会の『鉄筋コンクリート構造計算規準・同解説(1999年版)』を参照されたい。

8.7 複合構造の応力度とひずみ度

図8.14に示すような鉄筋コンクリート構造の柱や梁は，コンクリートと鉄筋の複合構造である。その他，鉄骨鉄筋コンクリート構造(SRC構造)，コンクリート充填鋼管構造(CFT構造)も複合構造といえる。

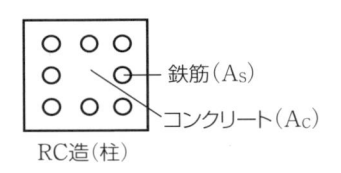

図8.15に示すように，部材長がL，両端が剛体と

図8.14 複合断面

なっている鉄筋コンクリート柱に，圧縮軸力Nが作用している場合の応力度とひずみ度について考えてみよう。柱断面は，図8.14のRC造とする。

図8.15より，圧縮軸力Nを複合断面が受ける場合，コンクリート，鉄筋が負担する軸方向力は異なるが，縮み量(ひずみ度)は同じである。ここで，コンクリート，全鉄筋(全主筋)が負担する軸方向力，ヤング係数，断面積をそれぞれN_C, N_S, E_C, E_S, A_C, A_Sとすると，各軸方向力，各応力度は次式となる。

$$N = N_C + N_S \tag{8.19}$$

$$\sigma_C = \frac{N_C}{A_C} = E_C \times \varepsilon, \quad \sigma_S = \frac{N_S}{A_S} = E_S \times \varepsilon \tag{8.20}$$

(8.20)式より，$\varepsilon = \dfrac{N_C}{E_C A_C} = \dfrac{N_S}{E_S A_S}$ \hfill (8.21)

また，コンクリートのヤング係数E_Cに対する鉄筋のヤング係数E_Sの比をヤング係数比$n = (E_S/E_C)$と定義すると，(8.21)式は次式のように表現できる。

$$N_C = \dfrac{A_C}{n A_S} \times N_S \hfill (8.22)$$

ここで，(8.22)式を(8.19)式に代入し整理すると，コンクリート，鉄筋が負担する軸方向力N_C，N_Sは次式となる。

$$N_C = \dfrac{A_C}{n A_S + A_C} \times N, \ N_S = \dfrac{n A_S}{n A_S + A_C} \times N \hfill (8.23)$$

(8.23)式より，コンクリート，鉄筋が負担する応力度σ_C，σ_S，ひずみ度εは，次式のように表現できる。

$$\left. \begin{aligned} \sigma_C &= \dfrac{N}{n A_S + A_C}, \ \sigma_S = \dfrac{nN}{n A_S + A_C} \\ \varepsilon &= \dfrac{\Delta L}{L} = \dfrac{\sigma_C}{E_C} = \dfrac{\sigma_S}{E_S} \end{aligned} \right\} \hfill (8.24)$$

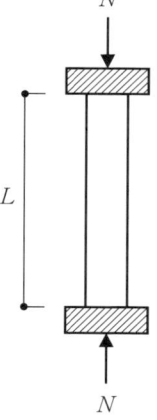

図8.15
複合構造の応力度とひずみ度

例題 8.3

図8.14，8.15において，コンクリート，全鉄筋の断面積をそれぞれ，$4a^2/5$，$a^2/5$とし，ヤング係数比を$n = E_S/E_C = 10$とした場合のコンクリート，鉄筋が負担する軸方向力N_C，N_Sを求めなさい。

[解説]

(8.23)式より，$N_C = \dfrac{4a^2/5}{10 a^2/5 + 4a^2/5} \times N = \dfrac{2}{7}N, \ N_S = N - N_C = \dfrac{7}{5}N$ \hfill (8.25)

【注意しておきたいポイント】

複合構造の応力度やひずみ度に関する問題は，大学3年次編入学試験，大学院入学試験，一級建築士の学科試験（学科Ⅳ）で多く出題されている。本章で解説したように，複合構造は構造体が並列に複合されているので，それぞれのひずみ度（伸縮量）が等しいと考えれば容易に解答できる。この種の問題を多く解き，複合構造の応力度とひずみの関係を理解してほしい。

=== 8章 演習問題 ===

[問8.1] 角材に引張力$T = 100\,\text{kN}$が作用したときの垂直応力度$\sigma_t (\text{N/mm}^2)$を求めなさい。ただし，角材の断面積は，$A = 20\,\text{cm}^2$とする。

[問8.2] 丸棒に圧縮力$N = 500\,\text{kN}$が作用したときの垂直応力度$\sigma_C (\text{N/mm}^2)$を求めなさい。ただし，丸棒の直径は$10\,\text{cm}$とし，丸棒の断面は円とする。

[問8.3] 図8.16に示すように，部材には垂直応力度$\sigma_x = 30\,\mathrm{N/mm^2}$，$\sigma_y = -20\,\mathrm{N/mm^2}$がそれぞれ作用している。部材内部のA−A断面での応力度（σ_θ, τ_θ）を，$\theta = 30°$，$45°$それぞれの場合について求めなさい。ただし，解法は数式解法，モールの応力円による図式解法の両方とも示しなさい。

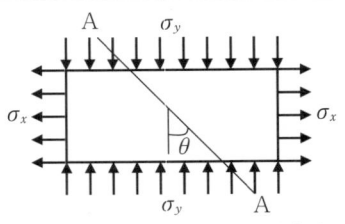

図8.16　A−A断面の垂直応力度

[問8.4] 図8.17に示すように，部材にはせん断応力度$\tau = 50\,\mathrm{N/mm^2}$のみが作用している。A−A断面での応力度を求めなさい。ただし，解法は数式解法，モールの応力円による図式解法の両方とも示しなさい。

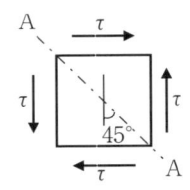

図8.17　A−A断面のせん断応力度

[問8.5] 図8.18に示すように，部材に圧縮力$N = 1{,}000\,\mathrm{kN}$が作用し，部材は材軸方向に縮み，材軸に直交する方向に伸びた。その場合に生じる圧縮応力度，縦ひずみ度，横ひずみ度に対する縮み量（ΔL）と伸び量（Δd）を求めなさい。ただし，部材のヤング係数Eおよびポアソン比νは，$2.1 \times 10^5\,\mathrm{N/mm^2}$，$0.3$とする。

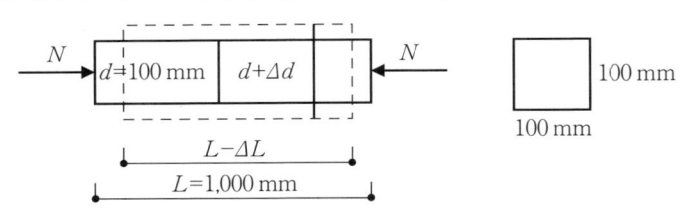

図8.18　部材の垂直応力度とひずみ度

[問8.6] ヤング係数，断面積が$E_1(=E)$，$A_1(=A)$の断面1と，$E_2(=4E)$，$A_2(=1.5A)$の断面2の複合断面が図8.19である。この複合断面に，圧縮軸方向力Pが作用した場合の断面1と2が負担する軸方向力N_1，N_2の値を求めなさい。ただし，N_1，N_2はP，E，Aで表しなさい。

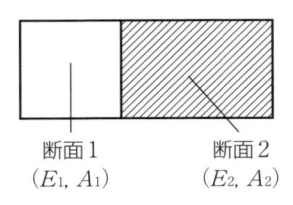

図8.19　複合断面の軸方向力

9章 部材断面の性質

9.1 概要

7章まで学習してきた構造力学は、構造部材を線材としてモデル化し、荷重に対する反力、応力を求めてきた。また8章では、構造物の内部に生じる応力度、ひずみ度について学習した。応力度の分布、変形の状態は、外力の大きさ、部材の材料的な性質および断面の大きさ、形状によって異なる。

本章では、部材断面の性質について解説する。断面の諸係数としては、**断面積**[※1]、**図心(重心)**[※2]、**断面1次モーメント**[※3]、**断面2次モーメント**[※4]、**断面係数**[※5]、**断面2次半径**[※6]などが挙げられ、次節以降で詳細に解説する。

9.2 断面1次モーメントと図心の関係

断面1次モーメントSは、断面積に図心までの距離を乗じて計算する値で、部材内の図心(重心)位置を算出する際に用いる。

9.2.1 断面1次モーメント

断面1次モーメントSは、**図9.1**に示すように、任意の物体を想定し、X座標系、Y座標系を設け、各基準位置から微小物体までの距離を乗じて、物体の全面積で積分した値のことをいう。

ここで、X軸、Y軸まわりの断面1次モーメントS_X、S_Yは、次式となる。

$$\left. \begin{array}{l} S_X = \int_A y\, dA \\ S_Y = \int_A x\, dA \end{array} \right\} \quad (9.1)$$

図9.1 断面1次モーメント

断面1次モーメントの単位は、(9.1)式から考えると、$[cm^3]$となる。

9.2.2 図心

平面図形において、物体の面積的な中心を**重心**という。物体の厚さ、重量が均等で一様な物体であれば、重心と図心は一致する。図心を通る軸まわりの断面1次モーメントは、(9.1)式より距離が0となり、$S_X = S_Y = 0$となる。

今、**図9.2**に示すような物体の図心を通る軸をX軸、Y軸とし、任意の座標軸をx、yとする。図心まわりの断面1次モーメントを実際に計算してみる。

(9.1)式より、図心まわりの軸XとYに関する断面1次モーメントは、次式となる。

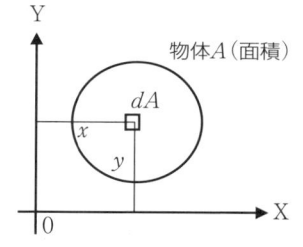

図9.2 図心

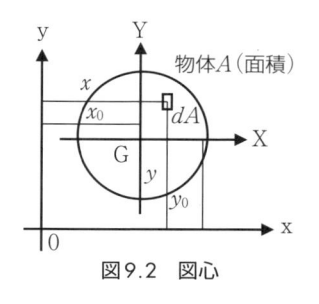

※1：area   ※2：center of section   ※3：moment of area   ※4：moment of inertia
※5：section modulus   ※6：section radius

$$S_X = \int_A (y - y_0) dA = \int_A y\, dA - y_0 \int_A dA \\ S_Y = \int_A (x - x_0) dA = \int_A x\, dA - x_0 \int_A dA \Biggr\} \qquad (9.2)$$

(9.1)式と $\int_A dA = A$ より，(9.2)式は次式となる。

$$S_X = S_x - y_0 A \\ S_Y = S_y - x_0 A \Biggr\} \qquad (9.3)$$

(9.3)式中の図心を通る断面1次モーメントは0であるために，任意x, y軸から図心までの距離は，(9.3)式より次式のように与えられる。

$$y_0 = \frac{S_x}{A}, \quad x_0 = \frac{S_y}{A} \qquad (9.4)$$

例題 9.1

図9.3のT形断面の図心 $G(x_G, y_G)$ を求めなさい。

[解説]

図9.3に示すように，T形断面を2つの断面 A_1, A_2 に分離する。

1) 準備計算：

A_1, A_2 の断面積は，$A_1 = 3a^2$, $A_2 = 3a^2$ \qquad (9.5)

2) 断面1次モーメントと図心の計算：

$$S_x = 3a^2 \times 1.5a + 3a^2 \times 3.5a = 6a^2 \times y_G \qquad (9.6)$$

(9.6)式より，$y_G = 2.5a$

同様に，

$$S_y = 3a^2 \times 3.5a + 3a^2 \times 3.5a = 6a^2 \times x_G \qquad (9.7)$$

(9.7)式より，$x_G = 3.5a$ となる。

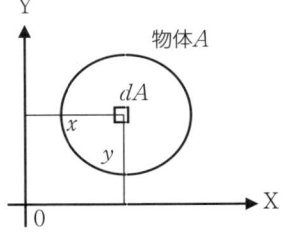

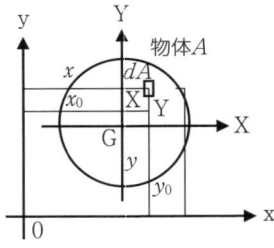

図9.3 図心

9.3 断面2次モーメント

断面2次モーメント I は，部材断面の曲がりにくさ（曲げ剛性）を表す係数である。図9.4に示す物体の断面2次モーメントは，任意の座標軸X軸，Y軸から微小物体までの距離 y, x の2乗に微小面積を乗じ，全面積で積分した値のことである。

$$I_X = \int_A y^2 dA \\ I_Y = \int_A x^2 dA \Biggr\} \qquad (9.8)$$

断面2次モーメントの単位は，(9.8)式から考えると，[cm^4] となる。

ここで，図9.5に示すような物体の断面2次モーメントを考えてみよう。

(9.8)式より，

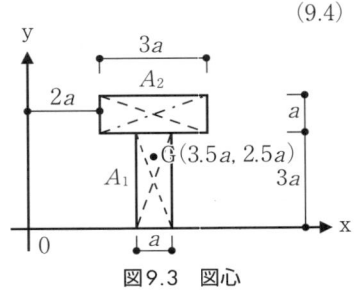

図9.4 断面2次モーメント

図9.5 断面2次モーメント

9章　部材断面の性質

$$I_X = \int_A (Y+y_0)^2 dA = \int_A Y^2 dA + 2y_0 \int_A Y dA + y_0^2 \int_A dA$$
$$= I_X + 2y_0 S_x + y_0^2 A = I_X + y_0^2 A \tag{9.9}$$

ここで，9.2節で述べたように，図心を通る断面1次モーメントS_xは0である。
同様に，$I_y = I_Y + x_0^2 A$ (9.10)

例題 9.2

図9.6に示す幅b，成hの長方形断面の図心を通るx-x軸まわりの断面2次モーメントI_Xを求めなさい。

[解説]
(9.8)式より，断面2次モーメントI_Xは，次式となる。

$$I_X = \int_A y^2 dA = \int_{-h/2}^{h/2} y^2 b\, dy = 2b \int_0^{h/2} y^2 dy$$
$$= 2b \left[\frac{y^3}{3}\right]_0^{h/2} = \frac{bh^3}{12} \tag{9.11}$$

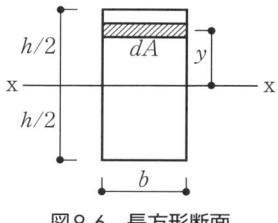

図9.6　長方形断面

【注意しておきたいポイント】

長方形断面の断面2次モーメントは，いろいろな参考書で紹介されているが，(9.11)式を公式のように覚えている学生は少なくない。(9.11)式は，図心を通る断面2次モーメントの値であり，図心を通らない場合は，何の意味もない。断面2次モーメントの公式として覚えるならば，(9.8)式の意味を理解してほしい。

例題 9.3

図9.7に示すX_0-X_0軸まわりの断面2次モーメントI_{X0}を求めなさい。

[解説]
(9.9)式，(9.11)式より，断面2次モーメントI_{X0}は，次式となる。

$$I_{X0} = \frac{bh^3}{12} + \left(\frac{3h}{4}\right)^2 \times bh = \frac{31bh^3}{48} \tag{9.12}$$

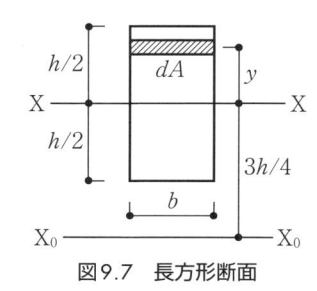

図9.7　長方形断面

9.4　断面係数

断面係数Zは，部材のモーメントに関する曲げ応力度σ_b(N/mm^2)を計算する際に用いられる値で，単位は〔cm^3〕である。図9.8において，任意物体の図心を通る軸から最外縁までの距離をそれぞれy_1，y_2，図心軸まわりの断面2次モーメントをI_xとすると，物体の上側，下側での断面係数Z_{x1}，Z_{x2}は，次式となる。

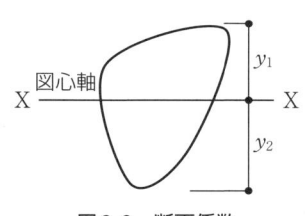

図9.8　断面係数

$$Z_{x1} = \frac{I_x}{y_1}, \quad Z_{x2} = \frac{I_x}{y_2} \tag{9.13}$$

ここで，図9.6の長方形断面でのX軸まわりの断面係数Z_xを求めてみる。

(9.11)，(9.13)式より，$Z_x = \dfrac{bh^3/12}{h/2} = \dfrac{bh^2}{6}$ (9.14)

同様に，図心を通るY軸での断面係数Z_yは，次式となる。

$$Z_y = \frac{hb^3/12}{b/2} = \frac{hb^2}{6} \tag{9.15}$$

9.5 断面極2次モーメントと断面相乗モーメント

断面極2次モーメント[※7]I_Pは，9.6節で述べる断面の主軸を求める際に用いられる係数であり，断面のねじれにくさを表すといわれる。図9.9に示す，原点から物体の微小断面までの距離rの2乗に関する全積分の値が断面極2次モーメントI_Pで，次式のように与えられる。

$$I_P = \int_A r^2 dA = \int_A (x^2 + y^2) dA = \int_A y^2 dA + \int_A x^2 dA$$
$$= I_X + I_Y \tag{9.16}$$

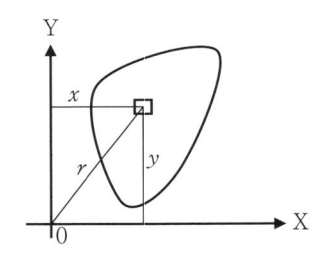

図9.9 断面極2次モーメント・断面相乗モーメント

断面相乗モーメントI_{XY}[※8]は，断面の主軸を求める際に用いられる係数であり，次式のように定義する。

$$I_{XY} = \int_A xy\, dA \tag{9.17}$$

9.6 断面の主軸

図心Gを通る軸に関する断面相乗モーメントI_{xy}が，0となるような直交した軸を断面の主軸[※9]という。

図9.10において，G点を物体の図心とし，この点を通る直交座標系のx, y軸に関する断面2次モーメントおよび断面相乗モーメントをそれぞれ，I_x, I_y, I_{xy}とする。この座標軸からθだけ傾いた直交座標とし，これらの軸に関するI_X, I_Y, I_{XY}の値を求めてみる。

図9.10より，微小部分までの距離X, Yをx, y, θで表現すると次式となる。

$$X = x\cos\theta + y\sin\theta, \quad Y = y\cos\theta + x\sin\theta \tag{9.18}$$

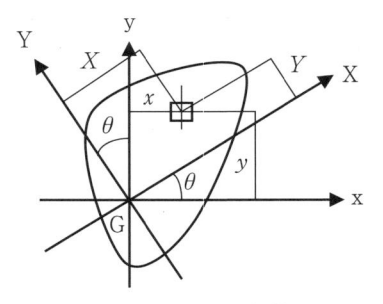

図9.10 断面の主軸

※7：polar moment of inertia　　※8：product moment of inertia　　※9：principal axe

(9.8)式, (9.17)式より, I_x, I_y, I_{xy}は, 次式となる.

$$\left.\begin{array}{l} I_X = I_x\cos^2\theta + I_y\sin^2\theta - 2I_{xy}\sin\theta \times \cos\theta \\ I_Y = I_x\sin^2\theta + I_y\cos^2\theta - 2I_{xy}\sin\theta \times \cos\theta \\ I_{XY} = (I_x - I_y)\sin\theta \times \cos\theta + I_{xy}(\cos^2\theta - \sin^2\theta) \end{array}\right\} \quad (9.19)$$

(9.19)式より,

$$I_X + I_Y = I_x + I_y = I_P \quad (9.20)$$

I_Xが一定値であれば, 任意の角度θにおいて, I_Xが最大値となれば, I_Yは最小値となる. つまり, 断面2次モーメントが最大, 最小値となる角度θの直交軸が, 断面の主軸となる.

主軸の方向は, I_Xが極値をもつように, 任意の角度θで微分して0になる角度から決定できる. これは, 9.6節の概説で述べたように, 断面の相乗モーメントI_{XY}が0となる角度θが主軸となるためである.

主断面2次モーメントを求めるために, (9.19)式中のI_Xを任意の角度θで1階微分すると, 次式となる.

$$\begin{aligned} \frac{dI_X}{d\theta} &= \frac{d}{d\theta}(I_x\cos^2\theta + I_y\sin^2\theta - 2I_{xy}\sin\theta\cos\theta) \\ &= -2\{(I_x - I_y)\sin\theta\cos\theta + I_{xy}(\cos^2\theta - \sin^2\theta)\} \\ &= 2I_{XY} = 0 \end{aligned} \quad (9.21)$$

$$\begin{aligned} \frac{dI_Y}{d\theta} &= \frac{d}{d\theta}(I_x\sin^2\theta + I_y\cos^2\theta + 2I_{xy}\sin\theta\cos\theta) \\ &= 2\{(I_x - I_y)\sin\theta\cos\theta + I_{xy}(\cos^2\theta - \sin^2\theta)\} \\ &= 2I_{XY} = 0 \end{aligned} \quad (9.22)$$

$$I_{XY} = \frac{I_x - I_y}{2}\sin 2\theta + I_{xy}\cos 2\theta \quad (9.23)$$

(9.23)式より, $\tan 2\theta$, θは次式となる.

$$\begin{aligned} \tan 2\theta &= \frac{2I_{xy}}{I_y - I_x} \\ \theta &= \frac{1}{2}\tan^{-1}\left(\frac{2I_{xy}}{I_y - I_x}\right) \end{aligned} \quad (9.24)$$

(9.24)式を(9.19)式に代入すると, 主断面2次モーメントが求められる. また, このときには, 主軸に関する断面相乗モーメントI_{XY}は0となる.

今, 断面の図心を通る直交座標系x, yおよびこれらの軸に関する断面2次モーメントI_x, I_yと断面相乗モーメントI_{xy}が与えられた場合, 主断面2次モーメントと断面の主軸方向は, 次式のように求められる.

$$I_1 = \frac{I_x+I_y}{2} + \sqrt{\left(\frac{I_x-I_y}{2}\right)^2 + I_{xy}^2}$$

$$I_2 = \frac{I_x+I_y}{2} - \sqrt{\left(\frac{I_x-I_y}{2}\right)^2 + I_{xy}^2} \qquad (9.25)$$

$$\tan 2\theta = \frac{2I_{xy}}{I_y - I_x}$$

また，(9.19)式，(9.25)式より，

$$I_X + I_Y = I_x + I_y = I_1 + I_2 \qquad (9.26)$$

となり，直交軸に関する2つの断面2次モーメントの和はすべて等しく，一定であることがわかる。

　梁のような長方形断面の場合，断面が対称形となるため，その対称軸を含む直交軸に関する断面相乗モーメントは0となることから，対称軸はその断面の主軸の一つである。正多角形や円形のように直交しない対称軸のある断面では，特に主軸の方向が決まらず，どの方向の軸に対しても断面2次モーメントの値は同じであり，断面相乗モーメントは0となる。

【注意しておきたいポイント】　主軸の性質
①主軸において，断面2次モーメントが最大となる軸と，それに直交して断面2次モーメントが最小となる軸が存在する。
②断面に対称軸が存在する場合には，その軸に関する相乗モーメントは0となるので，断面の対称軸は主軸の一つとなる。
③正多角形や円のように，対称軸が複数ある断面では，主軸方向も複数ある。
④構造部材(梁，柱)は，主軸方向に力(応力)を受けるように配置する。

9.7　断面2次半径

　断面2次半径は，圧縮力を受ける柱材の座屈強度を計算する際に用いられ，断面2次半径が大きいほど座屈しにくいことを意味する。
　断面2次半径i_X，i_Yは，断面の主軸のX，Y軸と断面積Aで表現できる。

$$i_X = \sqrt{\frac{I_X}{A}}, \quad i_Y = \sqrt{\frac{I_Y}{A}} \qquad (9.27)$$

(9.27)式を少し変形すると，$I_X = i_X^2 A$，$I_Y = i_Y^2 A$なる。

　ここで，図9.7に示す幅b，成hの長方形断面のX軸，Y軸まわりの断面2次半径i_X，i_Yを求めてみる。

$$i_X = \sqrt{\frac{bh^3/12}{bh}} = \frac{h}{\sqrt{12}}, \quad i_Y = \sqrt{\frac{hb^3/12}{hb}} = \frac{b}{\sqrt{12}} \qquad (9.28)$$

となる。

9章 演習問題

[問9.1] 図9.11に示すx-x軸から，断面の図心の距離y_Gを求めなさい。

(1)

(2)

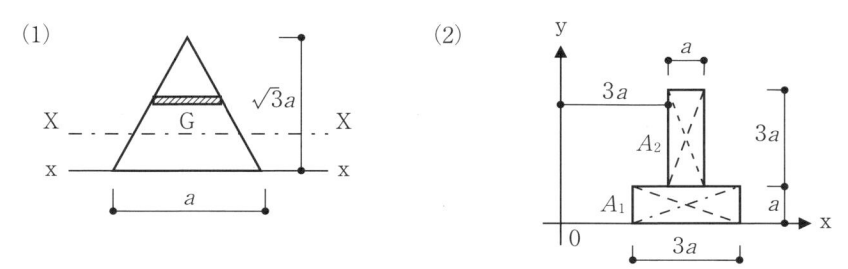

図9.11　図心の計算

[問9.2] 図9.12に示す図心を通るX-X軸の断面2次モーメントを求めなさい。

(1)

(2)

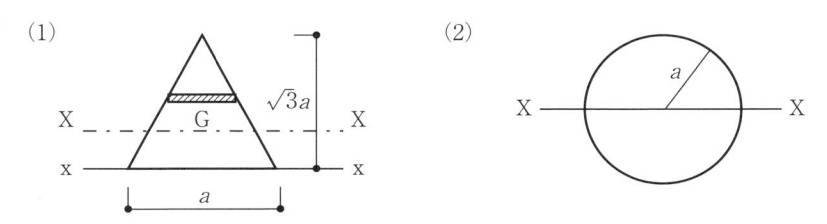

図9.12　断面2次モーメント

[問9.3] 図9.13に示すL形断面に関する設問に解答しなさい。
(1) 図心Gの座標(x_G, y_G)を求めなさい。ただし，解答は分数で表示すること。
(2) X-X軸および図心まわりの断面2次モーメントI_X, I_xを求めなさい。ただし，解答は分数で表示すること。

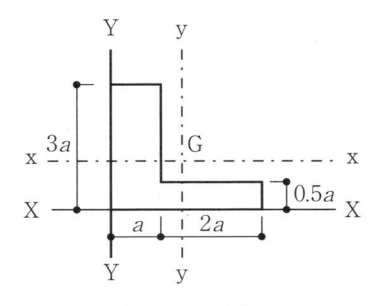

図9.13　L形断面

[問9.4] 図9.14に示すT形断面に関する設問について解答しなさい。
(1) T形断面において，X-X軸から図心までの距離Y_Gを求めなさい。
(2) 図心を通る断面2次モーメントI_xを求めなさい。
(3) 図9.14の図心まわり(x-x軸まわり)に曲げモーメントMが作用している場合の引張側，圧縮側の断面係数$_tZ_x$, $_cZ_x$を求めなさい。

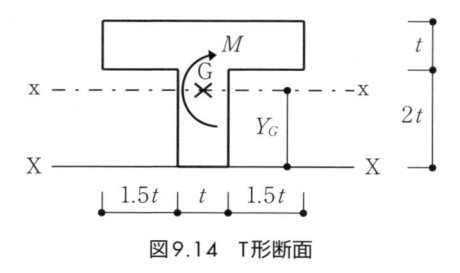

図9.14 T形断面

10章　部材断面の応力度

10.1 概要

構造物に力（荷重）が作用すると，構造物内に応力度が生じる。この応力度には，軸方向応力度[※1]，曲げ応力度[※2]，せん断応力度[※3]がある。応力度とひずみ度については，8章において，概念的には学習しているが，本章では，3種類の応力度を詳しく解説する。さらに，軸方向応力度と曲げ応力度が同時に作用した場合の複合応力度[※4]や部材断面内がすべて圧縮状態となる断面の核[※5]および座屈荷重[※6]について解説する。

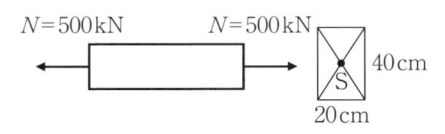

10.2 軸方向応力度

図10.1に示すように，部材断面の図心に軸方向力Nが作用すると，材軸に直角な断面に垂直応力度σが生じる。これを**軸方向応力度**といい，次式のように与えられる。軸方向応力度σには，図10.1 (a) と (b) に示すように，引張応力度σ_t（＋）と圧縮応力度σ_c（－）が存在し，応力度の単位は，〔N/mm²〕である。

$$\sigma = \frac{N}{A} \quad (10.1)$$

(a) 引張力と引張応力度

(b) 圧縮力と圧縮応力度

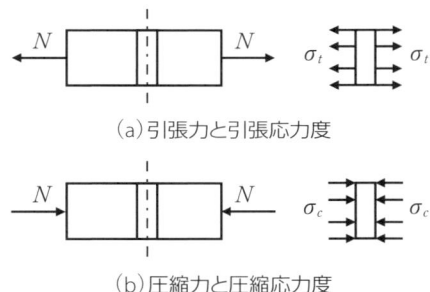

図10.1　軸方向応力度

ここで，Aは部材の断面積〔cm², mm²〕を表す。

例題 10.1

図10.2に示すように，長方形断面20cm×40cmの図心に，圧縮力$N=500$kNが作用した場合の圧縮応力度σ_c（N/mm²）を求めなさい。

図10.2　軸方向応力度

[解説]

(10.1)式より，圧縮応力度σ_cは，次の値となる。

$$\sigma_c = \frac{500 \times 10^3}{20 \times 40 \times 10^2} = 6.25 \, \text{N/mm}^2$$

10.3 曲げ応力度

図10.3のように，部材に曲げモーメントMが作用すると，部材断面内では，中立軸（図心を通る材軸）を境に，一方は引張場，他方が圧縮場となり，部材全体は反り返ることになる。

※1：axial stress　　※2：bending stress　　※3：shearing stress　　※4：compound stress
※5：core of section　　※6：buckling load

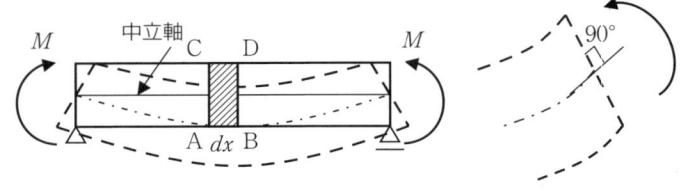

図10.3　曲げモーメントが作用する梁部材

　部材に曲げモーメントが作用した場合に，部材に生じる応力度を**曲げ応力度** σ_b といい，この σ_b を求めるためには，平面保持の仮定が必要である。平面保持の仮定について少し紹介する。図10.3に示すように，材軸に直角な断面は，曲げモーメントにより変形した後も，材軸に対し直角な平面を保持することを「平面保持の仮定」という。

　図10.3に示す長さ dx の微小部分を取り出し，断面に生じる変形分布，応力度を図示すると，**図10.4**となる。

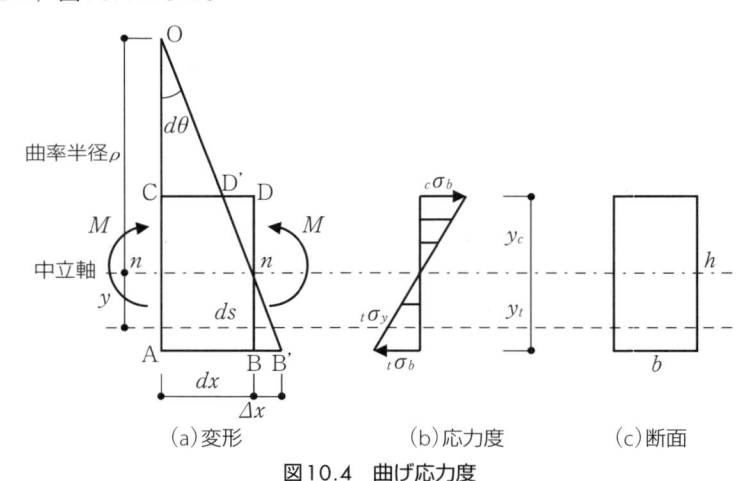

(a)変形　　　(b)応力度　　　(c)断面

図10.4　曲げ応力度

(8.16)式に示した応力度とひずみ度の関係および図10.4 (a)より，

$$\sigma = E\varepsilon = E\frac{dS}{dx} \tag{10.2}$$

また，図10.4 (a)を参考にして，幾何学的な関係を考えると，次式が成り立つ。

$$\frac{dS}{y} = \frac{dx}{\rho} \tag{10.3}$$

(10.3)式を(10.2)式に代入すると，次式となる。

$$\sigma = E\frac{y}{\rho} \tag{10.4}$$

ここで，中立軸まわりの曲げモーメント（力と距離の積）を考えると，次式となる。

$$M = \int_{-y_t}^{y_c} \sigma dA \times y = \int_{-y_t}^{y_c} \sigma y\, dA \tag{10.5}$$

ここで，(10.4)式を(10.5)式に代入すると，次式となる。

$$M = \int_{-y_t}^{y_c} E \frac{y^2}{\rho} dA = \frac{E}{\rho} \int_{-y_t}^{y_c} y^2 dA = \frac{E}{\rho} \times I \tag{10.6}$$

(10.4)式から，$\frac{E}{\rho} = \frac{\sigma}{y}$ となり，(10.6)式に代入すると，最終的に次式となる。

$$M = \frac{I}{y} \times \sigma \tag{10.7}$$

よって，断面内の任意の位置 y での曲げ応力度 σ は，(10.7)式より次式となる。

$$\sigma = \frac{M}{I} y \tag{10.8}$$

ここで，図10.4(b)での縁応力度 $_c\sigma_b$, $_t\sigma_b$（引張側，圧縮側での最大曲げ応力度）は，(10.8)式において，$y = h/2$ とおき，9.4節で学習した断面係数の考え方を考慮すると求めることができる。

$$_c\sigma_b,\ _t\sigma_b = \frac{M}{I} \times \frac{h}{2} = \frac{M}{I/h/2} = \frac{M}{Z} \tag{10.9}$$

また，(10.4)式と(10.8)式より，$1/\rho = M/EI$ となり，曲率 $1/\rho$ と微小区間 dx との傾き $d\theta$ は，次式となる。

$$d\theta = \frac{dx}{\rho} = \frac{M}{EI} dx \tag{10.10}$$

例題 10.2

図10.5に示すように，部材長 $L = 6\,\mathrm{m}$ の梁材に，等分布荷重 $10\,\mathrm{kN/m}$ が作用した場合の梁材の圧縮側，引張側の縁応力度 $_c\sigma_b$, $_t\sigma_b$ と，図心Sから $20\,\mathrm{cm}$ 離れたA点での応力度 $_A\sigma_b$ を求めなさい。

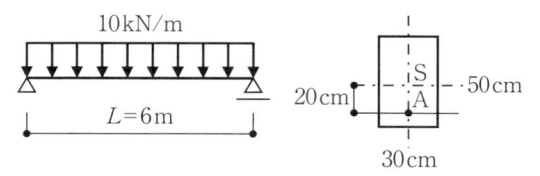

図10.5 曲げ応力度

[解説]

曲げモーメントが最大となる位置は，長さ $3\,\mathrm{m}$ の位置となり，$M_{\max} = 10 \times 6^2/8 = 45\,\mathrm{kNm}$ となる。

断面係数 Z は，図10.5より，$Z = \dfrac{30 \times 50^2}{6} = 12{,}500\,\mathrm{cm}^3$ となり，圧縮側，引張側の縁応力度 $_c\sigma_b$, $_t\sigma_b$ は，次の値となる。

$$_c\sigma_b,\ _t\sigma_b = \frac{45 \times 10^6}{12{,}500 \times 10^3} = 3.6\,\mathrm{N/mm^2}$$

また，A点での曲げ応力度 $_A\sigma_b$ は，(10.8)式より次の値となる。

$$_A\sigma_b = \frac{M}{I}y = \frac{45 \times 10^6}{\frac{30 \times 50^3}{12} \times 10^4} \times 20 \times 10 = 2.88\,\text{N/mm}^2$$

10.4 せん断応力度

図10.3内の微小部分を取り出し，応力状態を示すと，図10.6となる。断面内に分布するせん断応力度は，図10.6における応力の釣り合い条件式から求めると，次式となる。

$$-\sigma bdy + (\sigma + d\sigma)bdy + (\tau + d\tau)bdx - \tau bdx = 0$$
$$\leftrightarrow d\sigma \times bdy + d\tau \times bdx = 0$$
$$\leftrightarrow \frac{d\tau}{dy} + \frac{d\sigma}{dx} = 0 \qquad (10.11)$$

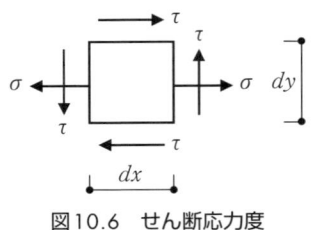

図10.6 せん断応力度

(10.11)式をyについて積分すると，次式となる。

$$\int \frac{d\tau}{dy}dy + \int \frac{d\sigma}{dx}dy = 0 \leftrightarrow \tau = -\int_{y_1}^{y} \frac{d\sigma}{dx}dy + C \qquad (10.12)$$

せん断応力度τは，図10.7より，$y_1 = h/2$で$\tau = 0$となるので，(10.12)式の積分定数$C = 0$となる。

$$\tau = \int_y^{h/2} \frac{d\sigma}{dx}dy \qquad (10.13)$$

図10.7 せん断応力度の分布

ここで，(10.8)式を(10.13)式に代入して整理すると，次式となる。

$$\tau = \int_y^{h/2} \frac{d}{dx}\left\{\frac{M}{I}y\right\}dy = \int_y^{h/2} \frac{dM}{dx} \times \frac{y}{I}dy = \int_y^{h/2} \frac{Q}{I}ydy = \frac{Q}{bI}\int_y^{h/2} bydy$$
$$= \frac{Q}{bI} \cdot \frac{b}{2}\left\{\left(\frac{h}{2}\right)^2 - y^2\right\} \qquad (10.14)$$

さらに，9章の断面の性質より，$S = \frac{b}{2}\left\{\left(\frac{h}{2}\right)^2 - y^2\right\}$となり，(10.14)式は次式となる。

$$\tau = \frac{QS}{bI} \qquad (10.15)$$

また図10.7より，せん断応力度τは，$y = 0$で最大値となるので，(10.14)式に$y = 0$を代入すると，τ_{max}は次式となる。

$$\tau_{max} = \frac{Q}{bI} \times \frac{bh^2}{8} = \frac{Q}{bh^3/12} \times \frac{h^2}{8} = \frac{3}{2} \times \frac{Q}{bh} = \frac{3}{2}\bar{\tau} \qquad (10.16)$$

ここで，$\bar{\tau}$は標準せん断応力度という。

10.5 軸方向力と曲げモーメントを受ける部材の複合応力度

図10.8に示すように，鉛直荷重Nと水平荷重Pが作用している断面$a \times a$の片持ち柱の応力度を考える。図10.9にはM図とN図を示しており，10.2節で学習した軸方向応力度は，部材断面に対し一様に分布し，また曲げ応力度は10.3節で学習したように，図10.4より三角形の分布となる。ここで，A-A断面における圧縮軸応力度の分布および曲げ応力度の分布を図に示すと，図10.10となる。図10.10を参考に，A-A断面での複合応力度は，引張側，圧縮側で次式となる。

$$\left. \begin{aligned} 圧縮側 &: \sigma_1 = -\frac{N}{A} - \frac{M}{Z} \\ 引張側 &: \sigma_2 = \frac{M}{Z} - \frac{N}{A} \end{aligned} \right\} \tag{10.17}$$

また，断面内での任意の点での複合応力度は，次式となる。

$$\sigma = -\frac{N}{A} \pm \frac{M}{I} y \tag{10.18}$$

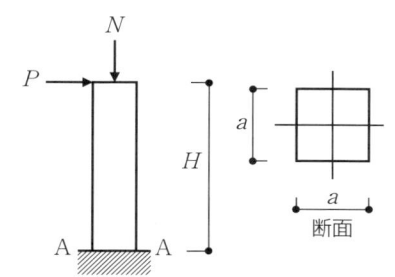

図10.8 片持ち柱の複合応力度

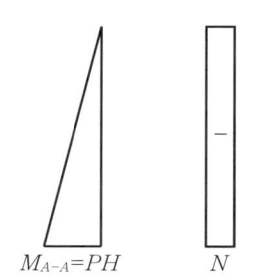

図10.9 M図，N図

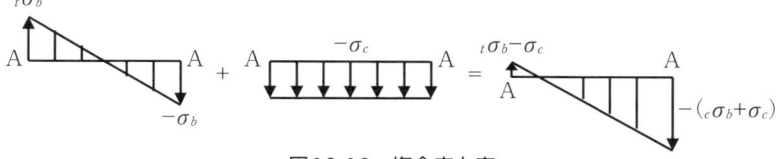

図10.10 複合応力度

10.6 断面の核

図10.11に示すように，断面の図心からeだけ離れた位置に，圧縮力Nが作用した場合の断面に生じる複合応力度を考える。この場合，図心から距離eだけ離れているために，部材には偏心による曲げモーメント$M_e = N \times e$が作用

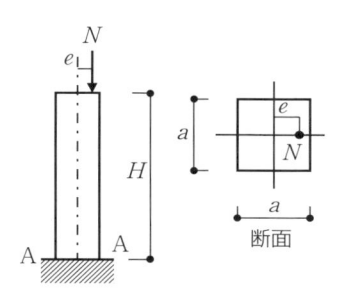

図10.11 片持ち柱の複合応力度

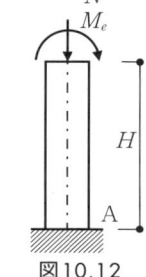

図10.12 軸方向力と偏心曲げモーメントを受ける片持ち柱

する。図10.12に示すように，軸方向力Nと偏心による曲げモーメントM_eを図心に移動させた場合と同じ扱いとなる。

断面内に生じる複合応力度を図10.13に示す。図10.13のように，複合応力度において引張応力度が発生せず，すべて圧縮応力度のみが生じる場合がある。これは，軸方向力の偏心量が，図心からある値以内では，すべて圧縮応力度となり，この限界の線を断面内に描くと，断面の中央部分に任意の面積部分が生じる。この部分を**断面の核**という。

図10.13に示す複合応力度は，10.5節の（10.18）式より，次式のように与えられる。

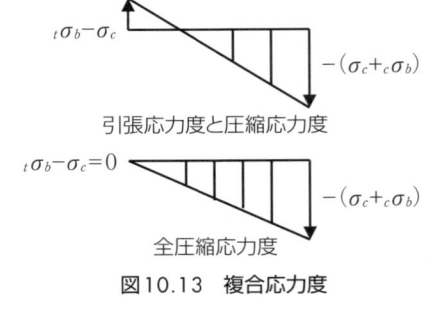

$$\sigma = -\frac{N}{A} \pm \frac{Ne}{I} y \quad (10.19)$$

応力度がすべて全圧縮応力度になるためには，次式に示す条件式を満足する偏心量であればよい。

$$\frac{N}{A} \geq \frac{Ne}{I} y_t \leftrightarrow e \leq \frac{I}{A} \times \frac{1}{y_t} = \frac{i^2}{y_t} = \frac{Z_t}{A} \quad (10.20)$$

ここで，iは9章で学習した断面2次半径である。

また，2方向（X，Y方向）に偏心量がある場合には，（10.20）式と同様に考えると，次式が断面の核となる条件である。

$$\sigma = -\frac{N}{A} \pm \frac{Ne_y}{I_x} y_t \pm \frac{Ne_x}{I_y} x_t$$

$$1 \geq e_y \frac{y_t}{i_x^2} + e_x \frac{x_t}{i_y^2} \quad (10.21)$$

例題10.3

図10.14に示すように，軸方向力Pが図心Sから偏心距離(e_x, e_y)が離れた位置に作用している。この$B \times D$の長方形断面の核を求め，図示しなさい。

[解説]

図10.14に示すように，偏心荷重Pが図形の第1象限にあるために，（10.21）式を用いて，断面の核を求める。

まず，長方形断面の断面積$A = BD$であり，X軸，Y軸まわりの断面2次半径i_x, i_yは，それぞれ次の値となる。

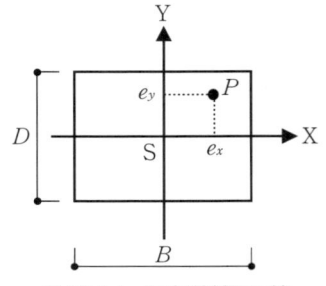

図10.14　長方形断面の核

$$i_x = \sqrt{\frac{I_X}{A}} = \sqrt{\frac{BD^3/12}{BD}} = \sqrt{\frac{D^2}{12}} \rightarrow i^2_x = \frac{D^2}{12}$$

$$i_y = \sqrt{\frac{I_Y}{A}} = \sqrt{\frac{DB^3/12}{BD}} = \sqrt{\frac{B^2}{12}} \rightarrow i^2_y = \frac{B^2}{12}$$

(10.22)

また，図心からのX軸，Y軸の引張側までの距離をx_t, y_tとおくと，それぞれ，$x_t = B/2$, $y_t = D/2$となる。

以上の結果を（10.21）式に代入し整理すると，次式を得る。

$$1 \geq e_y \times \frac{D/2}{D^2/12} + e_x \times \frac{B/2}{B^2/12} = \frac{6}{D}e_y + \frac{6}{B}e_x$$

(10.23)

$(B/6, 0)$，$(0, D/6)$を通る直線以下の範囲が断面の核となり，他の第2, 3, 4象限においても同様であり，図10.15に示す平行四辺形が断面の核となる。

図10.15 長方形断面の核

10.7 座屈

座屈[7]は，一般に鉄骨構造の分野で，圧縮軸方向力を受ける柱部材の設計において学習している。ここでは，建築構造力学で必要な座屈について，簡単に解説をする。

断面積Aの細長い鋼材を引っ張るとき，鋼材の**降伏点**[8]をσ_yとすると，**降伏荷重**[9]P_yは，$P_y = \sigma_y A$となる。図10.16のように，材端がピン，ローラー支点で支持され，部材断面の図心に圧縮力Nが作用すると，横方向にはらみ変形し，この降伏荷重以上となると，鋼材が「くの字」に崩壊する。これを**座屈現象**[10]といい，この荷重を座屈荷重[11]P_Eと呼んでいる。この座屈現象を最初に研究したのが，ドイツの数学者でオイラー（Leohard Euler, 1707〜1783）である。

古典的な座屈荷重は，オイラーにより理論的に導かれており，オイラーの**弾性座屈荷重**[12]P_Eは，次式のように与えられている。

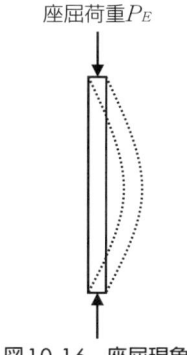

図10.16 座屈現象

$$P_E = \frac{\pi^2 EI}{L_k^2}$$

(10.24)

ここで，Eは鋼材のヤング係数，Iとλはそれぞれ座屈軸まわりの断面2次モーメントと座屈長さである。（10.24）式の座屈荷重P_Eは，鋼材の降伏荷重に関係なく，鋼材のヤング係数Eと座屈軸まわりの断面2次モーメントIに比例し，座屈長さL_kの2乗に反比例をする。

---

[7]: buckling　　[8]: yield point　　[9]: yield load　　[10]: buckling phenomenon
[11]: buckling load　　[12]: elastic buckling load

オイラーの座屈荷重P_Eは，図10.17のように，材端の支持条件や拘束条件によって座屈長さが異なるので，注意が必要である。

座屈現象を考える上で，もう一つ必要なこととして，**座屈応力度**σ_E[13]と**細長比**λ[14]の関係がある。(10.24)式を部材の断面2次半径$i=\sqrt{I/A}$(9.7節を参照されたい)を用いて変形すると，次式となる。

$$P_E = \frac{\pi^2 EI}{L_k^2} = \frac{\pi^2 EA}{\left(\frac{L_k}{i}\right)^2} = \frac{\pi^2 EA}{\lambda^2} \tag{10.25}$$

ここで，$\lambda(=L_k/i)$は細長比であり，(10.25)式を部材の断面積Aで除すと，座屈応力度σ_Eが求められる。

$$\sigma_E = \frac{P_E}{A} = \frac{\pi^2 E}{\lambda^2} \tag{10.26}$$

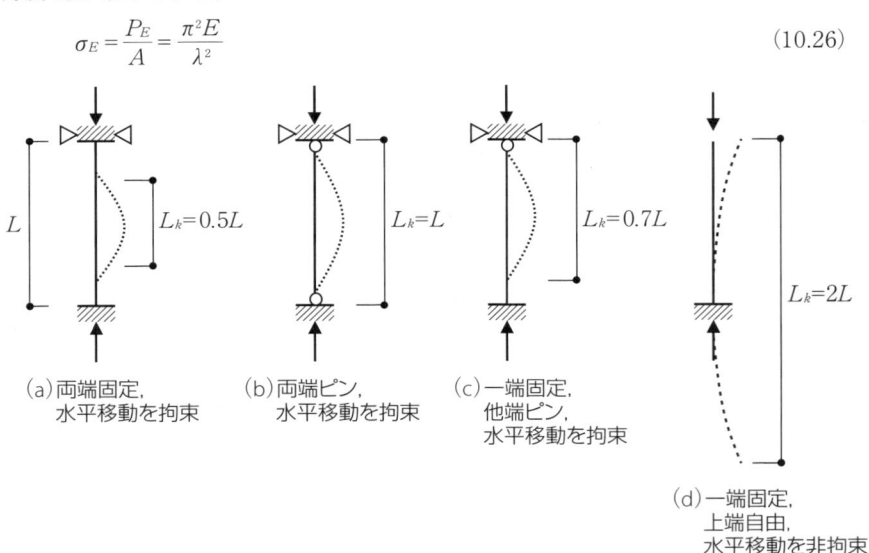

(a) 両端固定，水平移動を拘束 $L_k=0.5L$
(b) 両端ピン，水平移動を拘束 $L_k=L$
(c) 一端固定，他端ピン，水平移動を拘束 $L_k=0.7L$
(d) 一端固定，上端自由，水平移動を非拘束 $L_k=2L$

図10.17 材端支持条件と座屈長さ

【注意しておきたいポイント】
座屈応力度の特性をまとめておく。
①材料のヤング係数Eが大きいほど，座屈応力度σ_Eは大きくなり，座屈しにくい。
②細長比λが小さいほど，座屈応力度σ_Eは大きくなり，座屈しにくい。
③部材の座屈長さL_kが長いほど，座屈応力度σ_Eは小さくなり，座屈しやすい。
④部材の座屈長さL_kが短いほど，座屈応力度σ_Eは大きくなり，座屈しにくい。
⑤部材の断面2次半径iが大きいほど，座屈応力度σ_Eは大きくなり，座屈しにくい。
⑥部材の断面2次半径iが小さいほど，座屈応力度σ_Eは小さくなり，座屈しやすい。

[13]：buckling stress　[14]：slenderness ration

10章 演習問題

[問10.1] 図10.18のような張り出し梁のM図，Q図を描き，曲げモーメント，せん断力が最大となる点での曲げに関する縁応力度σ_b，せん断応力度τを求めなさい。ただし，AB間，BC間とも幅$b \times$成$2b$の断面とする。

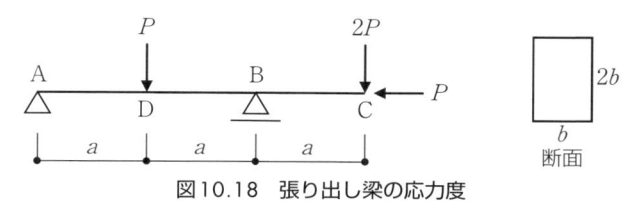

図10.18 張り出し梁の応力度

[問10.2] 図10.19のような部材の中心からeだけ離れたA点に，鉛直荷重Pが作用している。部材の断面に引張応力度が生じないためには，偏心距離eをいくらに設定すればよいか，その最大値を求めなさい。

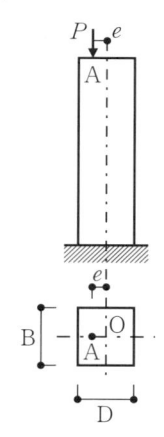

図10.19 軸方向と偏心曲げモーメントを受ける片持ち柱

[問10.3] 図10.20(a)のような矩形断面材の頂部の図心Gに，荷重PおよびQが作用するときのa-a断面における垂直応力度分布が，図10.20(b)に示されている．荷重PおよびQを求めなさい．ただし，矩形断面材は等質等断面とし，自重はないものとする．

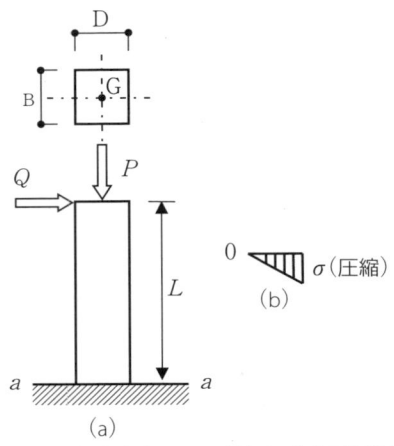

図10.20　軸方向力とせん断力を受ける片持ち柱

[問10.4] 図10.21(a)～(c)に示す，材端の支持条件が異なる場合における，正方形断面および円形断面の弾性座屈荷重P_Eをそれぞれ求めなさい．ただし，部材のヤング係数をEとし，材端の支持条件および水平方向の拘束条件は，図を参照しながら判断すること．

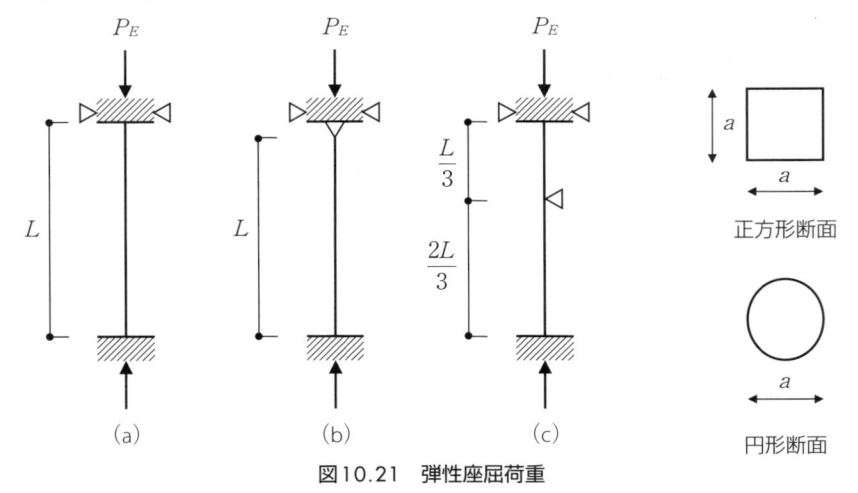

図10.21　弾性座屈荷重

11章　静定梁の変形

11.1 概要

構造物に力(荷重)が作用すると，部材は変形する。この現象は，変形[1]またはたわみ[2]と呼ばれる。実際の建築構造物は，柱，梁，床，壁で構成しており，常時の荷重(長期荷重)では，人間の目に見えるような変形を経験することはできない。しかし，構造物の剛性，特に床の剛性が不足している場合には，常時の荷重でも居住者に不快感を与え，建築物の使用に障害を与えることがある。

この変形量を求めるために，静定梁では弾性曲線(たわみ曲線[3])の微分方程式[4]による解法あるいは，微分方程式を解く以外の解法として「モールの定理[5]」が挙げられる。本章では，静定梁を対象にした弾性曲線の微分方程式による解法と，モールの定理による解法について解説する。

11.2 弾性曲線による解法

梁部材などの直線部材の曲げ変形と応力の関係を求めることにより，微分方程式を解いて曲げ変形を求めることができる。図11.1に示す微小部分の変形状態から，部材の材軸方向と直交する変形量をy，材軸方向X軸に対する傾き(変形角)をθ，部材に作用している強軸方向の曲げモーメントをM_xとし，(10.10)式の関係を用いると，次式の関係が導ける。

$$\frac{dy}{dx} = \theta, \quad \frac{d^2y}{dx^2} = \frac{d\theta}{dx} = -\frac{M_x}{EI} \tag{11.1}$$

(11.1)式を**弾性曲線の式**(**たわみ曲線の式**)という。

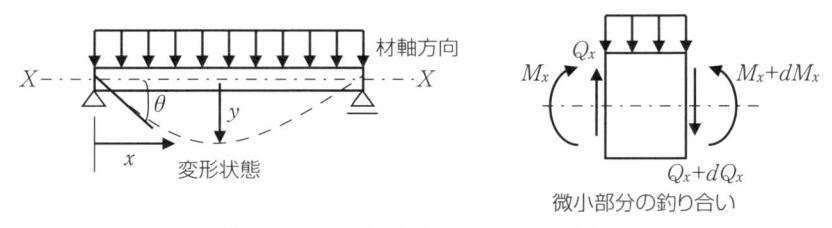

図11.1　梁の変形と微小部分の釣り合い

今，(11.1)式の弾性曲線の式を1階積分，2階積分すると，それぞれたわみ角(変形角)，たわみ量(変形量)となる。

$$\theta = \int \frac{d^2y}{dx^2} dx = \int \frac{d\theta}{dx} dx = -\int \frac{M_x}{EI} dx + c_1$$

$$y = \iint \frac{d^2y}{dx^2} dx = \iint \frac{d\theta}{dx} dx = -\iint \frac{M_x}{EI} dx^2 + c_1 x + c_2 x^2 \tag{11.2}$$

[1]: deformation　　[2]: defection　　[3]: defection curve　　[4]: differential equation
[5]: Mohr's theorem

例題 11.1

図11.2に示すように、C点に集中荷重Pを受ける単純梁のC点のたわみ量δ_Cと、A点のたわみ角θ_Aを求めなさい。ただし、梁材の曲げ剛性をEIとする。

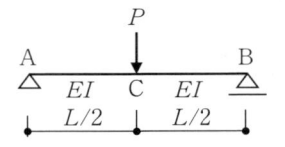

図11.2 単純梁の変形

[解説]

AC間、CB間の曲げモーメントの式を求めると、次式となる。

$$\text{AC間}: M_x = \frac{P}{2}x$$

$$\text{CB間}: M_x = \frac{P}{2}x - P\left(x - \frac{L}{2}\right) = \frac{P}{2}(L-x) \tag{11.3}$$

(11.1)式の弾性曲線の式を導くと、次式となる。

$$\text{AC間}: \frac{d^2y}{dx^2} = -\frac{M_x}{EI} = -\frac{1}{EI}\left(\frac{P}{2}x\right) \tag{11.4}$$

(11.4)式より、1階、2階積分を行うと、次式となる。

$$\left.\begin{array}{l}\theta = -\dfrac{P}{4EI}x^2 + C_1 \\[2mm] y = -\dfrac{P}{12EI}x^3 + C_1 x + C_2\end{array}\right\} \tag{11.5}$$

ここで、境界条件を図11.2を参考に考えると、次式のようになる。

$$\left.\begin{array}{l} x=0,\ L\ \text{のとき}: y = 0 \\[2mm] x=\dfrac{L}{2}\ \text{のとき}: \theta = 0 \end{array}\right\} \tag{11.6}$$

(11.6)式より、$x = L/2$を(11.5)式中のθに代入すると、$C_1 = PL^2/16EI$となる。また、$x = 0$を(11.5)式中のyに代入すると、$C_2 = 0$となる。

以上より、

$$\left.\begin{array}{l}\theta = -\dfrac{P}{4EI}x^2 + \dfrac{PL^2}{16EI} \\[2mm] y = -\dfrac{P}{12EI}x^3 + \dfrac{PL^2}{16EI}\end{array}\right\} \tag{11.7}$$

となり、C点のたわみ量δ_CとA点のたわみ角θ_Aは、次の値となる。

$$\left.\begin{array}{l}\delta_C = -\dfrac{P}{12EI}\times\left(\dfrac{L}{2}\right)^3 + \dfrac{PL^3}{16EI} = \dfrac{PL^3}{48EI} \\[2mm] \theta_A = \dfrac{PL^2}{16EI}\end{array}\right\} \tag{11.8}$$

例題 11.2

図11.3に示すように，B点に鉛直荷重Pが作用している片持ち梁において，B点のたわみ量δ_Bとたわみ角θ_Bを求めなさい。ただし，梁材の曲げ剛性はEIとする。

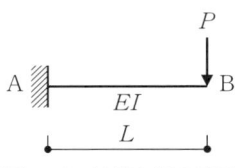

図11.3 片持ち梁の変形

[解説]

AB間の曲げモーメントの式を求めると，次式となる。

$$M_x = -PL + Px = P(x - L) \tag{11.9}$$

(11.1)式の弾性曲線の式を導くと，次式となる。

$$\frac{d^2y}{dx^2} = -\frac{M_x}{EI} = -\frac{P}{EI}(x - L) \tag{11.10}$$

(11.10)式より，1階，2階積分を行うと，次式となる。

$$\theta = -\frac{P}{EI}\left(\frac{x^2}{2} - Lx\right) + C_1$$
$$y = -\frac{P}{EI}\left(\frac{x^3}{6} - \frac{L}{2}x^2\right) + C_1 x + C_2 \tag{11.11}$$

ここで，境界条件は図11.3に着目すると，次式が成り立つ。

$$x = 0 \text{のとき}: \theta = 0, \ y = 0 \tag{11.12}$$

(11.12)式を(11.11)式に代入すると，$C_1 = C_2 = 0$となる。

$$\theta = -\frac{P}{EI}\left(\frac{x^2}{2} - Lx\right)$$
$$y = -\frac{P}{EI}\left(\frac{x^3}{6} - \frac{L}{2}x^2\right) \tag{11.13}$$

よって，B点のたわみ量δ_Bとたわみ角θ_Bは，次の値となる。

$$\theta_B = -\frac{P}{EI}\left(\frac{L^2}{2} - L^2\right) = \frac{PL^2}{2EI}$$
$$\delta_B = -\frac{P}{EI}\left(\frac{L^3}{6} - \frac{L^3}{2}\right) = \frac{PL^3}{3EI} \tag{11.14}$$

11.3 モールの定理による解法

図11.1での微小部分の釣り合いおよび4章で学習した(4.6)式，(4.7)式より，曲げモーメントとせん断力，せん断力と荷重の関係は，次式となる。

$$\frac{d^2M}{dx^2} = \frac{dQ}{dx} = -w, \quad \frac{dM}{dx} = Q \tag{11.15}$$

(11.15)式の両辺を1階，2階積分を行うと，せん断力Q，曲げモーメントMは次式のようになる。

$$Q = -\int w dx + D_1$$
$$M = -\iint w dx^2 + D_1 x + D_2 \tag{11.16}$$

(11.2)式と(11.16)式を比較すると，$Q \leftrightarrow \theta$，$M \leftrightarrow y$が**一対の関係**を示している。この関係に気づいたのが，ドイツの応用数学者のC.O.Mohr（1835～1918）であり，**モールの定理**と呼んでいる。

【モールの定理】
① 単純梁の各点の変位量yと変形角θは，各点のM/EIを仮想の弾性荷重とみなしたときの曲げモーメントおよびせん断力に等しい。
② 片持ち梁の各点の変位量yと変形角θは，各点のM/EIを仮想の弾性荷重とみなし，自由端と固定端を入れ替えたときの曲げモーメントおよびせん断力に等しい。

例題 11.3

例題11.1に示した，図11.2の単純梁のC点のたわみ量δ_CとA点のたわみ角θ_Aを，モールの定理を用いて求めなさい。ただし，梁材の曲げ剛性をEIとする。

[解説]

モールの定理より，M図をEIで除した弾性荷重による単純梁を**図11.4**に示す。

図11.4より，A点のたわみ角θ_Aは弾性荷重による梁のせん断力，C点のたわみ量δ_Cは弾性荷重による梁の曲げモーメントに等しいので，次の値となる。

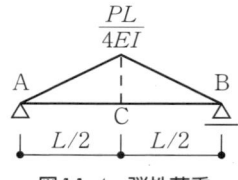

図11.4 弾性荷重

$$\theta_A = V_A = \frac{1}{2} \times \frac{PL}{4EI} \times \frac{L}{2} = \frac{PL^2}{16EI} \tag{11.17}$$

$$\delta_C = \frac{PL^2}{16EI} \times \frac{L}{2} - \frac{PL^2}{16EI} \times \frac{L}{6} = \frac{PL^3}{48EI} \tag{11.18}$$

例題 11.4

例題11.2に示した，図11.3の片持ち梁のB点のたわみ量δ_Bとたわみ角θ_Bを，モールの定理を用いて求めなさい。ただし，梁材の曲げ剛性をEIとする。

[解説]

モールの定理より，M図をEIで除した弾性荷重による単純梁を**図11.5**に示す。

モールの定理より，M図をEIで除した弾性荷重による片持ち梁で，自由端と固定端を入れ替えた梁を図11.5に示す。

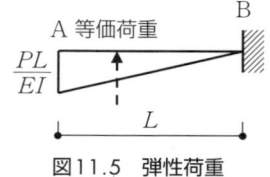

等価荷重は，$PL^2/2EI$となり，図11.5より，B点のたわみ角θ_Bは弾性荷重による梁のせん断力，たわみ量δ_Bは弾性荷重による梁の曲げモーメントに等しいので，次の値となる。

図11.5 弾性荷重

$$\theta_B = V_B = \frac{PL^2}{2EI} \tag{11.19}$$

$$\delta_B = \frac{PL^2}{2EI} \times \frac{2L}{3} = \frac{PL^3}{3EI} \tag{11.20}$$

【注意しておきたいポイント】

11.2節において，静定梁を対象にした弾性曲線による解法を，11.3節において，静定梁を対象にしたモールの定理による解法を示した。弾性曲線による解法は，静定梁の曲げモーメントの式と支点での境界条件により，節点の変形量や回転角を求めることができる。しかし，この解を得るためには，不定積分と境界条件をしっかり理解しないといけない。
一方，モールの定理による解法では，不定積分の計算や境界条件が必要でなく，任意の節点の変形量や回転角を求める場合には，その節点の曲げモーメントやせん断力を求めればよい。モールの定理による解法は，簡単な静定梁の変形量や回転角を容易に求める解法といえるので，この機会にぜひ理解してほしい。

11章 演習問題

[問11.1] 図11.6に示す，静定梁の指定される点でのたわみ量とたわみ角を，弾性曲線の式を用いて求めなさい。ただし，梁材の曲げ剛性はすべてEIとする。

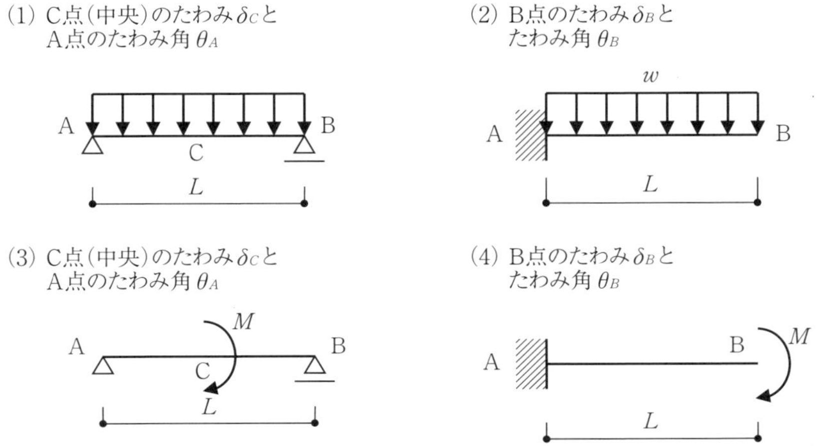

(1) C点(中央)のたわみδ_Cと
A点のたわみ角θ_A

(2) B点のたわみδ_Bと
たわみ角θ_B

(3) C点(中央)のたわみδ_Cと
A点のたわみ角θ_A

(4) B点のたわみδ_Bと
たわみ角θ_B

図11.6 弾性曲線を用いた静定梁のたわみ量とたわみ角

[問11.2] 図11.7に示す，静定梁の指定される点でのたわみ量とたわみ角を，モールの定理を用いて求めなさい。ただし，梁材の曲げ剛性はすべてEIとする。

(1) C点（中央）のたわみδ_Cと
A点のたわみ角θ_A

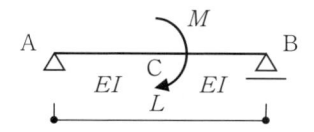

(2) B点のたわみδ_Bと
たわみ角θ_B

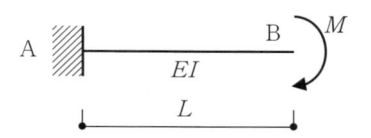

(3) C点（中央）のたわみδ_Cと
A点のたわみ角θ_A

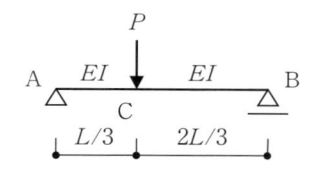

(4) B点のたわみδ_Bと
たわみ角θ_B

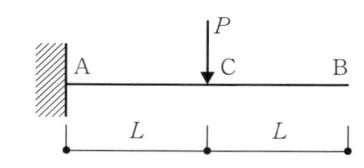

図11.7 モールの定理を用いた静定梁のたわみ量とたわみ角

12章　構造物の安定・不安定と静定・不静定

12.1 概要

建築構造物には，安定と不安定[※1]や静定と不静定[※2]といった，その構造物固有の条件により定まる性質がある。本章では，数学的な判別式を用いて，構造物の安定・不安定および静定・不静定の判別方法を解説する。

12.2 安定・不安定と静定・不静定

ここでは，構造物の安定，不安定および静定と不静定の判別方法について解説する。

12.2.1 安定と不安定

構造物において，常時荷重や地震力，風圧力などの非常時荷重が作用したときに，構造物は変形するが，安定状態を保ってその形状

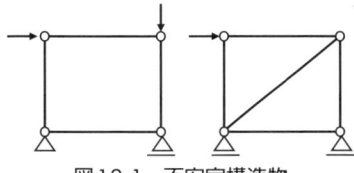

図12.1　不安定構造物

が崩れないことが重要である。このような構造物を**安定構造物**[※3]という。一方，その形状が崩れてしまう構造物を**不安定構造物**[※4]という。

安定構造物は，5～7章で学習した静定梁(単純梁，片持ち梁など)，静定ラーメン(片持ち梁型ラーメン，単純梁型ラーメン，3ヒンジラーメン)，静定トラス，静定アーチ合成ラーメンである。一方，不安定構造物は**図12.1**に示すように，四角形を構成し，4つの節点がすべてピン接合，あるいは支点が2つともローラー支点を有するトラス構造などが挙げられる。

12.2.2 静定と不静定

(1) 静定構造物

安定構造物のうち，任意の外力，荷重に対し，4章で学習した力の釣り合い条件式のみ ($\sum X = 0$, $\sum Y = 0$, $\sum M = 0$) で反力と部材の応力を求めることができる構造物を**静定構造物**[※5]という。

(2) 不静定構造物

(1)の静定構造物のように，反力や応力が力の釣り合い条件式のみで求めることができない構造物を**不静定構造物**[※6]という。不静定構造物の応力解析は，力の釣り合いと変形に関する適合条件(各節点での連続条件や支点の拘束条件)を考慮し，解(反力，応力，変形量，回転角)を求めることになる。詳細については，15～18章で解説する。

12.2.3 数式条件による安定・不安定と静定・不静定の判別

安定・不安定と静定・不静定は，次式に示す判別式により判定することができる。

$$m = S + r + a - 2k \tag{12.1}$$

ここで，Sは部材数(支点，節点，自由端で区切られた部材)，rは剛接数，aは支点

[※1] : stable and unstable 　[※2] : static and non-static 　[※3] : stable structure
[※4] : unstable structure 　[※5] : statically determinate structure
[※6] : non-statically determinate structure

の反力数, k は支点, 自由端を含む節点数である。

(12.1) 式より, $m>0$ の場合, 安定な構造物でかつ不静定な構造物, m が不静定次数を示している。

一方, $m=0$ の場合, 安定かつ静定な構造物である。さらに, $m<0$ の場合, 不安定な構造物を意味する。

【注意しておきたいポイント】(12.1)式中の剛接数の考え方
剛接数を数える場合, ある部材に取り付く剛接部材がいくつ存在するかを考えることが重要である。具体的に剛接数に関する事例を図12.2に示す。

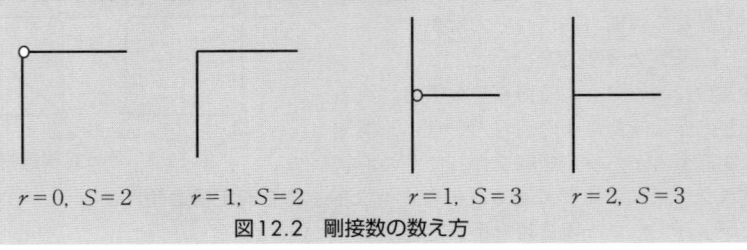

$r=0, S=2$　　$r=1, S=2$　　$r=1, S=3$　　$r=2, S=3$

図12.2　剛接数の数え方

例題 12.1
図12.3に示す構造物の安定, 不安定および静定・不静定を判別しなさい。

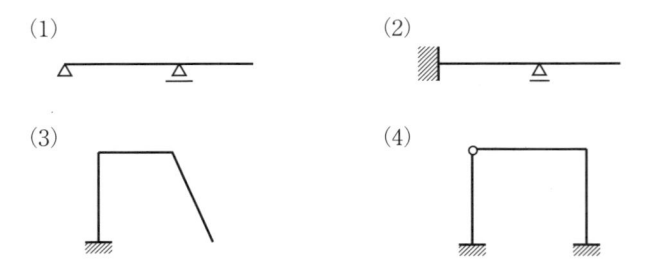

図12.3　構造物の安定・不安定および静定・不静定

[解説]
(1) $m=S+r+a-2k$ より, $m=2+1+3-2\times3=0$　安定で静定
(2) $m=2+1+4-2\times3=1>0$　安定で1次の不静定
(3) $m=3+2+3-2\times4=0$　安定で静定
(4) $m=3+1+6-2\times4=2>0$　安定で2次の不静定

12章　構造物の安定・不安定と静定・不静定

12章 演習問題

[問12.1] 図12.4に示す構造物の安定，不安定および静定・不静定を判別しなさい。

(1)

(2)

(3)

節点はすべてピン接合

(4)

▶ 剛接を示す

(5)

(6)

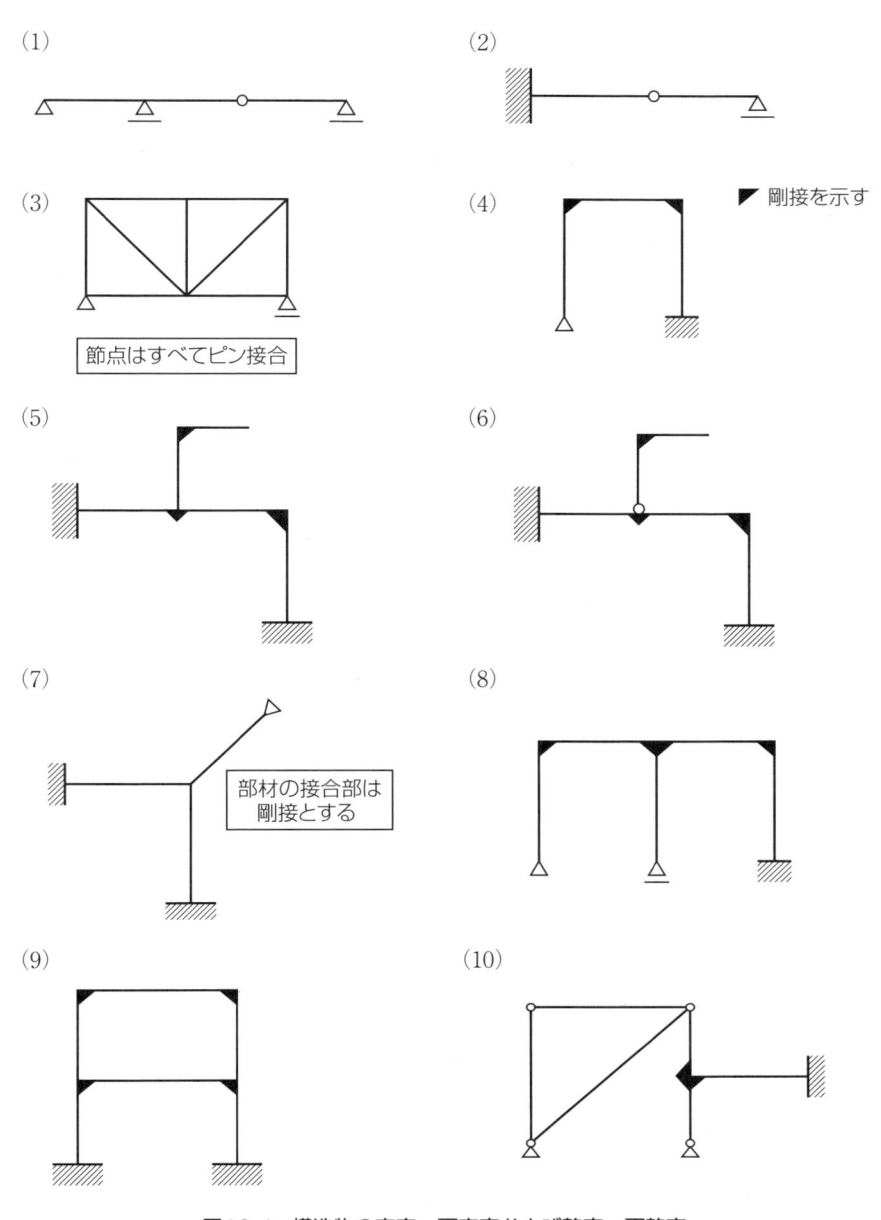

(7)

部材の接合部は剛接とする

(8)

(9)

(10)

図12.4　構造物の安定・不安定および静定・不静定

13章 仕事とひずみエネルギー

13.1 概要

構造物に力が作用し構造物が変形する場合，作用した力が仕事をしている。この仕事量は，構造物の内部に蓄積させるひずみエネルギー[※1]に等しい。これらの現象は，「エネルギー保存の法則[※2]」に支配されており，構造力学の分野でもこの法則が適用されている。

本章では，物理で学習した「エネルギー保存の法則」をもとに，構造物内のひずみ（内部）エネルギーの概念について解説し，釣り合っている構造物に任意の仮想外力[※3]を作用させた場合，「外力仕事[※4]」＝「内力仕事[※5]」の関係が成り立つ「仮想仕事の原理[※6]」を誘導する。仮想仕事の原理を用いて，静定梁の変形の解法について解説する。

13.2 外力仕事と内力仕事

物体を移動させ，構造物に変形を生じさせるためには，力を継続して作用させる必要がある。この場合，前述したように，力が仕事をしたことになる。

$$\text{仕事} = \text{力} \times \text{変形} \quad \text{仕事の単位〔kNcm あるいは kNm〕} \tag{13.1}$$

図13.1の単純梁のC点に，集中荷重Pを0から徐々に増加させると，梁はC点が最も大きく撓んでいくことになる。その場合の荷重と変形の関係が図13.2であり，この三角形の面積が**仕事量**（**外力仕事**）となる。

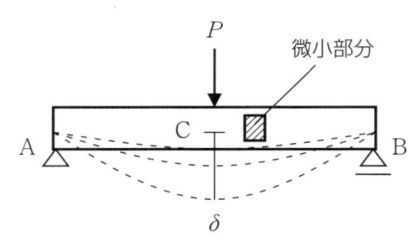

図13.1 単純梁の変形

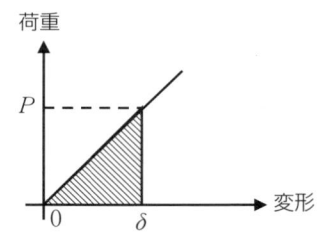

図13.2 荷重・変形関係

図13.1，図13.2より，外力仕事は次式となる。

$$W_e = \frac{1}{2} P \delta \tag{13.2}$$

一方，図13.1の梁内部には，図13.3に示すような応力（σ）とひずみ（ε）を生じるので，部材内部には，ひずみエネルギーが蓄積される。

ここで，図13.1中の微小部分の内部ひずみエネルギーを考えてみよう。図13.3より，内部ひずみエネルギーdUは，次式となる。

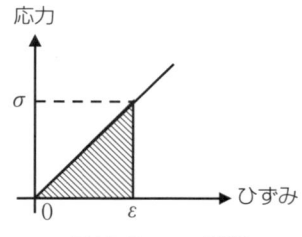

図13.3 σ-ε 関係

※1：strain energy　※2：principle of conservation of energy　※3：virtual load
※4：external work　※5：internal work　※6：principle of virtual work

$$dU = \frac{1}{2}\sigma\varepsilon \tag{13.3}$$

(13.3)式をもとに，梁全体の内部ひずみエネルギー（内力仕事という）を計算すると，次式となる。

$$U_i = \frac{1}{2}\iint \sigma dA \times \varepsilon dx \tag{13.4}$$

ここで，dA，dxはそれぞれ微小部分の面積と長さを示す。よって，単純梁に作用する力と荷重の関係により，「外力仕事」＝「内力仕事」となり，エネルギー保存の法則が成り立つ。

$$W_e - U = 0 \tag{13.5}$$

13.3 ひずみエネルギー

構造物内部に蓄積されるひずみエネルギーは，一般に軸方向力，曲げモーメント，せん断力によるエネルギーが存在する。ここでは，3種類のひずみエネルギーについて説明する。

(1) 軸方向力によるひずみエネルギー

図13.4に示すような，梁両端に引張力を受ける単純梁のひずみエネルギーを考えてみよう。図中の微小断面$A \times dx$を取り出し，その断面の応力分布，変形分布が図13.5に描かれている。

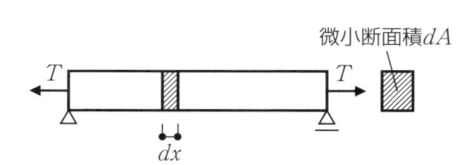

図13.4 軸方向力によるひずみエネルギー

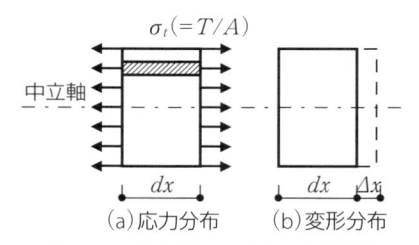

図13.5 微小断面の応力，変形分布
(a)応力分布　(b)変形分布

図13.5より，微小断面の内部エネルギーdU_{iN}は，次式のように与えられる。

$$dU_{iN} = \frac{1}{2}\sigma_t dA \times \varepsilon dx \tag{13.6}$$

ここで，引張軸応力度$\sigma_t = E\varepsilon$より，$\varepsilon = \sigma_t/E$となり，(13.6)式に代入すると，次式となる。

$$dU_{iN} = \frac{1}{2}\sigma_t dA \times \frac{\sigma_t}{E}dx = \frac{1}{2} \times \frac{\sigma_t^2}{E}dA \times dx \tag{13.7}$$

(13.7)式より，梁全体の軸力によるひずみエネルギーU_{iN}を，次式のように与えられる。

$$U_{iN} = \int dU_{iN} = \frac{1}{2}\iint \frac{\sigma_t^2}{E}dA \times dx = \frac{1}{2}\int_A dA \times \int \frac{\sigma_t^2}{E}dx \tag{13.8}$$

(13.8)式に，$\sigma_t = T/A$ を代入し整理すると，次式となる。

$$U_{iN} = \frac{1}{2} A \times \int \frac{T^2}{EA^2} dx = \frac{1}{2} \int \frac{T^2}{EA} dx \tag{13.9}$$

ここで，EA を軸剛性という。

【注意しておきたいポイント】 図13.5中の Δx を求める
軸力 T によるひずみ量 ε は，$\Delta x/dx$ となり，応力度とひずみの関係より，次式が成り立つ。

$$\sigma = E\varepsilon \leftrightarrow \frac{T}{A} = E\frac{\Delta x}{dx}$$

$$\therefore \Delta x (=\Delta \delta) = \frac{T}{EA} dx \tag{13.10}$$

(13.10)式は，本章の「仮想仕事の原理」を誘導する際の重要なポイントなるので，しっかり覚えておいてほしい。

(2) 曲げモーメントによるひずみエネルギー

図13.6に示すような，梁両端に曲げモーメントを受ける単純梁のひずみエネルギーを考えてみよう。図中の微小断面 $A \times dx$ を取り出し，その断面の応力分布，変形分布が図13.7に描かれている。

図13.6 曲げモーメントによるひずみエネルギー

図13.7 微小断面の応力，変形分布
(a)応力分布　(b)変形分布

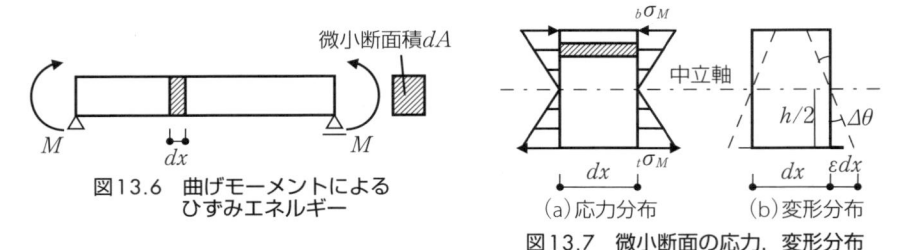

図13.7より，微小断面の内部エネルギー dU_{iM} は，次式のように与えられる。

$$dU_{iM} = \frac{1}{2} \sigma_M dA \times \varepsilon dx \tag{13.11}$$

ここで，曲げ応力度 $\sigma_M = E\varepsilon$ より，$\varepsilon = \sigma_M/E$ となり，(13.11)式に代入すると，次式となる。

$$dU_{iM} = \frac{1}{2} \sigma_M dA \times \frac{\sigma_M}{E} dx = \frac{1}{2} \times \frac{\sigma_M^2}{E} dA \times dx \tag{13.12}$$

(13.12)式より，梁全体の曲げモーメントによるひずみエネルギー U_{iM} は，次式のように与えられる。

$$U_{iM} = \int dU_{iM} = \frac{1}{2} \iint \frac{\sigma_M^2}{E} dA \times dx \tag{13.13}$$

(13.13)式に，$\sigma_M = \dfrac{M}{I}y$ を代入し整理すると，次式となる。

$$U_{iM} = \frac{1}{2}\iint \frac{1}{E} \times \frac{M^2}{I^2} y^2 dA \times dx = \frac{1}{2}\int_A y^2 dA \times \int \frac{M^2}{EI^2} dx = \frac{1}{2}\int \frac{M^2}{EI} dx \quad (13.14)$$

ここで，EI を曲げ剛性という。

【注意しておきたいポイント】　図13.7中の $\varDelta\theta$ を求める

図13.7(b)より，部材断面に生じる曲げによる回転角は，弾性範囲内では微小であり，$h\varDelta\theta/2 \cong \varepsilon dx$ のように近似することができる。応力度とひずみの関係より，次式が成り立つ。

$$\varDelta\theta = \frac{\varepsilon}{h/2} dx = \frac{\sigma}{E} \times \frac{dx}{h/2} = \frac{M}{EZ} \times \frac{dx}{h/2}$$

$$\therefore \varDelta\theta = \frac{M}{EI} dx \quad (13.15)$$

(13.15)式は，本章の「仮想仕事の原理」を誘導する際の重要なポイントなるので，しっかり覚えておいてほしい。

(3) せん断力によるひずみエネルギー

図13.8には，図13.6の断面内に生じるせん断力分布およびせん断変形分布が示されている。

図13.8より，微小断面の内部エネルギー dU_{iQ} は，次式のように与えられる。

$$dU_{iQ} = \frac{1}{2}\tau dA \times \gamma dx \quad (13.16)$$

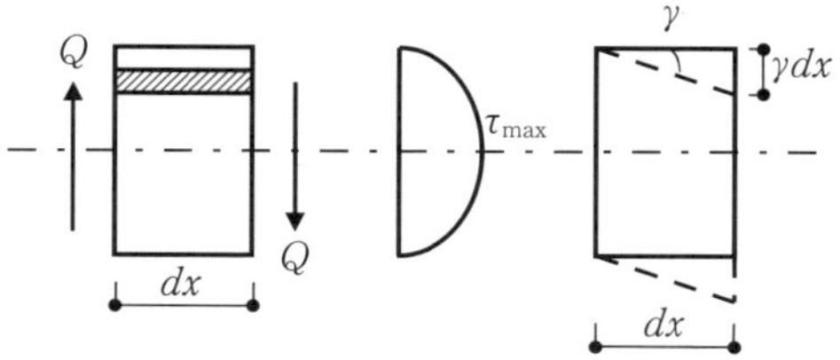

図13.8　せん断力にひずみエネルギー，応力，変形分布

ここで，せん断応力度 $\tau = G\gamma$ より，$\gamma = \tau/G$ となり，(13.16)式に代入すると，次式となる。

$$dU_{iQ} = \frac{1}{2}\tau dA \times \frac{\tau}{G} dx = \frac{1}{2} \times \frac{\tau^2}{G} dA \times dx \quad (13.17)$$

(13.17)式より，梁全体のせん断力によるひずみエネルギー U_{iQ} を，次式のように与えられる。

$$U_{iQ} = \int dU_{iQ} = \frac{1}{2}\iint \frac{\tau^2}{G} dA \times dx \quad (13.18)$$

(13.18)式に，$\tau = QS/bI$ を代入し整理すると，次式となる。

$$U_{iQ} = \frac{1}{2}\iint \frac{1}{G} \times \left(\frac{QS}{bI}\right)^2 dA \times dx = \frac{1}{2}\int_A \left(\frac{S}{bI}\right)^2 dA \times \int \frac{Q^2}{G} dx = \frac{1}{2}\int \frac{\kappa Q^2}{GA} dx \quad (13.19)$$

ここで，$\kappa = A\int_A \left(\dfrac{S}{bI}\right)^2 dA$，$GA$ をせん断剛性という。

【注意しておきたいポイント】

図13.8中の$\Delta\gamma$は，$\Delta\delta$と同様に考えると，次式のように与えられる。

$$\Delta\gamma = \frac{\kappa Q}{GA}dx \tag{13.20}$$

(13.20))式は，本章の「仮想仕事の原理」を誘導する際の重要なポイントなるので，しっかりと理解してほしい。

以上，(13.9)式，(13.14)式，(13.19)式より，梁全体の全内部エネルギーU_iは，次式となる。

$$U_i = U_{iN} + U_{iM} + U_{iQ} = \frac{1}{2}\int\frac{N^2}{EA}dx + \frac{1}{2}\int\frac{M^2}{EI}dx + \frac{1}{2}\int\frac{\kappa Q^2}{GA}dx \tag{13.21}$$

外力仕事と内力仕事の関係は，次式となる。

$$\frac{1}{2}\sum_i P_i\delta_i = \frac{1}{2}\int\frac{N^2}{EA}dx + \frac{1}{2}\int\frac{M^2}{EI}dx + \frac{1}{2}\int\frac{\kappa Q^2}{GA}dx \tag{13.22}$$

13.4 仮想仕事の原理

図13.9に示す単純梁のC点に，仮想荷重$\overline{P}$が作用し，梁に仮想変位$\overline{\delta}$を生じ静止したとする。この状態で，図13.10に示す実荷重Pが作用し，さらに変形δが生じ静止したとする。

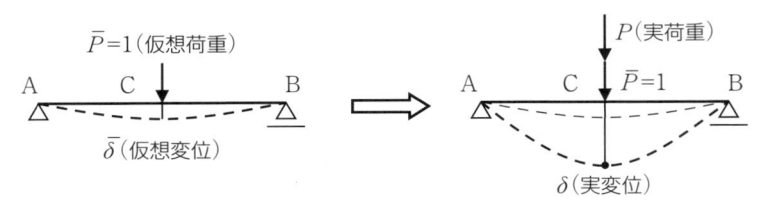

図13.9　仮想荷重による変形　　　　図13.10　実荷重による変形

図13.9において，部材が静止し釣り合った状態であること，つまり部材内に仮想応力($\overline{N}$, $\overline{M}$, $\overline{Q}$)が存在することを意味する。一方，図13.10において，図13.9と同様に，部材内に仮想応力に加え，実応力(N, M, Q)が増加したことを意味する。

前節で述べた外力仕事と内力仕事の関係を図13.9，図13.10に適用すると，次式となる。

$$\overline{P}\times\delta = \int\overline{N}\times\Delta\delta + \int\overline{M}\times\Delta\theta + \int\overline{Q}\times\Delta\gamma \tag{13.23}$$

ここで，(13.23)式中の$\overline{N}$, $\overline{M}$, $\overline{Q}$は，仮想荷重$\overline{P}=1$が作用したことによって，梁部材に生じた応力（内力）を示している。また，$\Delta\delta$, $\Delta\theta$, $\Delta\gamma$は実荷重Pが作用したことによって，梁部材に生じた変形量を示している。$\Delta\delta$, $\Delta\theta$, $\Delta\gamma$は，(13.10)式，(13.15)式，(13.20)式であり，これらを(13.23)式に代入すると，次式となる。

$$1\times\delta \cong \int\frac{N\overline{N}}{EA}dx + \int\frac{M\overline{M}}{EI}dx + \int\frac{\kappa Q\overline{Q}}{GA}dx \tag{13.24}$$

(13.24)式を**仮想仕事の原理**という。

梁材の変形を取り扱う場合，軸力およびせん断力による変形量は，曲げによる変形量に比べ，十分に小さいので，一般には次式のように省略する場合が多い（詳細は次の「注意しておきたいポイント1」を参照されたい）。

$$1 \times \delta \cong \int \frac{M\overline{M}}{EI} dx \tag{13.25}$$

一方，梁材の回転角（たわみ角）を仮想仕事の原理を用いて求める場合は，次式となる。

$$1 \times \theta \cong \int \frac{M\overline{M}}{EI} dx \tag{13.26}$$

【注意しておきたいポイント1】 (13.25)式の証明

図13.11に示すように，梁断面 $b \times h$ をもつ片持ち梁を例に考えてみよう。今，AB材のB点に集中荷重 P が作用している。この片持ち梁には，水平外力が作用していないので，A点の水平反力 H_A は生じない。したがって，(13.24)式における軸力成分による変形量は無視する。

図13.11のB点のたわみ量（鉛直下方の変形量）δ_B を，仮想仕事の原理を用いて求める。**図13.12**には，実応力図と仮想応力図が描かれている。

図13.11 実荷重時のM図，Q図

図13.12 仮想荷重時のM図，Q図

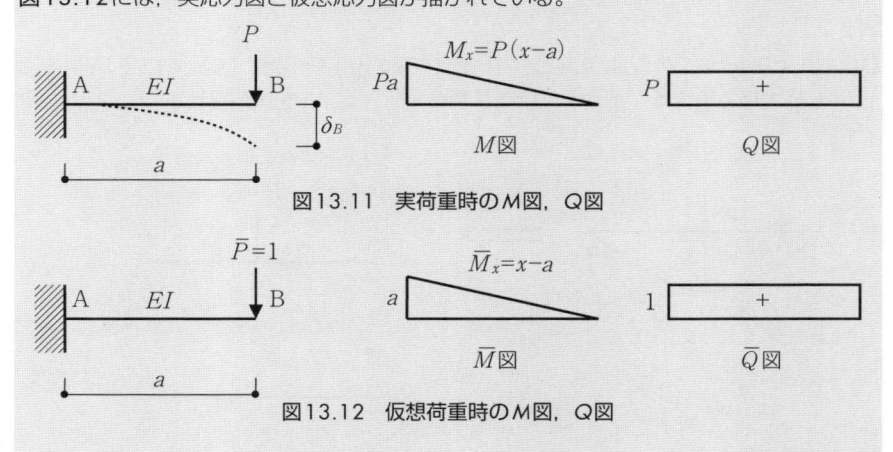

図13.11，図13.12をもとに，仮想仕事の原理を用いると，B点のたわみ量 δ_B は，次式となる。

$$\delta_B = \Delta\theta + \Delta\gamma = \frac{P}{EI}\int_0^a (x-a)^2 dx + \int_0^a \frac{\kappa P \times 1}{GA} dx$$

$$= \frac{Pa^3}{3EI} + \frac{\kappa Pa}{GA} \tag{13.27}$$

ここで，AB材はコンクリート梁と考え，そのポアソン比 $\nu = 0.17 (= 1/6)$ とし，(13.27)式に示した曲げによる変形量 $\delta_M (= \Delta\theta)$ とせん断による変形量 $\delta_Q (= \Delta\gamma)$ の比率を計算する。

梁断面が $b \times h$ の矩形断面であるために，(13.27)式中の κ は，$6/5 (= 1.2)$ で，コンクリートのせん断弾性係数 G は，$E/2(1+v) = E/2.34$ となる。以上の結果を(13.27)式の右辺，第1項，第2項に代入すると，次式が得られる。

$$\delta_M = \frac{12Pa^3}{3E \times bh^3} = \frac{4P}{Eb}\left(\frac{a}{h}\right)^3 \tag{13.28}$$

$$\delta_Q = \frac{2.34 \times 1.2Pa}{E \times bh} = \frac{2.81P}{Eb}\left(\frac{a}{h}\right) \tag{13.29}$$

(13.28)式，(13.29)式において，$a/h = 10$ とし，その比率は次式となる。

$$\delta_M : \delta_Q = 4 \times 10^3 : 2.81 \times 10 = 142 : 1 \tag{13.30}$$

したがって，曲げによる変形量は，せん断による変形より大きいため，仮想仕事の原理において，(13.25)式のように近似することができる(証明終了)。

【注意しておきたいポイント2】 仮想荷重の考え方

ここでは，例1)の単純梁と例2)の片持ち梁の場合における仮想荷重 $\overline{P} = 1$，仮想曲げモーメント $\overline{M} = 1$ の作用の方法について解説をする。

例1) 図13.13の単純梁のC点の変形量 δ_C とA点の回転角 θ_A を，仮想仕事の原理を用いて求める場合の仮想荷重 $\overline{P} = 1$ および仮想曲げモーメント $\overline{M} = 1$ は，以下のように考える。
C点のたわみ δ_C を求める場合は，C点に仮想荷重 $\overline{P} = 1$ を作用させる。また，A点の回転角 θ_A を求める場合は，A点に仮想曲げモーメント $\overline{M} = 1$ を作用させる。

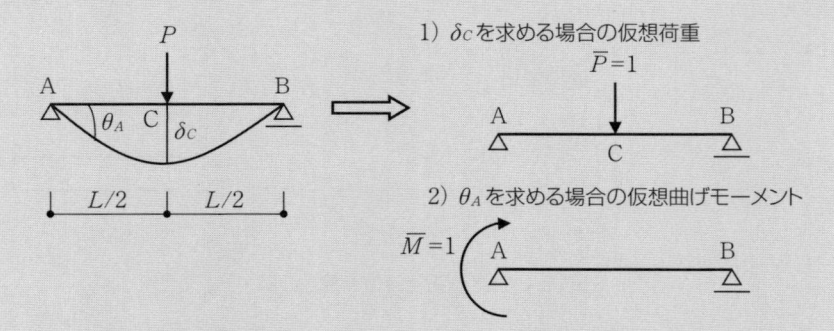

図13.13 単純梁における仮想荷重，仮想曲げモーメントの作用方法

例2) 図13.14の片持ち梁のC点の変形量 δ_C と回転角 θ_C を，仮想仕事の原理を用いて求める場合の仮想荷重 $\overline{P} = 1$ および仮想曲げモーメント $\overline{M} = 1$ は，以下のように考える。
C点のたわみ δ_C を求める場合は，C点に仮想荷重 $\overline{P} = 1$ を作用させる。また，C点の回転角 θ_A を求める場合は，C点に仮想曲げモーメント $\overline{M} = 1$ を作用させる。

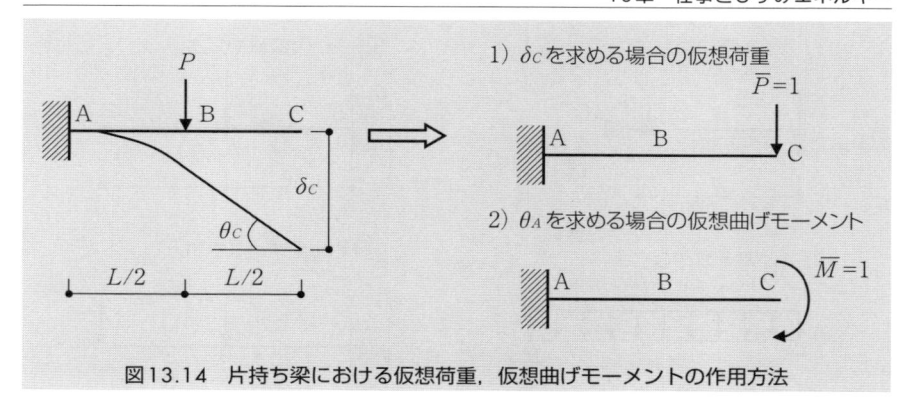

13章　仕事とひずみエネルギー

図13.14　片持ち梁における仮想荷重，仮想曲げモーメントの作用方法

例題 13.1

図13.13に示す単純梁のC点の変形量δ_CとA点の回転角θ_Aを，仮想仕事の原理を用いて求めなさい。ただし，梁材の曲げ剛性はEIとし，軸力およびせん断力による変形は無視する。

[解説]

1) C点の変形量δ_Cを求める

図13.13のM図と仮想荷重の$\overline{M}$図を描くと，**図13.15**となる。

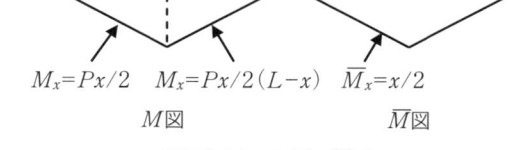

仮想仕事の原理およびM図の対称性を利用してC点の変形量を求めると，次式となる。

図13.15　M図，$\overline{M}$図

$M_x = Px/2$　　$M_x = Px/2(L-x)$　　$\overline{M}_x = x/2$

$$1 \times \delta_C = \int \frac{M_x \overline{M}_x}{EI} dx = 2\int \frac{Px^2}{4EI} dx = \frac{P}{2EI}\left[\frac{x^3}{3}\right]_0^{L/2} = \frac{PL^3}{48EI}$$

2) A点の回転角θ_Aを求める

A点に仮想モーメント$\overline{M}=1$を作用させた場合の$\overline{M}$図が，**図13.16**となる。1)と同様に，仮想仕事の原理を用いて，A点の回転角θ_Aを求めると，次式となる。

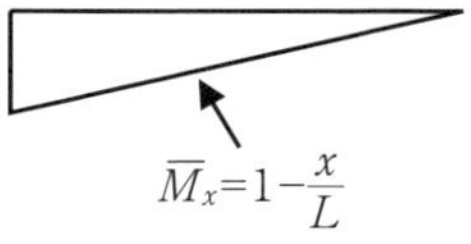

図13.16　$\overline{M}$図

$\overline{M}_x = 1 - \dfrac{x}{L}$

$$1 \times \theta_A = \int_0^{L/2} \frac{1}{EI} \times \frac{Px}{2} \times \left(1 - \frac{x}{L}\right) dx + \int_{L/2}^{L} \frac{1}{EI} \times \frac{P}{2}(L-x) \times \left(1 - \frac{x}{L}\right) dx$$

$$= \frac{PL^2}{16EI}$$

==== 13章 演習問題－1 ====

[問13.1]　図13.17に示す静定梁の変形量，回転角を仮想仕事の原理を用いて求めなさい。

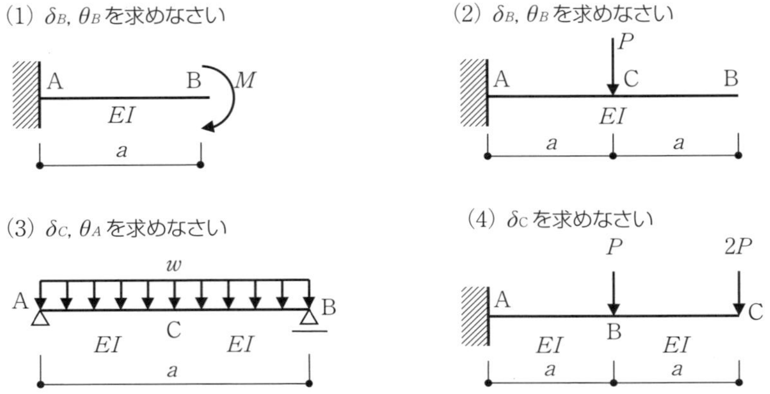

(1) δ_B, θ_B を求めなさい

(2) δ_B, θ_B を求めなさい

(3) δ_C, θ_A を求めなさい

(4) δ_C を求めなさい

図13.17 仮想仕事の原理を用いた静定梁の変形量と回転角

[問13.2] 図13.18に示す片持ち梁において，B点，C点に集中荷重がそれぞれP，$2P$が作用している。C点のたわみ角θ_Cを仮想仕事の原理を用いて求めなさい。ただし，AB材，BC材の曲げ剛性は$3EI$，$2EI$とする。

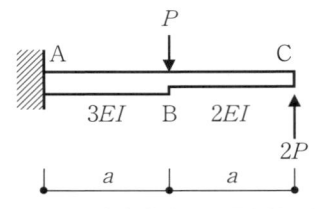

図13.18 仮想仕事の原理を用いた片持ち梁の回転角

[問13.3] 図13.19に示す単純梁のC点に，反時計まわりのモーメント荷重$2M$が作用している。C点の鉛直変形量δ_CおよびB点の回転角θ_Bを，仮想仕事の原理を用いて求めなさい。ただし，部材の曲げ剛性はEIとする。

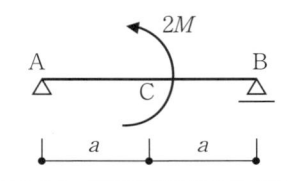

図13.19 仮想仕事の原理を用いた単純梁の変形量と回転角

[問13.4] 図13.20に示す等分布荷重wを受ける片持ち梁について，以下の設問に解答しなさい。ただし，AB材の曲げ剛性はEIとする。
(1) B点の鉛直変形量δ_Bを仮想仕事の原理を用いて求めなさい。
(2) B点の鉛直変形量δ_Bを0にするためには，B点にいくらの荷重X_Bを作用すればよいか，符合を含めて求めなさい。

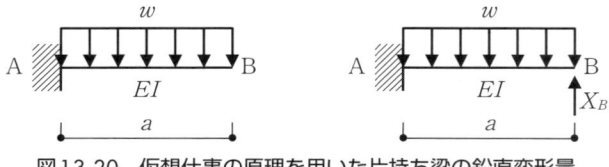

図13.20 仮想仕事の原理を用いた片持ち梁の鉛直変形量

[問13.5] 図13.21に示す片持ち梁において，B，C点にそれぞれ集中荷重P，$2P$が作用している。以下の設問に答えなさい。ただし，AB材，BC材の曲げ剛性はEIとする。
(1) B点の回転角θ_Bを仮想仕事の原理を用いて求めなさい。
(2) B点の回転角θ_Bを0にするためには，B点にいくらの曲げモーメントM_Bを作用させればよいかを求めなさい。ただし，符号を含めて解答すること。

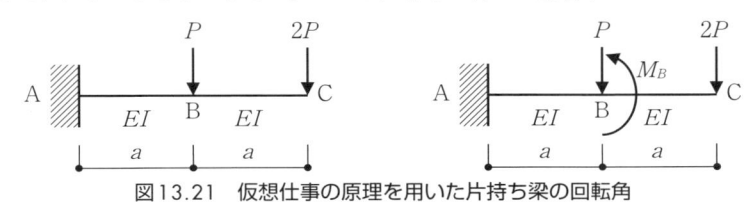

図13.21 仮想仕事の原理を用いた片持ち梁の回転角

13.5 カスチリアノの定理

図13.22に示す単純梁に，荷重群$P_i(=P_1, P_2\cdots)$が作用する場合，任意点に生じる応力(M, Q, N)は，重ね合せの原理を用いると，次式のように与えられる。ここで，図13.22(b)がM図で，図13.23は荷重群を2つに分離し，それぞれのM図を求めた図である。図中のC点の曲げモーメント$M_1(P_1)$，$M_2(P_2)$は，荷重P_1，P_2がそれぞれ作用した場合の曲げモーメントを示している。

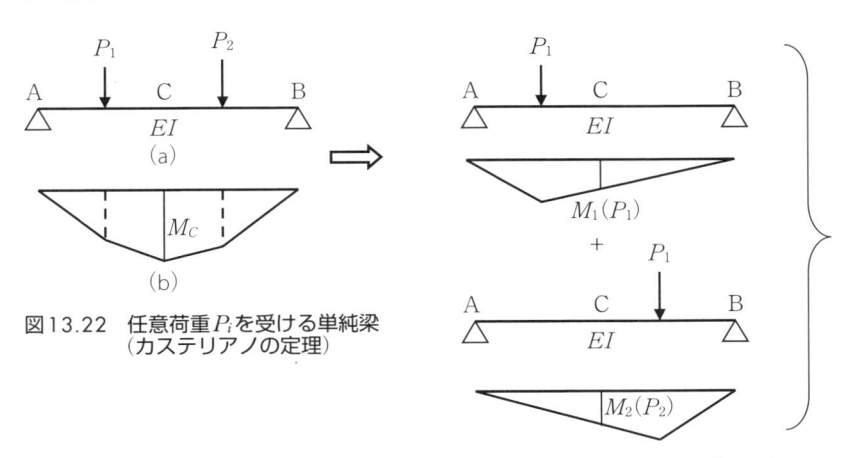

図13.22 任意荷重P_iを受ける単純梁（カステリアノの定理）

図13.23 任意荷重P_iで分離したM図

$$\left.\begin{array}{l} M(=M_C) = M_1(P_1) + M_2(P_2) \\ Q(=Q_C) = Q_1(P_1) + Q_2(P_2) \\ N(=N_C) = N_1(P_1) + N_2(P_2) \end{array}\right\} \tag{13.31}$$

ここで，荷重群$P_i(i=1\sim n)$の場合の一般形に拡張すると，次式となる。

$$\left.\begin{array}{l}M(=M_C) = M_1(P_1) + M_2(P_2) + \cdots + M_i(P_i) + \cdots M_n(P_n) \\ Q(=Q_C) = Q_1(P_1) + Q_2(P_2) + \cdots + Q_i(P_i) + \cdots Q_n(P_n) \\ N(=N_C) = N_1(P_1) + N_2(P_2) + \cdots + N_i(P_i) + \cdots N_n(P_n)\end{array}\right\} \quad (13.32)$$

また，図13.23に作用する荷重は，それぞれ独立であるので，荷重P_nで(13.32)式を偏微分すると，次式となる．

$$\frac{\partial M}{\partial P_n} = M_n, \quad \frac{\partial Q}{\partial P_n} = Q_n, \quad \frac{\partial N}{\partial P_n} = N_n \quad (13.33)$$

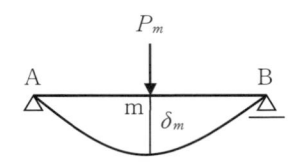

図13.24 単純梁の変形量

図13.24の単純梁において，m点の変形量δ_mは，仮想仕事の原理より，次式のように与えられる．

$$1 \times \delta_m = \int \frac{N\overline{N}}{EA} dx + \int \frac{M\overline{M}}{EI} dx + \int \frac{\kappa Q\overline{Q}}{GA} dx \quad (13.34)$$

(13.34)式中の$\overline{N}, \overline{M}, \overline{Q}$は，仮想荷重$\overline{P}_m = 1$のもとでの内力(応力)$N_m, M_m, Q_m$に等しいので，(13.33)式を(13.34)式に代入すると，次式となる．

$$1 \times \delta_m = \int \frac{\partial N}{\partial \overline{P}_m} \times \frac{N}{EA} dx + \int \frac{\partial M}{\partial \overline{P}_m} \times \frac{M}{EI} dx + \int \frac{\partial Q}{\partial \overline{P}_m} \times \frac{\kappa Q}{GA} dx \quad (13.35)$$

一方，同じ荷重状態での梁材の全内部エネルギーは(13.21)式となり，このエネルギーを仮想荷重$\overline{P}_m$で偏微分すると，次式となる．

$$\frac{\partial U_i}{\partial \overline{P}_m} = \int \frac{\partial N}{\partial \overline{P}_m} \times \frac{N}{EA} dx + \int \frac{\partial M}{\partial \overline{P}_m} \times \frac{M}{EI} dx + \int \frac{\partial Q}{\partial \overline{P}_m} \times \frac{\kappa Q}{GA} dx \quad (13.36)$$

以上より，仮想仕事の原理および重ね合せの原理から誘導した(13.35)式と，エネルギー量の偏微分から誘導した(13.36)式は等価となる．

$$1 \times \delta_m = \frac{\partial U_i}{\partial \overline{P}_m} = \int \frac{M}{EI} \times \frac{\partial M}{\partial \overline{P}_m} dx \quad (13.37)$$

(13.37)式を**カスチリアノの第1定理**[※7]という．

また，梁材の回転角を求める場合は，次式となる．

$$1 \times \theta_m = \frac{\partial U_i}{\partial \overline{M}_m} = \int \frac{M}{EI} \times \frac{\partial M}{\partial \overline{M}_m} dx \quad (13.38)$$

例題 13.2

図13.25のようなB点に，モーメント荷重Mが作用している片持ち梁のB点の変形量δ_Bと回転角θ_Bを，カスチリアノの定理を用いて求めなさい．ただし，梁材の曲げ剛性はEIとする．

図13.25 片持ち梁の変形量と回転角

[解説]
1) B点の変形量δ_Bを求める

図13.25において，B点に鉛直仮想荷重$\overline{P}$を追加で作用させ，M図を求めると図13.

[※7]: Castiglano's first theorem

26 となる。

ここで，A点からx m離れた位置での曲げモーメントを求めると，次式となる。

$$M_x = -M + \overline{P}(x-L) \tag{13.39}$$

(13.39)式の両辺を$\overline{P}$で偏微分し，(13.37)式に代入すると，次式となる。

$$\frac{\partial M_x}{\partial \overline{P}} = x - L \tag{13.40}$$

$$1 \times \delta_B = \int_0^L \frac{1}{EI} \times \{-M + \overline{P}(x-L)\} \times (x-L) dx \tag{13.41}$$

ここで，仮想荷重$\overline{P}$は実際には作用していない荷重であるために，(13.40)式をそのまま積分して$\overline{P}$は残ることは明らかである。

ここでは，(13.40)式中の$\overline{P}$は0とおき，積分を行うと，最終的にB点の変位量は次の値となる。

$$\delta_B = \frac{ML^2}{2EI} \tag{13.42}$$

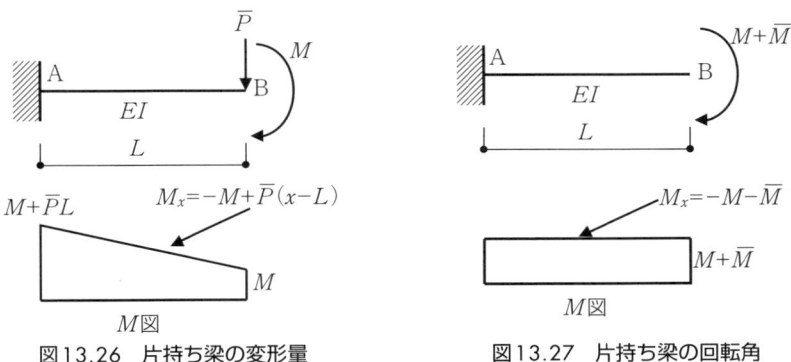

図13.26　片持ち梁の変形量　　　図13.27　片持ち梁の回転角

2) B点の回転角θ_Bを求める

図13.25において，B点に仮想曲げモーメント$\overline{M}$を追加で作用させ，M図を求めると**図13.27**となる。

ここで，A点からx m離れた位置での曲げモーメントを求めると，次式となる。

$$M_x = -M - \overline{M} \tag{13.43}$$

(13.43)式の$\overline{M}$で偏微分し，(13.38)式に代入すると，次式となる。

$$\frac{\partial M_x}{\partial M} = -1 \tag{13.44}$$

$$1 \times \theta_B = \int_0^L \frac{1}{EI} \times \{-M - \overline{M}\} \times (-1) dx = \frac{(M+\overline{M}) \times L}{EI} \tag{13.45}$$

(13.45)式よりB点に追加で作用させた仮想曲げモーメント$\overline{M}$は，実際には作用していないため，ここで，$\overline{M}=0$とおくと，B点の回転角θ_Bが求まる。

$$\theta_B = \frac{ML}{EI} \tag{13.46}$$

【注意しておきたいポイント】
仮想仕事の原理を用いた静定梁の解法を13.4節の(13.25)式，(13.26)式で説明した。カスチリアノの定理を用いた静定梁の解法を13.5節の(13.37)式，(13.38)式で説明した。

$$1 \times \delta = \int \frac{M\overline{M}}{EI} dx = \int \frac{M}{EI} \times \frac{\partial M}{\partial \overline{P}} dx \tag{13.47}$$

$$1 \times \theta = \int \frac{M\overline{M}}{EI} dx = \int \frac{M}{EI} \times \frac{\partial M}{\partial \overline{M}} dx \tag{13.48}$$

仮想仕事の原理による解法は，実荷重による曲げモーメントと仮想荷重（仮想の曲げモーメント）による曲げモーメントの計算が必要であるが，カスチリアノの定理による解法は，実荷重に加えて，さらに仮想荷重（仮想の曲げモーメント）を作用させ，曲げモーメントの計算と仮想荷重による偏微分（$\partial M/\partial \overline{P}, \partial M/\partial \overline{M}$）の計算が必要である。ただ，両解法とも同じ内部ひずみエネルギーの計算を行っていることにぜひ気が付いてほしい。両解法とも十分に理解し，やや複雑な静定梁の変形に関する問題が解けるようになってほしい。

13.5節において，カスチリアノの定理を用いた静定梁の変形問題の解法について解説した。(13.36)式は，部材の任意点に実荷重P，仮想荷重$\overline{P}$を作用させた場合，部材内部におけるひずみエネルギーU_iを仮想荷重$\overline{P}$で偏微分した式であり，(13.37)式と(13.38)式を**カスチリアノの第1定理**という。

ここで，仮想荷重$\overline{P}$を図13.24に示す単純梁のA点に作用した場合のカスチリアノの定理を考えてみよう。

(13.37)式より，次式のように表現できる。

$$1 \times \delta_A = \frac{\partial U_i}{\partial \overline{P}} = \int \frac{M}{EI} \times \frac{\partial M}{\partial \overline{P}} dx \tag{13.49}$$

(13.49)式より，単純梁の場合，A，B点がピン支点，ローラー支点であるために，鉛直方向，水平方向に対して変形が拘束されている。したがって，仮想荷重$\overline{P}$を支点に作用した場合の鉛直変位量δは，0となる。

一般に，ある関数$f(x)$がその変数xのある値に対して，その1階微分$f'(x)$が0となるとき，その変数の値に対して，この関数$f(x)$は極値をもつことになる。つまり，(13.49)式を満足する変数$\overline{P}$の値に対して，内部ひずみエネルギーU_iは，最小値をもつことになる。

したがって，荷重と釣り合いを保つ構造物の移動しない支点の反力（例えば，$\overline{P}_m = V_A$，$\overline{M}_m = M_A$）は，その構造物に蓄えられるひずみエネルギーU_iを最小にすることに

なる。この定理を**カスチリアノの第2定理**[※8]あるいは**最小仕事の原理**[※9]という。

$$1 \times \delta_m = \frac{\partial U_i}{\partial \overline{P}_m} = \int \frac{M}{EI} \times \frac{\partial M}{\partial \overline{P}_m} dx \tag{13.50}$$

$$1 \times \theta_m = \frac{\partial U_i}{\partial \overline{M}_m} = \int \frac{M}{EI} \times \frac{\partial M}{\partial \overline{M}_m} dx \tag{13.51}$$

例題 13.3 最小仕事の原理を用いたバネつき単純梁の解法例

図13.28に示す単純梁には、部材中央のC点にバネ定数kのバネCD材が連結し、等分布荷重wが作用している。このとき、バネCD材に働く力Xを最小仕事の原理を用いて求めなさい。ただし、梁材の曲げ剛性はEIとする。

[解説]

図13.29に示すように、図13.28のバネつき単純梁のモデルのC点を境界に、単純梁とバネに分離して考える。バネに働く力をXとすると、単純梁のC点には、バネ材の反力Xが上向きに作用することになる。図16.28をもとに、A、B点の支点反力(V_A, V_B)を求め、AB材において、A点からx m離れた位置での曲げモーメントM_xを求めると、次式となる。

図13.28 最小仕事の原理を用いたバネつき単純梁の応力

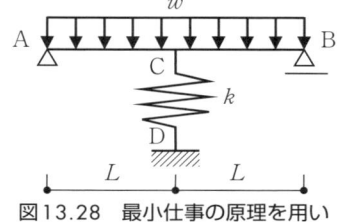

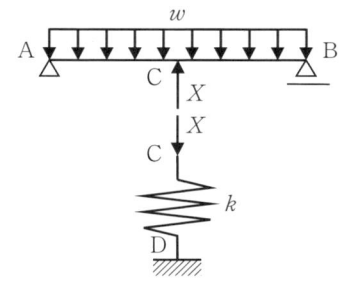

$$\left. \begin{array}{l} V_A = V_B = wL - \dfrac{X}{2} \\[2mm] M_x = \left(wL - \dfrac{X}{2}\right)x - \dfrac{wx^2}{2} \end{array} \right\} \tag{13.52}$$

図13.29 単純梁とバネモデルとの分離

梁材に曲げにより蓄えられるひずみエネルギーU_1は、次式のように表現できる。

$$U_1 = 2\int_0^L \frac{M_x^2}{2EI} dx \tag{13.53}$$

一方、バネCD材に蓄えられるひずみエネルギーU_2は、次式のように表現できる。

$$U_2 = \frac{1}{2} k \delta^2 = \frac{X^2}{2k} \tag{13.54}$$

ここで、δはバネに働く力Xに対するバネの縮み量を示しており、$\delta = X/k$となる。バネつき単純梁全体に蓄えられるひずみエネルギーUは、(13.53)式、(13.54)式より次式となる。

$$U = U_1 + U_2 = 2\int_0^L \frac{M_x^2}{2EI} dx + \frac{X^2}{2k} \tag{13.55}$$

最小仕事の原理を(13.55)式に適用すると、バネに働く力Xを求めることができる。

※8：Castiglano's second theorem　　※9：principle of least work

$$\frac{\partial U}{\partial X} = \frac{2}{EI}\int_0^L M_x \times \frac{\partial M_x}{\partial X}dx + \frac{X}{k} = 0 \tag{13.56}$$

よって，(13.56)式より，バネに働く力Xは，次の値となる。

$$X = \frac{\dfrac{5wL^4}{24EI}}{\dfrac{1}{k} + \dfrac{L^3}{6EI}} \tag{13.57}$$

【注意しておきたいポイント】

図13.27に示したバネに働く力Xに対して，バネ定数kを∞にすると，$X = 5WL/4$となり，今後，15章で学習する1次の不静定連続梁（図13.30）と同じ問題となる。不静定連続梁の解法は，仮想仕事の原理やカスチリアノの定理を用いて求めることになるので，15章で詳細に解説したい。

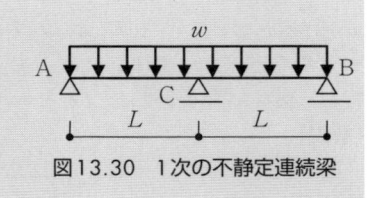

図13.30　1次の不静定連続梁

13章 演習問題－2

[問13.6] 図13.31に示す単純梁において，A点にモーメント荷重Mが作用している。カスチリアノの定理を用いて，C点（部材中央）での鉛直変位量δ_C，A点のたわみ角θ_Aを求めなさい。ただし，部材の曲げ剛性はEIとする。また，カスチリアノの定理を用いて，鉛直変位量δ_Cおよびたわみ角θ_Aを求めた際，仮想荷重$\overline{P}$，仮想曲げモーメント$\overline{M}$は実際には作用していないので，$\overline{P} = 0$，$\overline{M} = 0$とする。

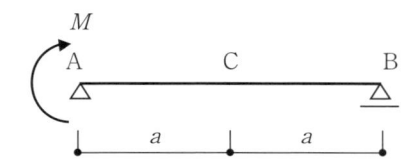

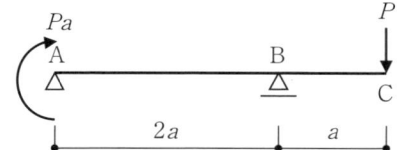

図13.31　カスチリアノの定理を用いた単純梁の鉛直変位量と回転角

[問13.7] 図13.32に示す張り出し梁において，A点にはモーメント荷重Pa，C点には集中荷重Pが作用している。A点のたわみ角θ_Aをカスチリアノの定理を用いて求めなさい。AB材，BC材の曲げ剛性はEIとする。また，カスチリアノの定理を用いて，A点のたわみ角θ_Aを求めた際，仮想曲げモーメント$\overline{M}$は実際には作用していないので，$\overline{M} = 0$とする。

図13.32　カスチリアノの定理を用いた張り出し梁の回転角

[問13.8] 図13.33に示す張り出し梁において，A点に反時計まわりのモーメント荷重$2Pa$が，D点に時計まわりのモーメント荷重Paが作用している。D点のたわみ量δ_Dをカスチリアノの定理を用いて求めなさい。ただし，梁材の曲げ剛性はAB，BC，CD間がそれぞれ$3EI$，$2EI$，EIとする。また，カスチリアノの定理を用いて，D点の鉛直変位量δ_Dを求めた際，仮想荷重$\overline{P}$は実際には作用していないので，$\overline{P}=0$とする。

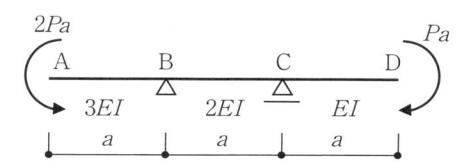

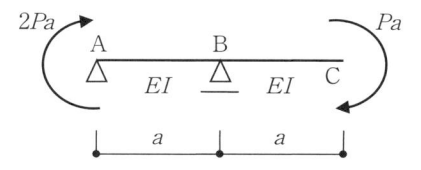

図13.33 カスチリアノの定理を用いた張り出し梁の鉛直変位量

[問13.9] 図13.34に示す張り出し梁において，A点に時計まわりのモーメント荷重$2Pa$が，C点に時計まわりのモーメント荷重Paが作用している。以下の設問に解答しなさい。
(1) 図13.34の張り出し梁の変形図を描きなさい。
(2) 図13.34において，C点の鉛直変形量δ_Cをカスチリアノの定理を用いて求めなさい。ただし，カスチリアノの定理を用いて，C点の鉛直変位量δ_Cを求めた際，仮想荷重$\overline{P}$は実際には作用していないので，$\overline{P}=0$とする。
(3) 図13.34において，C点の鉛直変形量を0とするためには，C点にいくらの荷重X_Cを作用させればよいか求めなさい。

図13.34 カスチリアノの定理を用いた張り出し梁の鉛直変位量

[問13.10] 図13.35に示す片持ち梁AB材の自由端B点にバネ定数kのバネ材BCが連結されている。バネは自然の長さの状態で，片持ち梁には，等分布荷重wが作用しているとき，バネに働く力Xを最小仕事の原理を用いて求めなさい。ただし，片持ち梁の曲げ剛性はEIとする。

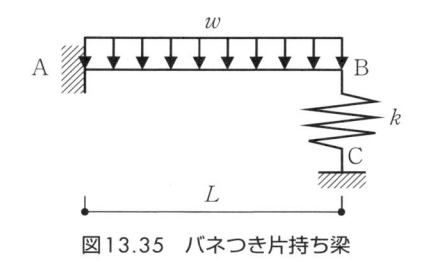

図13.35 バネつき片持ち梁

14章　静定構造物の変形

14.1 概要

これまで，11章において，弾性曲線式やモールの定理を用いた静定梁や静定トラスの変形の解法を説明してきた。この解法は，梁などの直線部材の変形量や回転角を求めるためによく用いられるが，ラーメン構造など，柱や梁では材軸方向（X軸，Y軸）が異なるために，これらの解法を適用することはできない。

本章では，13章で述べた仮想仕事の原理を静定トラス構造および静定ラーメン構造に適用し，任意の節点の水平・鉛直変形量および回転角を求める解法について解説する。また例題を通して，静定構造物の変形を解説するが，章末の演習問題を多く解くことによって，この解法の理解を深めてほしい。

14.2 仮想仕事の原理を用いた静定トラスの変形

ここでは，仮想仕事の原理を用いた静定トラスの変形量を，例題14.1を通して実際に求めてみる。

例題 14.1

図14.1は，D点に水平荷重Pを受ける静定トラスである。D点の水平変位δ_Dを仮想仕事の原理を用いて求めなさい。ただし，A～D点の節点はすべてピン接合とし，各部材の軸剛性はEAとする。

[解説]

トラスの軸力を求める際の解法には，7章で学習したようにクレモナ図法，節点法，切断法の3種類が一般的である。図14.1の例題では，どの解法でも簡単に部材の軸方向力を求めることができる

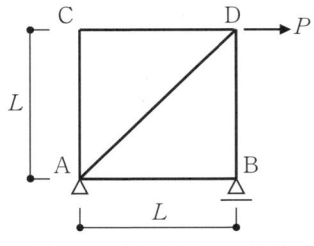

図14.1　静定トラスの変形

が，この例題では，節点法と切断法を併用して軸方向力を求める。また，**トラス材の軸方向力を求める際，軸方向力が0となる部材を見抜くことが重要である。**

1) 軸方向力図（N図）を描く

①反力

水平，鉛直反力はそれぞれ，右向き，上向きを仮定すると，力の釣り合い条件式より，次の値となる。

$$\sum X = 0 : H_A + P = 0 \text{より}, \quad H_A = -P$$
$$\sum Y = 0 : V_A + V_B = 0 \text{より}, \quad V_A = -V_B \qquad (14.1)$$
$$\sum M_B = 0 : V_A L + PL = 0 \text{より}, \quad V_A = -P, \quad V_B = P$$

②軸方向力

i) ゼロ部材を探す

C点には荷重が作用していないので，AC材，CD材に軸方向力が発生すると，C点が閉合することはできない。よって，$N_{AC} = N_{CD} = 0$となる。また，B点に注目すると，B点の鉛直反力はPであり，ローラー支点のため，AB材に軸方向力が発生するとB

点が閉合できないので，$N_{AB} = 0$ となる。

ii) A点の釣り合い

図14.2および力の釣り合い条件式から，AD材の軸方向力 N_{AD} を求めると，次式となる。

$$\sum X = 0 : N_{AD}\cos 45° - P = 0 \qquad (14.2)$$

$$\therefore N_{AD} = \sqrt{2}P (引張)$$

図14.2 A点まわりの力の釣り合い

iii) 軸方向力図（N図）を描く

i), ii)の結果をもとに，図14.1の静定トラスの軸方向力図（N図）を描くと，**図14.3**となる。

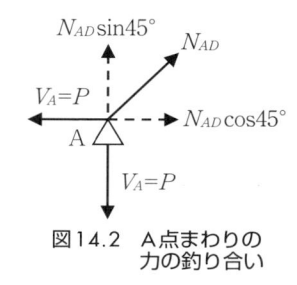

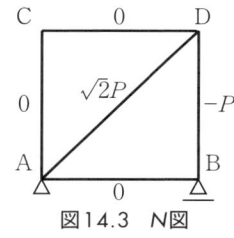

図14.3 N図

図14.4 仮想荷重

2) 仮想軸方向力図（$\overline{N}$図）を描く

図14.1に示すD点の水平変位 δ_D を求めるために，**図14.4**に示すように，仮想荷重 $\overline{P} = 1$ をD点に対し右向きに作用させ，各部材の軸方向力を求める。

1)のN図の計算方法を参考にすると，図14.4における仮想の軸方向の図（$\overline{N}$図）を描くと，**図14.5**のようになる。

3) 仮想仕事の原理の適用

トラス構造は，節点のみに荷重が作用させるために，部材には軸方向力のみが生じ，部材間の軸方向力は変動しないことが特徴である。仮想仕事の原理を用いて，D点の水平変位 δ_D を求める場合，13.4節の(13.24)式を次式のように変更すればよい。

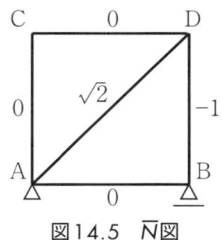

図14.5 $\overline{N}$図

$$1 \times \delta_D = \int \frac{N\overline{N}}{EA} dx = \sum_i \frac{N\overline{N}}{EA} \times L_i \qquad (14.3)$$

よって，D点の水平変位量 δ_D は，次の値となる。

$$\delta_D = \frac{\sqrt{2}P \times \sqrt{2}}{EA} \times \sqrt{2}L + \frac{(-P)\times(-1)}{EA} \times L = \frac{P}{EA}(2\sqrt{2}+1) \qquad (14.4)$$

14.3 仮想仕事の原理を用いた静定ラーメンの変形

ここでは，仮想仕事の原理を用いた静定構造物の変形量と回転角を，例題14.2を通して実際に求めてみる。

例題 14.2

図14.6に示すような，CD間に等分布荷重 w を受ける単純梁型ラーメンにおいて，

D点およびB点の水平変位量δ_D，δ_Bを仮想仕事の原理を用いて求めなさい。ただし，各部材の曲げ剛性はEIとする。

[解説]
1) 反力の計算

図14.6において，A点の水平反力H_A，鉛直反力V_Aをそれぞれ，右向き，上向き，B点の鉛直反力V_Bを上向きに仮定し，力の釣り合い条件式より求めると，水平反力$H_A = 0$，鉛直反力$V_A = V_B = wL/2$となる。

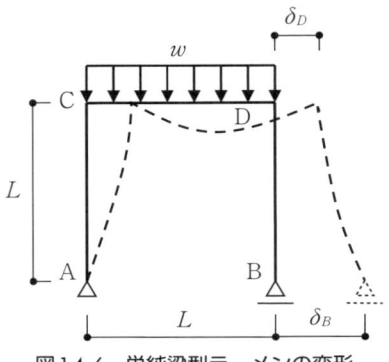

図14.6 単純梁型ラーメンの変形

2) D点の水平変位量δ_Dを求める

図14.6の単純梁型ラーメンの曲げモーメント図(M図)を描くと，図14.7となる。D点の水平変位量δ_Dを求めるために，D点に仮想荷重$\overline{P} = 1$を右向きに作用させ，仮想の曲げモーメント図($\overline{M}$図)を描くと，図14.8となる。

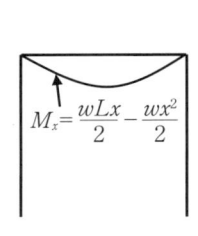

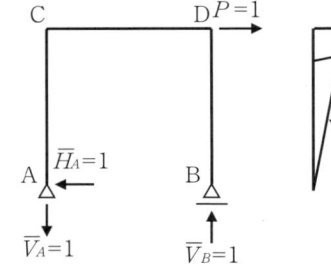

図14.7 M図

図14.8 仮想荷重と$\overline{M}$図

図14.7と図14.8を用いて，仮想仕事の原理を適用すると，D点の水平変位量δ_Dは，次の値となる。

$$1 \times \delta_D = \int_0^L \frac{1}{EI} \times \left(\frac{wLx}{2} - \frac{wx^2}{2} \right) \times (L-x) dx$$

$$= \frac{w}{2EI} \int_0^L (L^2 x - 2Lx^2 + x^3) dx = \frac{wL^4}{24EI} \tag{14.5}$$

3) B点の水平変位量δ_Bを求める

B点の水平変位量δ_Bを求めるために，B点に仮想荷重$\overline{P} = 1$を右向きに作用させ，仮想の曲げモーメント図($\overline{M}$図)を描くと，図14.9となる。

図14.7と図14.9を用い

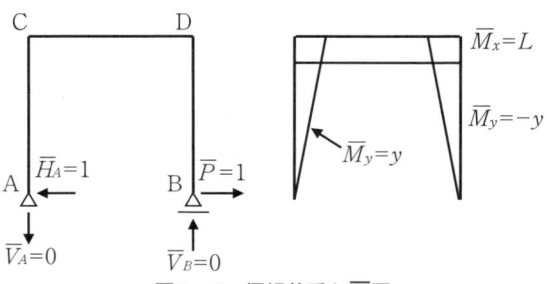

図14.9 仮想荷重と$\overline{M}$図

て，仮想仕事の原理を適用すると，B点の水平変位量δ_Bは，次の値となる。

$$1\times\delta_B = \int_0^L \frac{1}{EI} \times \left(\frac{wLx}{2} - \frac{wx^2}{2}\right) \times L dx = \frac{wL}{2EI}\int_0^L (L^2 x - x^2) dx = \frac{wL^4}{12EI} \quad (14.6)$$

【注意しておきたいポイント】
図14.6はC, D点が剛接合であるために，C, D点の節点変位 $\delta = \delta_C = \delta_D$ は同じとなる。A点がピン支点で水平方向に移動しないために，B点のローラー支点のみが水平方向に $\delta_C + \delta_D$ だけ水平移動することになる。B点の水平変位量δ_Bを仮想仕事の原理を用いて求めたが，上記のことを理解していれば，計算することなく，B点の水平変位量δ_Bを求めることは容易である。

例題 14.3

図14.10に示すような，CD間に等分布荷重wを受ける単純梁型ラーメンにおいて，A点およびC点の回転角θ_A，θ_Cを仮想仕事の原理を用いて求めなさい。ただし，各部材の曲げ剛性はEIとする。

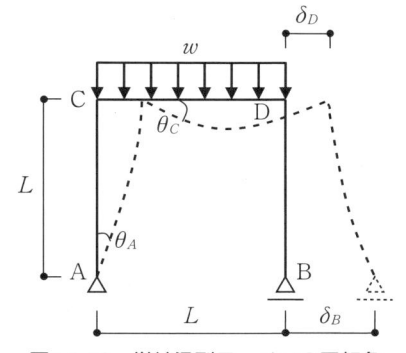

[解説]
1) 反力の計算

図14.10において，A点の水平反力H_A，鉛直反力V_Aをそれぞれ，右向き，上向き，B点の鉛直反力V_Bを上向きに仮定し，力の釣り合い条件式より求めると，水平反力$H_A = 0$，鉛直反力$V_A = V_B = wL/2$となる。

図14.10　単純梁型ラーメンの回転角

2) A点の回転角θ_Aを求める

図14.10のM図は，例題14.2の図14.7と同じであるので，ここでは省略する。A点の回転角θ_Aを求めるために，A点に仮想曲げモーメント$\overline{M} = 1$を時計まわりに作用させ，$\overline{M}$図を描くと図14.11となる。

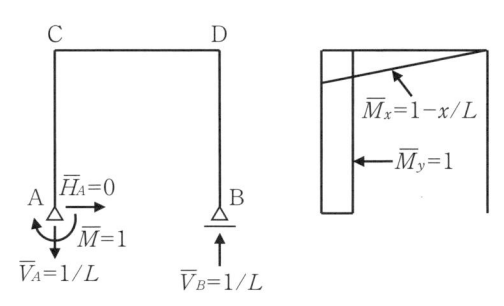

図14.7と図14.11を用いて，仮想仕事の原理を適用すると，A点の回転角θ_Aは，次の値となる。

図14.11　仮想曲げモーメントと$\overline{M}$図

$$1\times\theta_A = \int_0^L \frac{1}{EI} \times \left(\frac{wLx}{2} - \frac{wx^2}{2}\right) \times \left(1 - \frac{x}{L}\right) dx = \frac{w}{2EI}\int_0^L \left(Lx - 2x^2 + \frac{x^3}{L}\right) dx$$

$$= \frac{wL^3}{24EI} \quad (14.7)$$

3) C点の回転角 θ_C を求める

C点の回転角 θ_C を求めるために，C点に仮想曲げモーメント $\overline{M}=1$ を時計まわりに作用させ，$\overline{M}$ 図を描くと図14.12となる。

図14.7と図14.12を用いて，仮想仕事の原理を適用すると，C点の回転角 θ_C は，次の値となる。

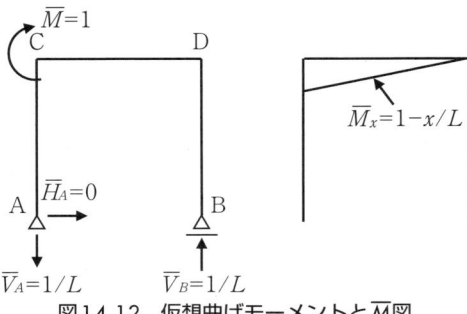

図14.12　仮想曲げモーメントと $\overline{M}$ 図

$$1\times\theta_C = \int_0^L \frac{1}{EI} \times \left(\frac{wLx}{2} - \frac{wx^2}{2}\right) \times \left(1 - \frac{x}{L}\right) dx = \frac{w}{2EI} \int_0^L \left(Lx - 2x^2 + \frac{x^3}{L}\right) dx$$

$$= \frac{wL^3}{24EI} \tag{14.8}$$

参考までに，図14.10におけるB点の回転角 θ_B を考えると，B点の回転角 θ_B は，A点の回転角 θ_A に等しいことがわかる。

14章 演習問題

[問14.1] 図14.13に示す，静定トラスの指定されている節点での変形量を，仮想仕事の原理を用いて求めなさい。ただし，全部材の軸剛性は EA とする。

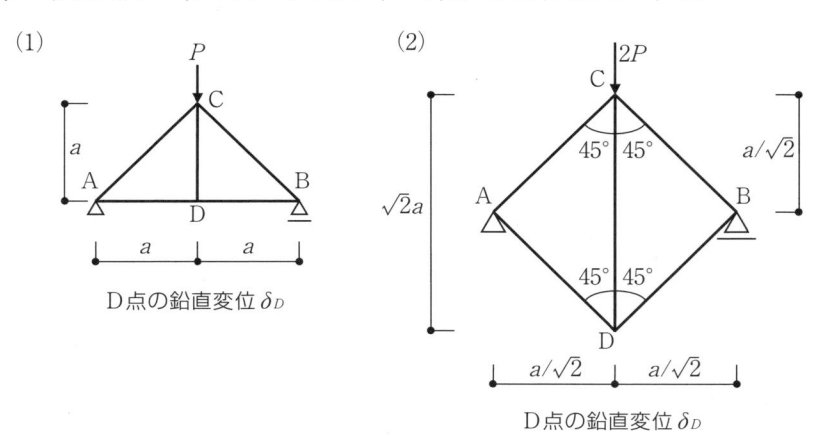

(1) D点の鉛直変位 δ_D

(2) D点の鉛直変位 δ_D

(3)

D点の鉛直変位量 δ_D

(4)

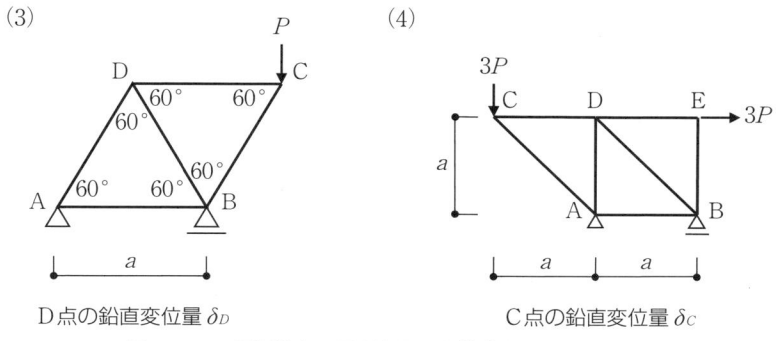

C点の鉛直変位量 δ_C

図14.13 仮想仕事の原理を用いた静定トラスの変形量

[問14.2] 図14.14に示す，静定ラーメンの指定されている節点での変形量および回転角を，仮想仕事の原理を用いて求めなさい。ただし，全部材の曲げ剛性は EI とする。

(1)

①C点の鉛直変位 δ_C と たわみ角 θ_C
②D点の鉛直変位 δ_D

(2)

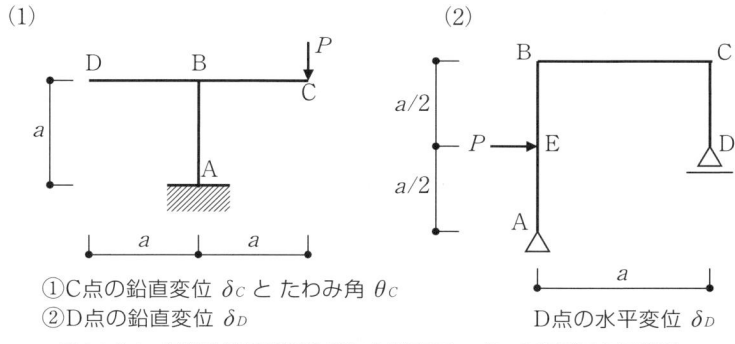

D点の水平変位 δ_D

図14.14 仮想仕事の原理を用いた静定ラーメンの変形量と回転角

15章 仮想仕事の原理を用いた不静定構造物の解法

15.1 概要

14章までで学んできた静定構造物[※1]（梁，ラーメン，トラス，アーチ構造）の反力と応力は，力の釣り合い条件式（$\sum X = 0$, $\sum Y = 0$, $\sum M = 0$）だけで求めることができる。しかし，力の釣り合い条件式のみで反力，応力を求めることができない構造が**不静定構造**[※2]である。

例えば，2次の不静定構造物は，未知数（支点反力）を2つ減らすことによって静定構造物となる。静定構造物であれば，従来学習してきた静定構造力学の知識により，不静定構造物の反力，応力を解くことは可能である。本章では，1次，2次以上の不静定梁，不静定連続梁の解法および特殊な不静定梁（合成骨組構造）の解法を解説する。まず，不静定構造物の解法を以下に示す。

解法の手順としては，
① 不静定構造の応力を実際に解く上で大切なことは，不静定構造物の変形の様子をしっかりと理解することである。まず，変形の概略図を描いてみる。
② 静定構造物になるために必要な支点反力を取り除き，静定構造物を作成する。これを**静定形**[※3]（以下，基本形）という。
③ 取り除いた支点反力（**余剰力**[※4]あるいは**不静定力**[※5]）を未知の外力として構造物に作用させ，**余剰形**[※6]を作成する。
④ 両者を併合させ，支点での**適合条件**を用いて解（反力および応力）を求める。

また，13章の13.5節において，カスチリアノの定理および最小仕事の原理を用いた静定梁の変形の問題を解説した。本章では，最小仕事の原理を用いた**不静定トラス**[※7]の解法を解説する。

15.2 仮想仕事の原理を用いた不静定梁の解法

本節では，仮想仕事の原理を用いた1次の不静定梁，不静定連続梁および2次以上の不静定梁，不静定連続梁の解法を，例題を通して解説し，実際に不静定梁，不静定連続梁の応力図を描く。

15.2.1 1次の不静定梁

ここでは，片持ち梁の自由端（B点）にローラー支点を設けた1次の不静定梁の反力と応力を仮想仕事の原理を用いて実際に求め，応力図を描く。

例題 15.1

図15.1に示すように，AB間に等分布荷重wを受ける1次の不静定梁の応力図を，仮想仕事の原理を用いて描きなさい。ただし，部材の曲げ剛性はEIとする。

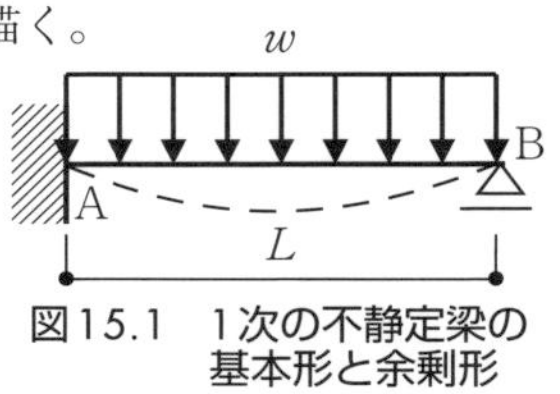

図15.1 1次の不静定梁の基本形と余剰形

[※1]: statically determinate structure　　[※2]: non-statically determinate structure
[※3]: released structure　　[※4]: redundant force　　[※5]: non-statically force
[※6]: redundant structure　　[※7]: non-statically determinate truss structure

[解説]

図15.1の1次の不静定梁を，基本形と余剰形に分離する．**図15.2**が基本形と余剰形の一例である．

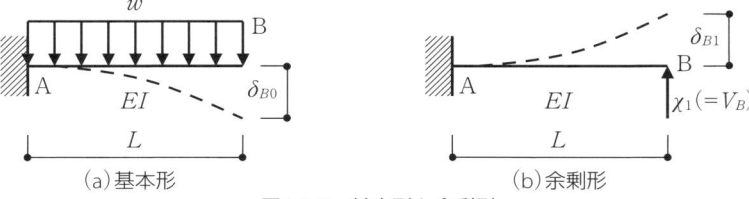

図15.2　基本形と余剰形

図15.2 (a)におけるB点の鉛直下向きの変形量 δ_{B0} を，仮想仕事の原理を用いて求めると，次の値となる(計算は省略し，詳細は13章13.4節を参照されたい)．

$$\delta_{B0} = \frac{wL^4}{8EI} \tag{15.1}$$

一方，(b)図より，余剰力 χ_1 を作用した場合の鉛直上向きの変形量 δ_{B1} は，次の値となる．

$$\delta_{B1} = \frac{\chi_1 L^3}{3EI} \tag{15.2}$$

ここで，図15.1中の点線が，荷重作用後の変形の様子を示しているように，B点はローラー支点で水平方向に移動は可能であるが，鉛直方向は反力が生じているために鉛直変形が拘束されている．このことを利用して，B点の支点反力 $V_B(=\chi_1)$ を求める．

$\delta_B = \delta_{B0} - \delta_{B1} = 0$

$$\Leftrightarrow \frac{wL^4}{8EI} - \frac{\chi_1 L^3}{3EI} = 0 \tag{15.3}$$

$$\therefore \chi_1(=V_B) = \frac{3wL}{8}$$

よって，未知数であるB点の鉛直反力が (15.3)式より求まり，静定梁の問題に帰着せ，A点の反力 (V_A, M_A) およびAB間の応力 (M_x, Q_x) を求める．

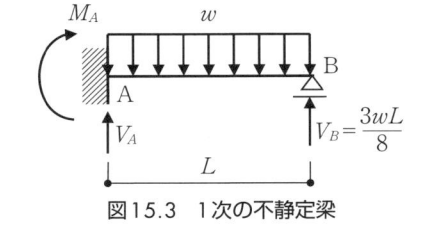

図15.3　1次の不静定梁

力の釣り合い条件式より，

$$\sum Y = 0 : V_A + \frac{3wL}{8} - wL = 0 \quad \therefore V_A = \frac{5wL}{8}$$

$$\sum M_A = 0 : M_A + \frac{wL^2}{2} - \frac{3wL^2}{8} = 0 \quad \therefore M_A = -\frac{wL^2}{8} \tag{15.4}$$

次に，AB間の応力を求める．AB間で切断し，左側のみで応力を考える．

$$\text{AB間}: M_x = -\frac{wL^2}{8} + \frac{5wL}{8}x - \frac{wx^2}{2} \tag{15.5}$$

(15.5)式を x で微分し，せん断力 Q_x を求めると，次式となる．

$$Q_x = \frac{dM_x}{dx} = \frac{5wL}{8} - wx \tag{15.6}$$

ここで，せん断力Q_xが0のとき，曲げモーメントMが最大となるので，(15.6)式＝0と置くことによって，曲げモーメントが最大となる位置がわかる．この場合は，$x = \frac{5L}{8}$となり，最大曲げモーメント$M_{\max}$は，$9wL^2/128$となる．図15.1の1次の不静定梁の応力図(Q図，M図)を描くと，**図15.4**となる．

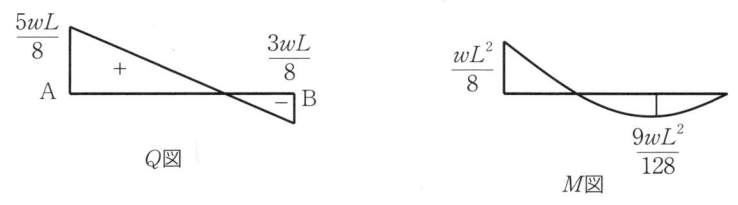

図15.4　1次の不静定梁の応力図(Q図とM図)

【注意しておきたいポイント】　図15.2以外の基本形と余剰形の考え方

図15.1の1次の不静定梁の基本形と余剰形について少し紹介した．一般に，図15.2のように，基本形と余剰形を片持ち梁とするが，図15.5のように，基本形と余剰形を単純梁と考えることもできる．

図15.5のように，基本形を単純梁にし，A点のモーメント反力$\chi_1(=M_A)$を余剰力と考える．A点が固定端であるため，鉛直・水平変形，回転を起こすことはない．よって，次式により，A点のモーメント反力$\chi_1(=M_A)$を求めることができる．

$$\theta_A = \theta_{A0} - \theta_{A1} = 0 \leftrightarrow \frac{wL^3}{24EI} + \frac{\chi_1 L}{3EI} = 0 \tag{15.7}$$

$$\therefore \chi_1(=M_A) = -\frac{wL^2}{8}$$

図15.5　1次の不静定梁の基本形と余剰形

15.2.2　2次以上の不静定梁および不静定連続梁

図15.6(a)は，集中荷重P_1，P_2，P_3が受ける2次の不静定連続梁である．この不静定連続梁はC，D点がローラー支点で支持されていることに着目し，基本形は，この鉛直反力(V_C，V_D)を取り除いた単純梁とし，余剰力(χ'_1，χ'_2)をこの鉛直反力とする．基本形と余剰形を図15.6(b)～(d)に示す．

15章　仮想仕事の原理を用いた不静定構造物の解法

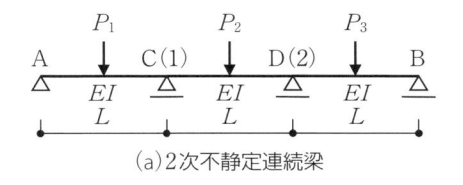

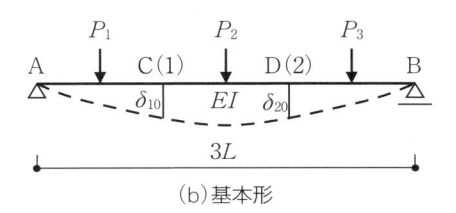

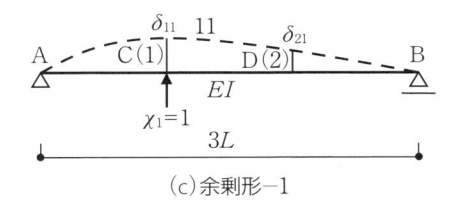

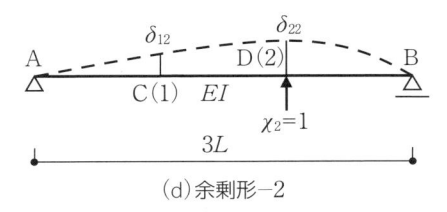

図15.6　2次の不静定連続梁，基本形と余剰形

(b)〜(d)図において，不静定構造物の応力を求めるために，便宜上，支点C点，D点を1，2点と置き換え，基本形，余剰形−1，余剰形−2における1，2点での鉛直変形量をそれぞれ，δ_{10}，δ_{11}，δ_{12}，δ_{20}，δ_{21}，δ_{22}とおく。

ここで，6種類の鉛直変形量（δ_{10}，δ_{11}，δ_{12}，δ_{20}，δ_{21}，δ_{22}）を仮想仕事の原理を用いて求める。

1) δ_{10}，δ_{20}の計算

基本形におけるC点の鉛直変位量δ_{10}は，(b)図の基本形で得られるM図（ここでは，M_0図とする）と仮想荷重$\overline{P}$を，(c)図の余剰力$\chi_1=1$と考えると，(c)図の$\overline{M}$図が仮想荷重によるM図（ここでは，M_1図とする）となる。

仮想仕事の原理より，δ_{10}を求めると，次式となる。

$$1 \times \delta_{10} = \int \frac{M_0 M_1}{EI} dx \tag{15.8}$$

同様に，基本形におけるD点の鉛直変位量δ_{20}は，(b)図のM_0図と(d)図のM_2図を積分した値となるので，次式となる．

$$1 \times \delta_{20} = \int \frac{M_0 M_2}{EI} dx \tag{15.9}$$

2) δ_{11}，δ_{22}の計算

余剰形-1におけるC点の鉛直変位量δ_{11}は，実荷重と仮想荷重が，$\chi_1 = 1$と同じ荷重を作用した場合のC点（1点）の鉛直変形量である．(15.8)式を参考に，鉛直変形量を求めると，次式となる．

$$1 \times \delta_{11} = \int \frac{M_1 M_1}{EI} dx = \int \frac{M_1^2}{EI} dx \tag{15.10}$$

同様に，余剰形-2におけるD点の鉛直変位量δ_{22}は，次式となる．

$$1 \times \delta_{22} = \int \frac{M_2 M_2}{EI} dx = \int \frac{M_2^2}{EI} dx \tag{15.11}$$

3) δ_{12}，δ_{21}の計算

1), 2)の考え方をもとに，δ_{12}，δ_{21}はそれぞれ次式となるが，この2つの値は，数学上同じ変形量となる．

$$1 \times \delta_{12} = \int \frac{M_2 M_1}{EI} dx = \delta_{21} \tag{15.12}$$

以上のことから，任意の節点i点での基本形，余剰形に対応する変形量δ_{ij}は，次式のように表現することができる．

$$1 \times \delta_{ij} = \int \frac{M_i M_j}{EI} dx \tag{15.13}$$

ここで，iが支点番号，jが基本形の番号（$j = 0$）と余剰形の番号（$j = 1, 2, \cdots$）を示す．

次に，C点，D点がローラー支点であること（鉛直方向に変形が拘束されている）に着目し，次式に示す連立方程式を導く．

$$\left. \begin{array}{l} \delta_C = \delta_{10} + \delta_{11} \chi'_1 + \delta_{12} \chi'_2 = 0 \\ \delta_D = \delta_{20} + \delta_{21} \chi'_1 + \delta_{22} \chi'_2 = 0 \end{array} \right\} \tag{15.14}$$

(15.14)式を解くことによって，χ'_1，χ'_2を求めると，これがC点，D点の鉛直反力V_C，V_Dとなる．

図15.6(a)の不静定連続梁におけるA，B点の反力および応力は，静定梁の問題と同様に考えると求めることができる．

例題 15.2　3次の不静定梁

図15.7に示す，等分布荷重wを受ける3次の不静定梁の反力と応力を，仮想仕事の原理を用いて求め，応力図（M図，Q図）を描きなさい．ただし，梁材の曲げ剛性はEIとする．

15章 仮想仕事の原理を用いた不静定構造物の解法

[解説]

　図15.7は3次の不静定梁であるが，水平荷重が作用していないため，実質は2次の不静定梁である。基本形を単純梁とし，余剰力をA，B点のモーメント反力（χ'_1，χ'_2）とする。**図15.8**に基本形および2種類の余剰形（余剰形-1，余剰形-2）を示す。図中には，基本形，余剰形-1，余剰形-2の変形の様子を点線で表示し，A，B点の回転角θ_{ij}（$i=1, 2, j=1, 2$）が示されている。**図15.9**には，基本形，余剰形-1，余剰形-2のM図が描かれている。

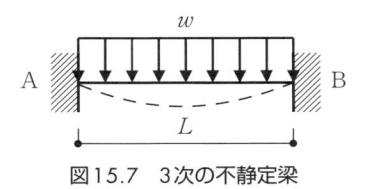

図15.7　3次の不静定梁

1）基本形と余剰形の回転角θ_{ij}の計算

　図15.8の基本形，余剰形の回転角（θ_{10}，θ_{11}，θ_{12}，θ_{20}，θ_{21}，θ_{22}）を仮想仕事の原理を用いて求めると，次式のような値となる。

$$\left.\begin{aligned}
\theta_{10} &= \int_0^L \frac{1}{EI} \times \left(\frac{wLx}{2} - \frac{wx^2}{2}\right) \times \left(-1 + \frac{x}{L}\right) dx = -\frac{wL^3}{24EI} \\
\theta_{20} &= \int_0^L \frac{1}{EI} \times \left(\frac{wLx}{2} - \frac{wx^2}{2}\right) \times \left(-\frac{x}{L}\right) dx = -\frac{wL^3}{24EI} \\
\theta_{11} &= \int_0^L \frac{1}{EI} \times \left(-1 + \frac{x}{L}\right)^2 dx = \frac{L}{3EI} \\
\theta_{22} &= \int_0^L \frac{1}{EI} \times \left(-\frac{x}{L}\right)^2 dx = \frac{L}{3EI} \\
\theta_{12} &= \theta_{21} = \int_0^L \frac{1}{EI} \times \left(-1 + \frac{x}{L}\right) \times \left(-\frac{x}{L}\right) dx = \frac{L}{6EI}
\end{aligned}\right\} \quad (15.15)$$

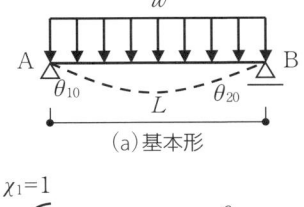

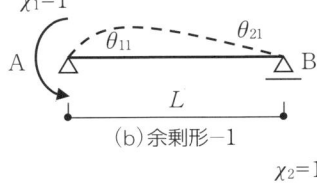

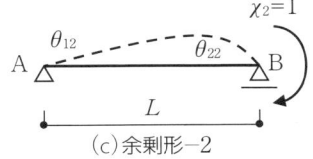

(a) 基本形

(b) 余剰形-1

(c) 余剰形-2

図15.8　3次の不静定梁の基本形と余剰形

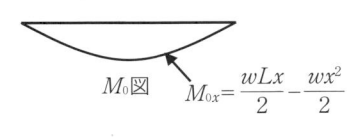

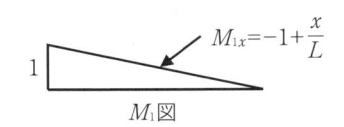

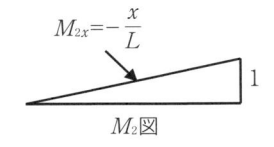

$M_{0x} = \frac{wLx}{2} - \frac{wx^2}{2}$

M_0図

$M_{1x} = -1 + \frac{x}{L}$

M_1図

$M_{2x} = -\frac{x}{L}$

M_2図

図15.9　基本形と余剰形のM図

(15.15) 式より，A，B 点は実際には固定端であり，鉛直・水平変形および回転することはできないために，次式に示す連立方程式を導く．

$$\left.\begin{array}{l}\theta_A = \theta_{10} + \theta_{11}\chi_1 + \theta_{12}\chi_2 = -\dfrac{wL^3}{24EI} + \dfrac{L}{3EI}\chi'_1 + \dfrac{L}{6EI}\chi'_2 = 0 \\ \theta_B = \theta_{20} + \theta_{21}\chi_1 + \theta_{22}\chi_2 = -\dfrac{wL^3}{24EI} + \dfrac{L}{6EI}\chi'_1 + \dfrac{L}{3EI}\chi'_2 = 0\end{array}\right\} \quad (15.16)$$

(15.16)式の連立方程式を解くと，$\chi'_1 = M_A = wL^2/12$，$\chi'_2 = M_B = wL^2/12$ となる．

2）応力図

1）の結果をもとに，図15.7 の3次の不静定梁の応力図（M図と Q図）を描くと，**図 15.10** となる．

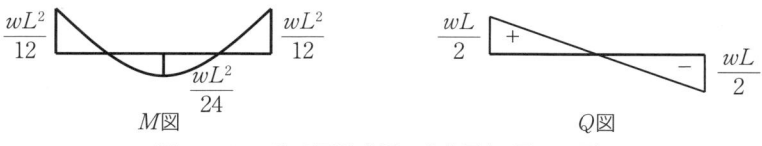

図15.10　3次の不静定梁の応力図（M図，Q図）

例題 15.3　1次の不静定連続梁

図15.11 に示す，等分布荷重 w を受ける不静定連続梁の反力と応力を仮想仕事の原理を用いて求め，応力図（M図，Q図）を描きなさい．ただし，梁材の曲げ剛性は EI とする．

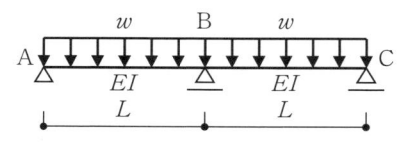

図15.11　1次の不静定連続梁

[解説]

基本形はB点の支点反力 V_B を取り除き，単純梁とし，余剰力 χ'_1 はB点の鉛直反力とする．**図15.12** に基本形，余剰形を示す．また，**図15.13** には，図15.2 の1次の不静定連続梁の基本形と余剰形の M図が描かれている．

$M_{0x} = wLx - \dfrac{wx^2}{2}$

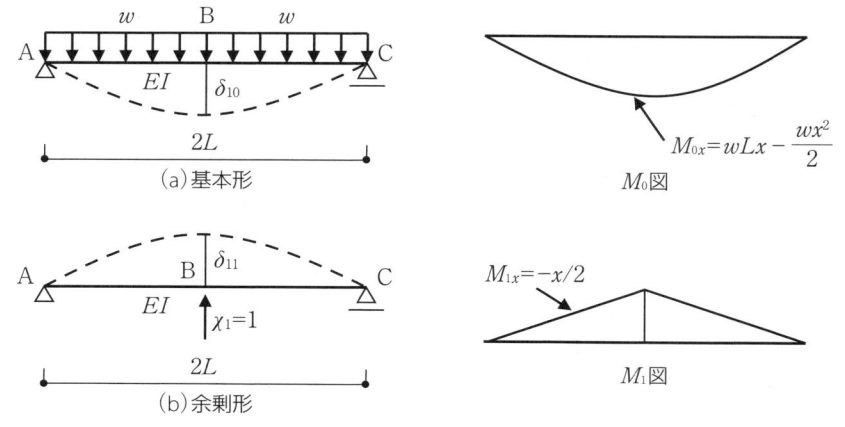

M_0 図

(a) 基本形

$M_{1x} = -x/2$

M_1 図

(b) 余剰形

図15.12　1次の不静定連続梁の基本形と余剰形　　図15.13　基本形と余剰形の M図

1）基本形と余剰形の変形量 δ_{ij} の計算

図15.12の基本形，余剰形の鉛直変位量（δ_{10}, δ_{11}）を仮想仕事の原理を用いて求めると，次式のような値となる。

$$\left.\begin{aligned}\delta_{10} &= 2\int_0^L \frac{1}{EI} \times \left(wLx - \frac{wx^2}{2}\right) \times \left(-\frac{x}{2}\right)dx = -\frac{5wL^4}{24EI} \\ \delta_{11} &= 2\int_0^L \frac{1}{EI} \times \left(-\frac{x}{2}\right)^2 dx = \frac{L^3}{6EI}\end{aligned}\right\} \tag{15.17}$$

B点はローラー支点で鉛直方向に変形が拘束されているので，（15.17）式をもとに次の1次方程式を導く。

$$\delta_B = \delta_{10} + \delta_{11}\chi'_1 = -\frac{5wL^4}{24EI} + \frac{L^3}{6EI}\chi'_1 = 0 \tag{15.18}$$

$$\therefore \chi'_1 = V_B = \frac{5wL}{4}$$

2）応力図

①反力

B点の鉛直反力 V_B が1）の結果から，$V_B = 5wL/4$ であり，力の釣り合い条件式より，A，C点の鉛直反力 V_A, V_C を求めると，次の値となる。

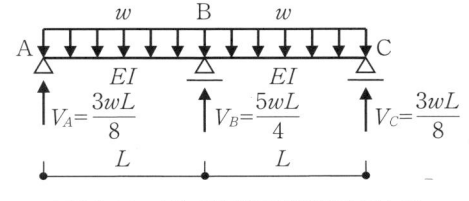

図15.14　1次の不静定連続梁の反力図

$$\sum Y = 0 : V_A + V_C + \frac{5wL}{4} - 2wL = 0$$

$$\sum M_C = 0 : 2V_A L + \frac{5wL^2}{4} - 2wL = 0 \tag{15.19}$$

$$\therefore V_A = \frac{3wL}{8}, \quad V_C = \frac{3wL}{8}$$

②応力

AB間，BC間で部材を切断し，左側半分の釣り合い条件式から応力（M_x, Q_x）を求める。

AB間：
$$M_x = \frac{3wL}{8}x - \frac{wx^2}{2} \rightarrow M_B = \frac{3wL^2}{8} - \frac{wL^2}{2} = -\frac{wL^2}{8}$$

$$Q_x = \frac{3wL}{8} - wx \rightarrow Q_x = 0\left(x = \frac{3L}{8}\right) \text{のとき} M_{\max} \text{となり}, M_{\max} = \frac{9wL^2}{128}$$

BC間：対象形なので，AB間と同様となる。

図15.11の1次の不静定連続梁の応力図（Q図，M図）を描くと，**図15.15**となる。

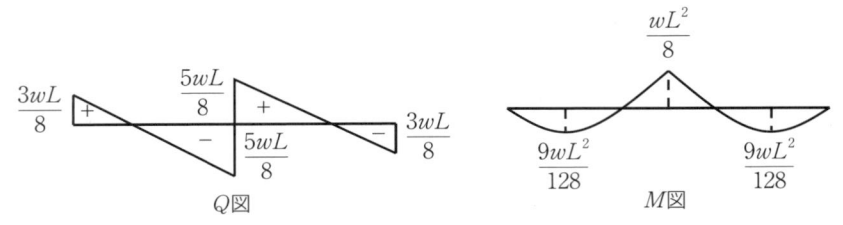

図15.15　1次の不静定連続梁の応力図（Q図とM図）

15.2.3　特殊な不静定梁

前項まで扱った不静定梁の問題では，反力の一部を余剰力（不静定力）とし，基本形（静定形）をつくることによって解くことができる問題であった。本項で取り扱う特殊な不静定梁は，合成骨組とも呼ばれ，内力を余剰力として，不静定構造物を2つの静定基本形に分離することによって，その反力および応力を求める。例題15.4, 15.5に示す特殊な不静定梁は，11章，14章で解説した静定梁の変形に着目することによって，簡単に求めることができ，応力図を描くことができる

例題 15.4　2次の不静定梁

図15.16に示すように，C点がピン接合となる2つの部材が連結された不静定梁の応力図（M図，Q図）を描きなさい。ただし，各部材の曲げ剛性は図中に示している。

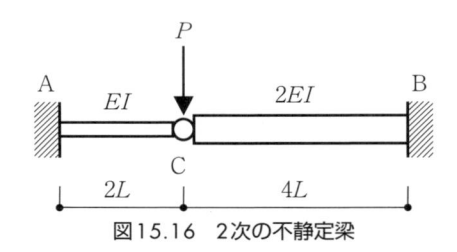

図15.16　2次の不静定梁

[解説]

C点がピン接合であるために，C点に曲げモーメントが発生することはない。ここで，AC部材とCB材を分離し，片持ち梁と考え，AC材とCB材が負担する荷重をそれぞれP_{AC}，P_{CB}とする。

C点の鉛直変形量δ_Cは，両部材とも同じであることに着目し，それぞれの負担荷重P_{AC}，P_{CB}を求める。

$$P_{AC} + P_{CB} = P \tag{15.20}$$

$$_{AC}\delta_C = \frac{P_{AC} \times (2L)^3}{3EI} = \frac{P_{CB} \times (4L)^3}{6EI} = {}_{CB}\delta_C \tag{15.21}$$

(15.21)式より，$P_{AC} = 4P_{CB}$となり，これを(15.20)式に代入すると，次式となる。

$$P_{CB} = \frac{P}{5}, \quad P_{AC} = \frac{4P}{5} \tag{15.22}$$

(15.22)式をもとに，応力図を描くと図15.17となる。

15章　仮想仕事の原理を用いた不静定構造物の解法

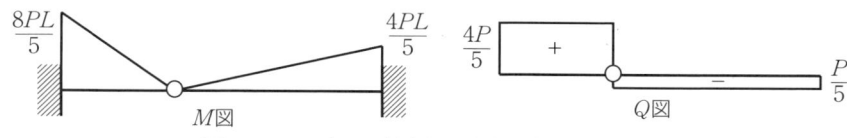

図15.17　2次の不静定梁の応力図（M図とQ図）

【注意しておきたいポイント】
図15.16の2次の不静定梁は，どのような解法で解くか最初，迷うところではあるが，C点がピン支持で，たわみ量が両部材とも同じであることに気付くかどうかである。このことに気付けば，静定梁のたわみの問題となり，容易に解答が導ける。

例題 15.5　交叉梁の一例

図15.18に示すような，片持ち梁と単純梁がC点で剛接合された不静定梁の応力図（M図，Q図）を描きなさい。ただし，各部材の曲げ剛性はEIとする。

[解説]

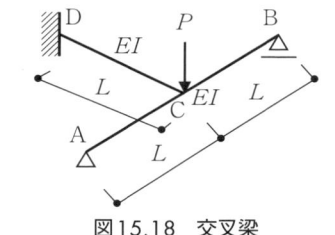

例題15.4と同様に，C点のたわみ量が片持ち梁，単純梁とも同じであると考え，AB材とDC材が負担する荷重をそれぞれP_{AB}，P_{DC}とし，たわみ量δ_Cを求める。

図15.18　交叉梁

$$P_{AB} + P_{DC} = P \tag{15.23}$$

$$\delta_C = \frac{P_{AB} \times (2L)^3}{48EI} = \frac{P_{DC} L^3}{3EI} \tag{15.24}$$

(15.23)式，(15.24)式より，$P_{AB} = \dfrac{8P}{11}$，$P_{DC} = \dfrac{3P}{11}$となる。

図15.18の応力図（M図，Q図）を描くと，図15.19となる。

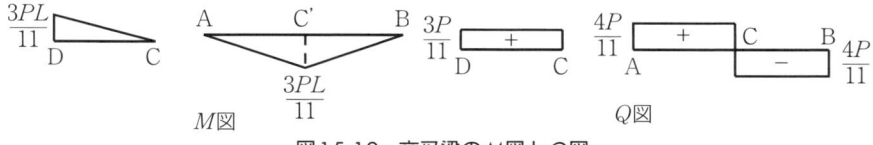

図15.19　交叉梁のM図とQ図

15.3　最小仕事の原理を用いた不静定トラスの解法

ここでは，13章，13.5節で紹介した**最小仕事の原理**を用いた不静定トラスの変形に関する解法を解説する。13.5節の(13.49)式に示したように，静定構造物，例えば，単純梁，片持ち梁，トラス構造の支点は，ピン支点，ローラー支点，固定支点（固定端）のいずれかであるために，鉛直・水平変形が拘束され，支点が移動することはない。この考え方に基づき，最小仕事の原理を用いた不静定トラスの解法を，例題15.6を通

して解説したい。

例題 15.6　1次の不静定トラスの変形

図15.20に示す，C点に水平荷重Pを受ける1次の不静定トラスにおいて，C点の水平変位量δ_Cを最小仕事の原理および仮想仕事の原理を用いて求めなさい。ただし，部材の軸剛性はすべてEAとし，図15.20の軸方向力を求める際の余剰力（不静定力）をH_Bとする。

[解説]

図15.20に示す不静定トラスのA，B点がともにピン支点であり，4つの反力をもつために，1次の不静定構造となる。ここで，問題文中より，**余剰力**をH_B（既知の値）として，図15.20の反力を求め，軸方向力図を描くと，**図15.21**となる。

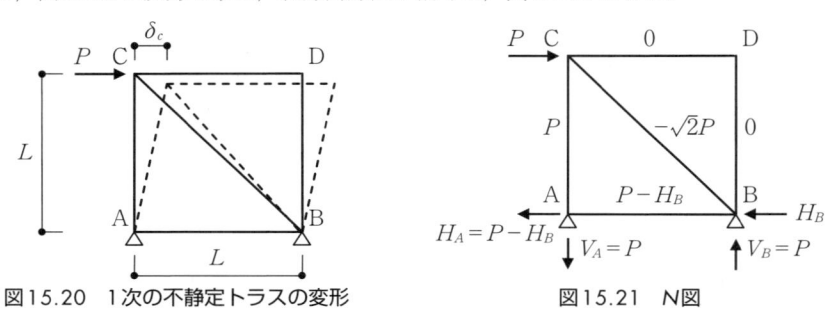

図15.20　1次の不静定トラスの変形

図15.21　N図

次に，13章，13.5節で解説した最小仕事の原理を不静定トラスに適用すると，次式のように表現することができる。

$$1 \times \delta_B = \frac{\partial U_i}{\partial H_B} = \int \frac{N_i}{EA} \times \frac{\partial N_i}{\partial H_B} dx = \sum_{i=1}^{n} \frac{N_i}{EA} \times \frac{\partial N_i}{\partial H_B} = 0 \quad (15.25)$$

図15.21に示す各部材の軸方向力N_iと(15.25)式より，**表15.1**を作成する。

表15.1　最小仕事の原理を用いた1次の不静定トラス

部材名	部材長	軸方向力N_i	$\partial N_i / \partial H_B$
AB	L	$P - H_B$	-1
AC	L	P	0
BC	$\sqrt{2}L$	$-\sqrt{2}L$	0
CD	L	0	0
BD	L	0	0

よって，(15.25)式と表15.1より，余剰力H_Bを求めると，次の値となる。

$$1 \times \delta_B = \frac{1}{EA} \times (P - H_B) \times (-1) \times L = 0$$

$$\therefore H_B = P \quad (15.26)$$

(15.26)式の結果を，図15.21に示す各部材の軸方向力N_iに代入し，N図を描くと，**図15.22**となる。

15章　仮想仕事の原理を用いた不静定構造物の解法

次に，C点の水平変位量δ_Cを求めるために，仮想荷重$\overline{P}=1$をC点に作用させ，上述した最小仕事の原理を用いて余剰力$\overline{H}_B$を求め，仮想の軸方向力図（$\overline{N}$図）を描くと，図15.23となる。

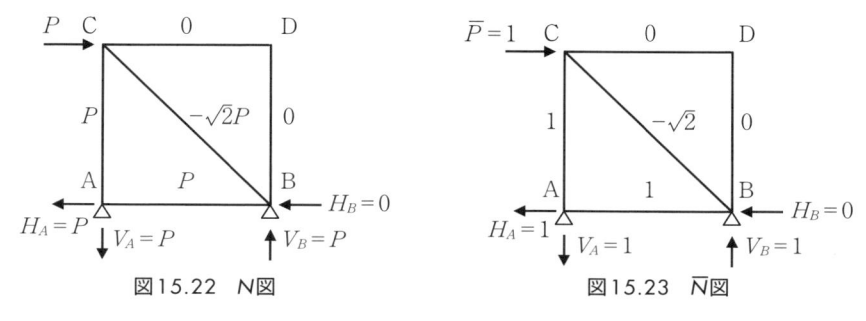

図15.22　N図

図15.23　$\overline{N}$図

仮想仕事の原理より，C点の水平変位量δ_Cを求めると，次の値となる。

$$1 \times \delta_C = \frac{P \times 1}{EA} \times L + \frac{(-\sqrt{2}P) \times (-\sqrt{2})}{EA} \times \sqrt{2}L = \frac{PL}{EA}(1+2\sqrt{2}) \tag{15.27}$$

15章 演習問題

[問15.1]　図15.24に示す不静定梁の反力と応力を，仮想仕事の原理を用いて求め，応力図（M図，Q図）を描きなさい。ただし，梁材の曲げ剛性はEIとする。

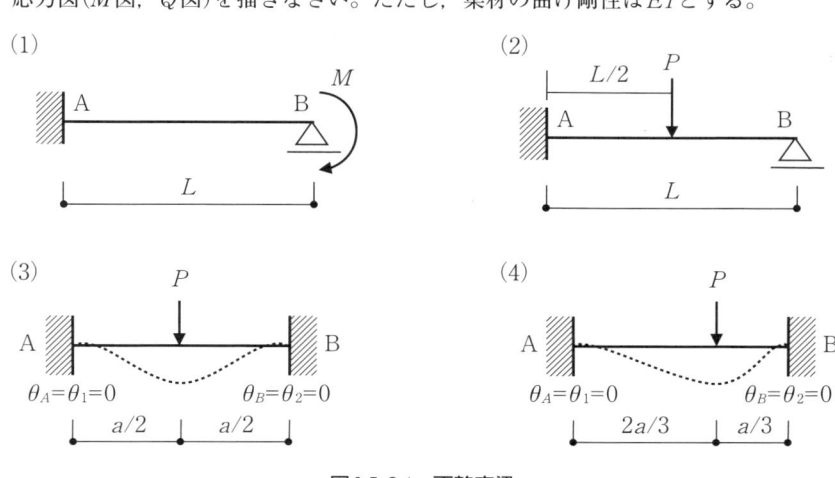

(1)

(2)

(3)

(4)

図15.24　不静定梁

[問15.2] 図15.25に示す不静定連続梁の反力と応力を，仮想仕事の原理を用いて求め，応力図（M図，Q図）を描きなさい．ただし，梁材の曲げ剛性は，AB間がEI，BC間が$2EI$とする．

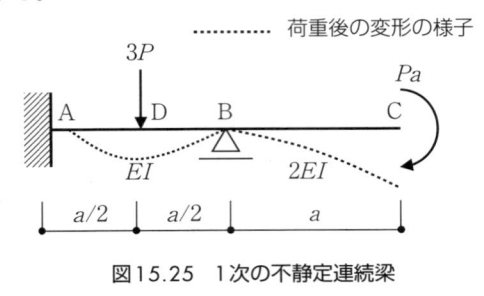

図15.25　1次の不静定連続梁

[問15.3] 図15.26に示す不静定連続梁の反力と応力を，仮想仕事の原理を用いて求め，応力図（M図，Q図）を描きなさい．ただし，梁材の曲げ剛性はEIとする．

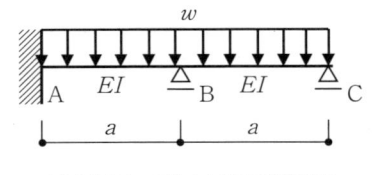

図15.26　2次の不静定連続梁

[問15.4] 図15.27に示す，O点に鉛直荷重$4P$が作用している不静定梁に関する以下の設問に解答しなさい．ただし，AB梁とCD梁の部材長さと曲げ剛性は，それぞれ$2a$，aと$2EI$，EIとする．
(1) AB梁，CD梁が負担する荷重P_{AB}，P_{CD}を求めなさい．
(2) AB梁，CD梁の応力図（Q図，M図）を描きなさい．

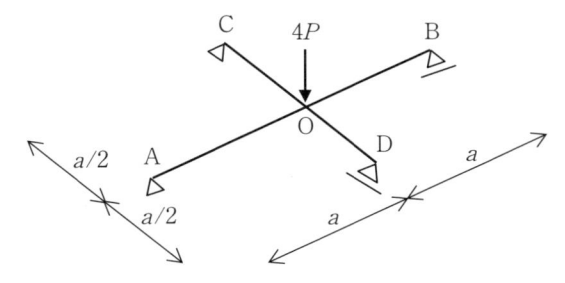

図15.27　特殊な不静定梁

[問15.5] 図15.28に示す，1次の不静定トラスにおけるC点の水平変位量δ_Cを，最小仕事の原理および仮想仕事の原理を用いて求めなさい。ただし，部材の軸剛性はすべてEAとし，余剰力はH_Bとする。

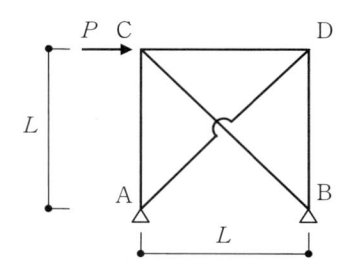

図15.28 1次の不静定トラス

16章　たわみ角法を用いた不静定構造物の解法

16.1 概要

　15章において，不静定梁の反力，応力を求めるために，不静定形を静定形，余剰形に分離し，仮想仕事の原理を用いて，その不静定力（余剰力）は連立方程式（代数方程式）を解くことによって求め，不静定梁の応力図を描いた。15章の解法では，不静定力（余剰力）が多くなると，連立方程式が複雑になり，手計算で求めることに限界が生じてくる。

　本章では，不静定構造物（不静定連続梁，不静定ラーメン構造）の部材応力を算定するために，**変形量**[※1]を未知量として連立方程式を導き，解を求める**変位法**[※2]について解説したい。この変位法の代表が**たわみ角法**[※3]である。

　たわみ角法では，梁，ラーメン構造を線材から構成される部材にモデル化し，部材両端の**回転角**[※4]と部材自体の傾きである**部材角**[※5]の2種類を未知数とし，部材端部のモーメントを定式化する。節点でのモーメントの釣り合い方程式を解くことによって，部材端部の**材端モーメント**[※6]を求める。

　その際，部材の中間に作用する荷重は**固定端モーメント**[※7]して評価され，部材のせん断力は部材の両端の曲げモーメントと中間荷重から算出される。

　このような不静定構造物の解法において，計算過程を簡略化するために，以下の5つの仮定を設定している。
1) 構造物は，部材断面の重心を通る線材でモデル化する。
2) 構造物を構成する一部材の曲げ剛性EIは，全長を通じて一定とする。
3) 変形は微小なものと仮定し，力の釣り合いは変形前の状態を考える。
4) 部材の軸方向力およびせん断力による変形は無視する。
5) 部材の曲げモーメントによる変形のうち，部材の湾曲による材長の変化は無視する。

16.2 材端モーメント，節点角，部材角

　図16.1に示す構造物には，水平荷重P，鉛直荷重Pが作用している。その構造物の一部材を取り出し，図16.2(a)のような応力（反力）が発生していることを考えよう。

　(a)図の両端には，6種類の反力（M_{AB}, M_{BA}, V_A, V_B, H_A, H_B）が生じ，(b)図のように，部材は鉛直，水平方向に移動，変形を生じて釣り合いを保つことになる。この場合，部材端部に発生する材端モーメント，節点角および部材角は，次のように表現できる。

(1) 材端モーメント

　図16.2(b)のAB部材において，モーメント反力M_{AB}, M_{BA}を材端モーメントという。材端モーメントは，部材端部において，外部から部材を曲げようとするモーメントである。ここで，M_{AB}はAB部材のA端に作用しB端に伝達される曲げモーメントで，M_{BA}はそれの逆である。

[※1]: deformation or defection　[※2]: defection method　[※3]: slope defection method
[※4]: rotational angle　[※5]: joint translation angle　[※6]: end moment of member
[※7]: fixed end moment

16章　たわみ角法を用いた不静定構造物の解法

図16.1　不静定構造物

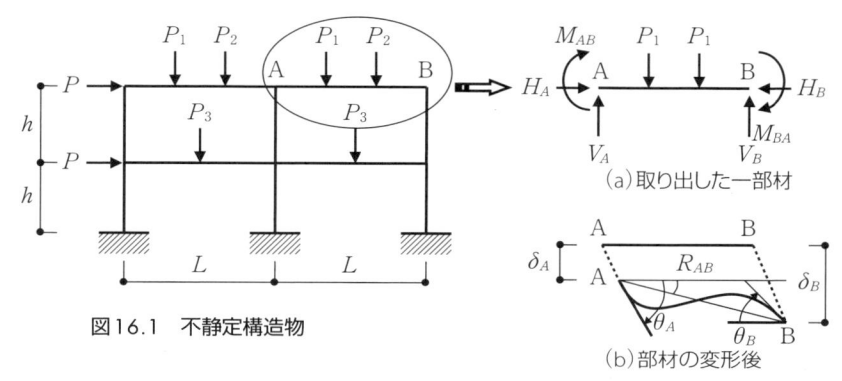

図16.2　取り出した部材の変形と応力

(a) 取り出した一部材

(b) 部材の変形後

(2) 節点角

図16.2(b)のAB部材において，端部の回転角θ_A，θ_Bを節点角という。節点角は，端部に発生する曲げモーメントなどによって，節点が移動もしくは回転する場合，部材の中立軸（水平軸）と変形後の曲線の接線とのなす角である。時計まわりの回転角を正とする。

(3) 部材角

図16.2(b)のように，節点A，Bが移動するとき，R_{AB}をAB部材の部材角という。部材角は一般に，次式のように定義される。部材角は，節点角と同様に，時計まわりを正とする。

$$R_{AB} = \frac{\delta_B - \delta_A}{L} \tag{16.1}$$

16.3 たわみ角法の基本式

16.2節で述べた構造物内の一部材において，釣り合い状態にある部材の外力と変形の関係は，図16.3 (a)のように示される。(a)図を直接，解くことは難しいので，(b)～(d)図に示す3つの要素に分離して考えることにする。ただし，AB部材の曲げ剛性はEIとする。

図16.3より，節点A，Bにおける節点角θ_A，θ_Bは，(b)～(d)図を用いると，次式のように表現できる。

$$\left.\begin{array}{l}\theta_A = \theta_{A1} + \theta_{A2} + R_{AB} \\ \theta_B = \theta_{B1} + \theta_{B2} + R_{AB}\end{array}\right\} \tag{16.2}$$

ここで，θ_{A1}，θ_{B1}を11.3節で学習したモールの定理を用いて求めると，θ_{A1}，θ_{B1}は次式のように与えられる。

$$\left.\begin{array}{l}\theta_{A1}=\dfrac{M_{AB}L}{3EI}-\dfrac{M_{BA}L}{6EI}\\[2mm]\theta_{B1}=\dfrac{M_{AB}L}{6EI}+\dfrac{M_{BA}L}{3EI}\end{array}\right\} \quad (16.3)$$

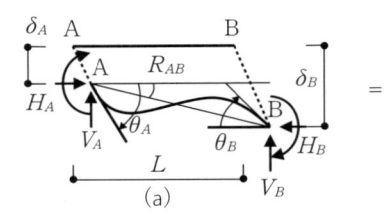

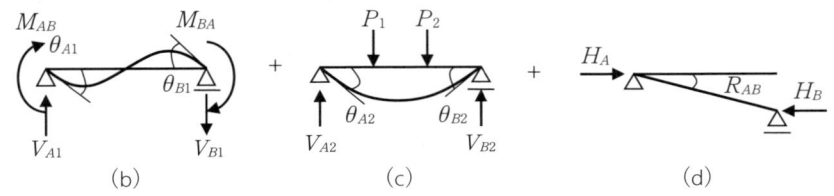

図16.3　梁材の材端モーメント，節点角，部材角の関係

(16.3)式を(16.2)式に代入すると，次式となる．

$$\left.\begin{array}{l}\theta_A=\dfrac{M_{AB}L}{3EI}-\dfrac{M_{BA}L}{6EI}+\theta_{A2}+R_{AB}\\[2mm]\theta_B=\dfrac{M_{AB}L}{6EI}+\dfrac{M_{BA}L}{3EI}+\theta_{B2}+R_{AB}\end{array}\right\} \quad (16.4)$$

ここで，**剛度**[※8]$K(=I/L)$は，部材の断面2次モーメントIを部材長さLで除した値と定義し，(16.4)式に適用すると，次式となる．

$$\left.\begin{array}{l}\theta_A=\dfrac{M_{AB}}{3EK}-\dfrac{M_{BA}}{6EK}+\theta_{A2}+R_B\\[2mm]\theta_B=\dfrac{M_{AB}}{6EK}+\dfrac{M_{BA}}{3EK}+\theta_{B2}+R_{AB}\end{array}\right\} \quad (16.5)$$

(16.5)式をM_{AB}, M_{BA}について解くと，次式となる．

$$\left.\begin{array}{l}M_{AB}=2EK(2\theta_A+\theta_B-3R_{AB})-2EK(2\theta_{A2}+\theta_{B2})\\M_{BA}=2EK(\theta_A+2\theta_B-3R_{AB})-2EK(\theta_{A2}+2\theta_{B2})\end{array}\right\} \quad (16.6)$$

ここで，(16.6)式を少し簡略化するために，**剛比**[※9]kの概念を導入する．剛比kは，対象となる部材の剛度Kを，任意の部材の剛度(**標準剛度**[※10])$\overline{K}$を除した値である．

$$k=\dfrac{K}{\overline{K}} \quad (16.7)$$

[※8]：relative stiffness　　[※9]：relative stiffness ratio　　[※10]：standard stiffness

(16.7)式を(16.6)式に代入し整理すると，次式となる。

$$\left.\begin{array}{l} M_{AB} = 2E\overline{K}k(2\theta_A + \theta_B - 3R_{AB}) - 2E\overline{K}k(2\theta_{A2} + \theta_{B2}) \\ M_{BA} = 2E\overline{K}k(\theta_A + 2\theta_B - 3R_{AB}) - 2E\overline{K}k(\theta_{A2} + 2\theta_{B2}) \end{array}\right\} \quad (16.8)$$

(16.8)式中の右辺第2項は，図16.3(c)のように，中間荷重が定まれば求められる項で，**荷重項**[※11]という。

$$\left.\begin{array}{l} C_{AB} = -2E\overline{K}k(2\theta_{A2} + \theta_{B2}) \\ C_{BA} = -2E\overline{K}k(\theta_{A2} + 2\theta_{B2}) \end{array}\right\} \quad (16.9)$$

また，(16.8)式において，式の簡略化のために，$\phi_A = 2E\overline{K}\theta_A$，$\phi_B = 2E\overline{K}\theta_B$，$\psi_{AB} = -6E\overline{K}R_{AB}$とおき，(16.9)式より次式を得る。(16.10)式は一般に，**たわみ角法の基本式**という。

$$\left.\begin{array}{l} M_{AB} = k(2\phi_A + \phi_B + \psi_{AB}) + C_{AB} \\ M_{BA} = k(\phi_A + 2\phi_B + \psi_{AB}) + C_{BA} \end{array}\right\} \quad (16.10)$$

ここで，(16.10)式中のϕ_A，ϕ_B，ψ_{AB}は，それぞれAB部材の両端の回転角，部材角に相当する曲げモーメントを意味している。

次に，(16.9)式に示した荷重項に関する計算例を紹介する。

例題 16.1 集中荷重が作用した場合の荷重項

図16.4は，C点に集中荷重Pが作用している単純梁である。この単純梁の荷重項C_{AB}, C_{BA}をそれぞれ求める。

[解説]

図16.4より，A，B点の回転角θ_{A2}，θ_{B2}は，モールの定理や13.3節の仮想仕事の原理を用いて求めると，

$$\theta_{A2} = \frac{PL^3}{16EI}, \quad \theta_{B2} = \frac{PL^3}{16EI} \text{ となる。}$$

図16.4 中間荷重として集中荷重が作用した場合の荷重項

ここで，(16.9)式に代入すると，荷重項C_{AB}, C_{BA}は次式となる。

$$\left.\begin{array}{l} C_{AB} = -2E\overline{K}k(2\theta_{A2} + \theta_{B2}) = -2E\dfrac{I}{L} \times 1 \times \left(\dfrac{PL^2}{8EI} - \dfrac{PL^2}{16EI}\right) = -\dfrac{PL}{8} \\ C_{BA} = -2E\overline{K}k(\theta_{A2} + 2\theta_{B2}) = -2E\dfrac{I}{L} \times 1 \times \left(\dfrac{PL^2}{16EI} - \dfrac{PL^2}{8EI}\right) = \dfrac{PL}{8} \end{array}\right\} \quad (16.11)$$

例題 16.2 等分布荷重が作用した場合の荷重項

図16.5は，等分布荷重wが作用している単純梁である。この単純梁の荷重項C_{AB}, C_{BA}をそれぞれ求める。

[解説]

図16.5より，A，B点の回転角θ_{A2}，θ_{B2}は，モールの

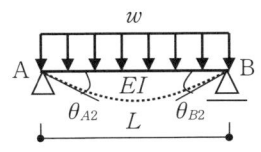

図16.5 中間荷重として等分布荷重が作用した場合の荷重項

※11：form factor

定理や13.3節の仮想仕事の原理を用いて求めると,

$$\theta_{A2} = \frac{wL^3}{24EI}, \quad \theta_{B2} = \frac{wL^3}{24EI} \text{ となる。}$$

ここで，(16.9)式に代入すると，荷重項C_{AB}, C_{BA}は次式となる。

$$C_{AB} = -2E\overline{K}k(2\theta_{A2}+\theta_{B2}) = -2E\frac{I}{L}\times 1 \times \left(\frac{wL^3}{12EI} - \frac{PL^3}{24EI}\right) = -\frac{wL^2}{12}$$

$$C_{BA} = -2E\overline{K}k(\theta_{A2}+2\theta_{B2}) = -2E\frac{I}{L}\times 1 \times \left(\frac{wL^3}{24EI} - \frac{wL^3}{12EI}\right) = \frac{wL^2}{12} \quad (16.12)$$

荷重項の計算は，本章で学習することにより，17章で学習する固定モーメント法でも使用できるので，この機会に是非，理解されることを望みたい。

次に，本節のたわみ角法の基本式を利用した数値計算例を紹介する。

例題 16.3　1次の不静定梁

図16.6に示す，C点に集中荷重Pが作用する1次の不静定梁の応力図を描きなさい。不静定梁の曲げ剛性はEIとする。ただし，水平外力が生じない場合は，N図を省略してもよい。

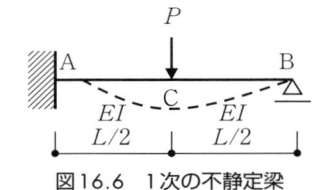

図16.6　1次の不静定梁

[解説]

図16.6より，AB材の剛比をkとし，A, B点の材端モーメントM_{AB}, M_{BA}をたわみ角法の基本式（16.10）式により導くと，次式となる。なお，A点は固定端で回転角$\theta_A = 0$，部材角R_{AB}に相当する曲げモーメント$\psi_{AB} = 0$で，荷重項$C_{AB} = -PL/8 = -C_{BA}$となる。

$$M_{AB} = k(2\times 0 + \phi_B + 0) - \frac{PL}{8} \quad (16.13)$$

$$M_{BA} = k(1\times 0 + 2\phi_B + 0) + \frac{PL}{8} = 0 \quad (16.14)$$

（B点がローラー支点のため，材端モーメント = 0）

(16.14)式より，$\phi_B = \frac{1}{2k} \times \frac{PL}{8}$となり，(16.13)式に代入すると，次式となる。

$$M_{AB} = -\frac{3}{16}PL, \quad M_{BA} = 0 \quad (16.15)$$

ここで，(16.13)式をもとに図16.7の反力図を描き，力の釣り合い条件式より鉛直反力V_A, V_Bを求める。

$$\Sigma Y = 0 : V_A + V_B = P$$

$$\Sigma M_A = 0 : -\frac{3PL}{16} - V_B L + \frac{PL}{2} = 0 \quad (16.16)$$

$$\therefore V_B = \frac{5P}{16}, \quad V_A = \frac{11P}{16}$$

図16.7　1次の不静定梁の反力図

次に、図16.6の1次の不静定梁の応力図（M図、Q図）を描くと、**図16.8**となる。

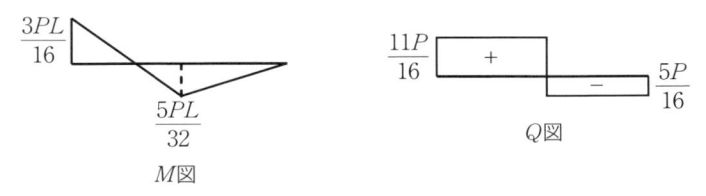

図16.8　1次の不静定梁の応力図（M図とQ図）

例題 16.4　3次の不静定梁

図16.9に示す等分布荷重wが作用している3次の不静定梁の応力図を描きなさい。不静定梁の曲げ剛性はEIとする。ただし、水平外力が生じない場合は、N図を省略してもよい。

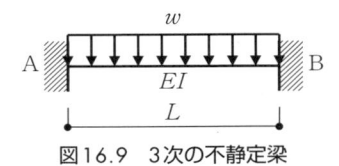

図16.9　3次の不静定梁

[解説]

図16.9より、AB材の剛比をkとし、A、B点の材端モーメントM_{AB}、M_{BA}をたわみ角法の基本式（16.10）式により導くと、次式となる。なお、A、B点は固定端でA点、B点の回転角は$\theta_A = 0$、$\theta_B = 0$、AB材の部材角に相当する曲げモーメント$\psi_{AB} = 0$で、荷重項は$C_{AB} = -wL^2/12 = -C_{BA}$となる。

$$M_{AB} = k(2 \times 0 + 1 \times 0 + 0) - \frac{wL^2}{12} \tag{16.17}$$

$$M_{BA} = k(1 \times 0 + 2 \times 0 + 0) + \frac{wL^2}{12} \tag{16.18}$$

（16.17）、（16.18）式より、AB材の材端モーメントM_{AB}、M_{BA}は、それぞれ$-\frac{wL^2}{12}$、$\frac{wL^2}{12}$となる。

ここで、**図16.10**に示す反力図を描き、力の釣り合い条件式より、鉛直反力V_A、V_Bを求めると、次のようになる。

$$V_A = V_B = \frac{wL}{2}$$

図16.10　3次の不静定梁の反力図

次に、図16.7の3次の不静定梁の応力図（M図、Q図）を描くと、**図16.11**となる。

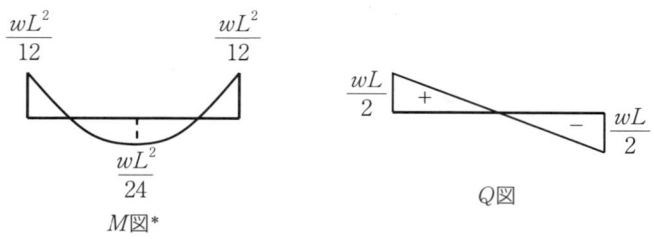

図16.11　3次の不静定梁の応力図（M図とQ図）

＊部材中央下端の曲げモーメントの算出方法

不静定梁のM図を図16.12に示す2つに分離し，中央下端の曲げモーメントを求めるほうが簡単である。

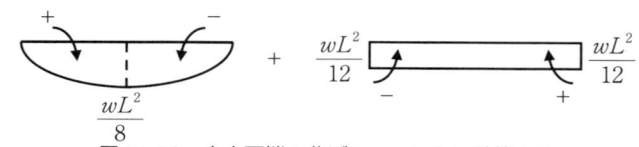

図16.12　中央下端の曲げモーメントの計算方法

$$M_{AB(中)} = \frac{wL^2}{8} - \frac{wL^2}{12} = \frac{wL^2}{24}$$

16.4 節点方程式

剛接点において，図16.13に示すように外力が作用した場合，各部材は相互の角度を保ったまま回転するので，各部材は同じ量だけ回転する。つまり，回転角は節点には一つであり，各節点には一つの未知量（回転角）が存在する。

節点に外力モーメントが作用する場合（図16.13）には，力の釣り合い条件式から，次式のような1次方程式が成り立つ。これを**節点方程式**[※12]という。

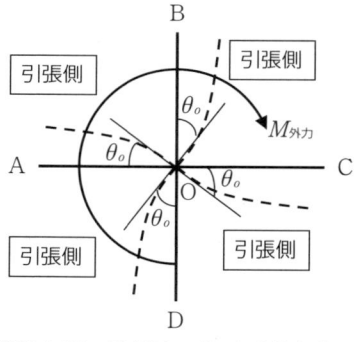

図16.13　節点モーメントの釣り合い

$$M_{OA} + M_{OB} + M_{OC} + M_{OD} = M_{外力} \tag{16.19}$$

一方，節点に外力モーメントが作用しない場合は，節点間でモーメントが釣り合うことになり，次式となる。

$$M_{OA} + M_{OB} + M_{OC} + M_{OD} = 0 \tag{16.20}$$

図16.13において，部材がどのように変形するか（引張側）を描くことによって，曲げモーメント図の方向が理解できる。

※12：joint equilibrium moment equation

16章　たわみ角法を用いた不静定構造物の解法

例題 16.5　節点が移動しない不静定連続梁

図16.14に示すように，等分布荷重wを受けるAB材と荷重を受けないBC材の不静定連続梁の応力図を，たわみ角法を用いて描きなさい。ただし，AB材，BC材の曲げ剛性を，ともにEIとする。なお，図中の点線は，荷重後の部材の変形の概略図を示している。

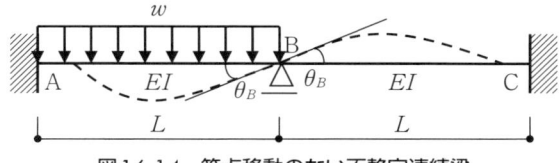

図16.14　節点移動のない不静定連続梁

[解説]

1) 剛度，剛比の計算

AB材，BC材とも，曲げ剛性および部材長がEI，Lなので，剛度$K_{AB} = K_{BC} = I/L$は同じとなる。

一方，剛比は，AB材を基準とすると，剛比$k_{AB} = k_{BC}$は，それぞれ1となる。

2) 基本式および節点方程式

$$\left. \begin{array}{l} M_{AB} = 1 \times (2 \times 0 + \phi_B + 0) - \dfrac{wL^2}{12} \\[4pt] M_{BA} = 1 \times (1 \times 0 + 2\phi_B + 0) + \dfrac{wL^2}{12} \\[4pt] M_{BC} = 1 \times (2\phi_B + 1 \times 0 + 0) \\[4pt] M_{CB} = 1 \times (\phi_B + 2 \times 0 + 0) \end{array} \right\} \quad (16.21)$$

B点での節点方程式は，次式となる。

$$M_{BA} + M_{BC} = 0 \leftrightarrow 4\phi_B + \frac{wL^2}{12} = 0 \quad (16.22)$$

(16.22)式より，$\phi_B = -\dfrac{wL^2}{48}$となり，(16.19)式に代入すると，各両端の材端モーメントが求まる。

$$M_{AB} = -\frac{5wL^2}{48}, \quad M_{BA} = \frac{wL^2}{24}, \quad M_{BC} = -\frac{wL^2}{24}, \quad M_{CB} = -\frac{wL^2}{48} \quad (16.23)$$

3) 応力図

AB材の中央下端のモーメント$M_{AB(中)}$は，次式のように求められる。

$$M_{AB(中)} = \frac{wL^2}{8} - \frac{1}{2}\left(\frac{5wL^2}{48} - \frac{wL^2}{24}\right) = \frac{5wL^2}{96} \quad (16.24)$$

AB材の左端，右端のせん断力（$_左Q_{AB}$，$_右Q_{AB}$）および，BC材のせん断力（Q_{BC}）は，M図を利用して求める。

$$\left.\begin{array}{l}{}_{左}Q_{AB} = \frac{wL}{2} + \frac{\left(\frac{5wL^2}{48} - \frac{wL^2}{24}\right)}{L} = \frac{9wL}{16}\\[2mm] {}_{右}Q_{AB} = -\frac{wL}{2} + \frac{\left(\frac{5wL^2}{48} - \frac{wL^2}{24}\right)}{L} = -\frac{7wL}{16}\\[2mm] Q_{BC} = \frac{\left(\frac{wL^2}{24} + \frac{wL^2}{48}\right)}{L} = \frac{wL}{16}\end{array}\right\} \quad (16.25)$$

次に，材端モーメントをもとに，図16.14の不静定連続梁の応力図（M図とQ図）を描くと，**図16.15**となる。

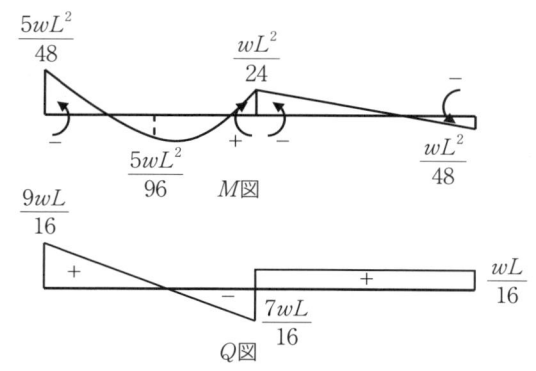

図16.15　不静定連続梁の応力図（M図とQ図）

【注意しておきたいポイント】　不静定梁の曲げモーメントとせん断力の算出

不静定梁の応力図を描くことは難しいように思えるが，今まで学習した静定系の問題の応用として考えれば理解できる。ここでは，不静定梁のM図をもとに，梁材のせん断力を求める方法を紹介する。

図16.16に，2次曲線型の曲げモーメント図が得られたとする。この図を利用して，梁の両端のせん断力を求める。

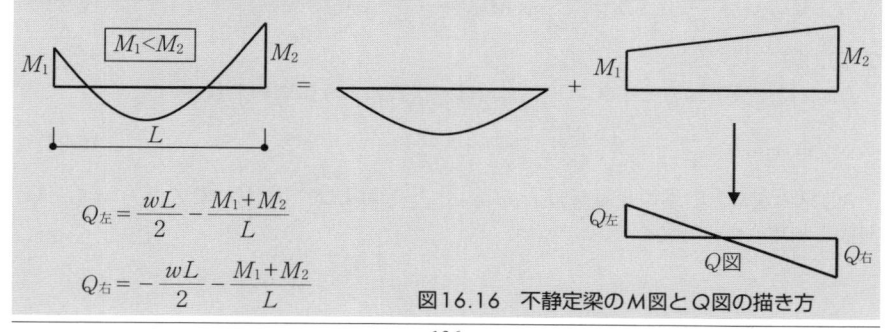

$$Q_{左} = \frac{wL}{2} - \frac{M_1 + M_2}{L}$$

$$Q_{右} = -\frac{wL}{2} - \frac{M_1 + M_2}{L}$$

図16.16　不静定梁のM図とQ図の描き方

例題 16.6 節点が移動しない不静定ラーメン

図16.17に示すように、D点に集中荷重Pを受ける不静定ラーメンの応力図（M図, Q図, N図）を描きなさい。ただし、AB材、BC材の曲げ剛性はEIとする。

[解説]

1) 剛度、剛比の計算

AB材、BC材とも、曲げ剛性がEI、部材長さはLで同じであるので、剛度$K_{AB} = K_{BC} = I/L$となり、AB材を基準とすると、各剛比$k_{AB} = k_{BC} = 1$となる。

2) 基本式および節点方程式

荷重項 $C_{AB} = -\dfrac{PL}{8} = -C_{BA}$

基本式：

$$\left. \begin{aligned} M_{AB} &= 1 \times (2 \times 0 + \phi_B + 0) - \frac{PL}{8} \\ M_{BA} &= 1 \times (1 \times 0 + 2\phi_B + 0) + \frac{PL}{8} \\ M_{BC} &= 1 \times (2\phi_B + 1 \times 0 + 0) \\ M_{CB} &= 1 \times (\phi_B + 2 \times 0 + 0) \end{aligned} \right\} \tag{16.26}$$

B点での節点方程式：

$$M_{BA} + M_{BC} = 0 \leftrightarrow 4\phi_B + \frac{PL}{8} = 0 \tag{16.27}$$

$\phi_B = -\dfrac{PL}{32}$ を(16.26)式に代入すると、各部材の材端モーメントが求まる。

$$M_{AB} = -\frac{5PL}{32}, \quad M_{BA} = \frac{PL}{16}, \quad M_{BC} = -\frac{PL}{16}, \quad M_{CB} = -\frac{PL}{32} \tag{16.28}$$

3) 応力図

AB材のD点の曲げモーメントは、$M_D = \dfrac{PL}{4} - \left(\dfrac{5PL}{32} + \dfrac{PL}{16}\right)/2 = \dfrac{9PL}{64}$ となる。

AD材、DB材、BC材のせん断力Q_{AD}, Q_{DB}, Q_{BC}は、以下のようになる。

$$Q_{AD} = \frac{\dfrac{5PL}{32} + \dfrac{9PL}{64}}{L/2} = \frac{19P}{32}$$

$$Q_{DB} = \frac{\dfrac{9PL}{64} + \dfrac{PL}{16}}{L/2} = \frac{13P}{32}$$

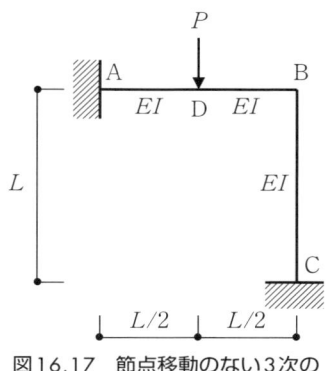

図16.17 節点移動のない3次の不静定ラーメン

$$Q_{BC} = \frac{\frac{PL}{16} + \frac{PL}{32}}{L} = \frac{3P}{32} \tag{16.29}$$

次に，2)で得られた各部材の材端モーメント，せん断力をもとにM図，Q図，N図を描くと，**図16.18**となる．

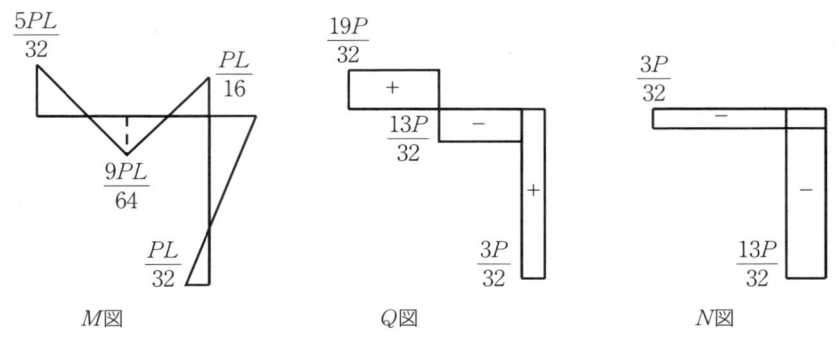

図16.18 3次の不静定ラーメンの応力図（M図，Q図，N図）

━━━━━━━━━━━━ 16章 演習問題－1 ━━━━━━━━━━━━

[問16.1] 図16.19に示す不静定梁の応力をたわみ角法により求め，応力図（M図，Q図）を描きなさい．ただし，各部材のせん断力は，M図より求めなさい．

(1) 2次の不静定

(2) 5次の不静定

(3) 5次の不静定

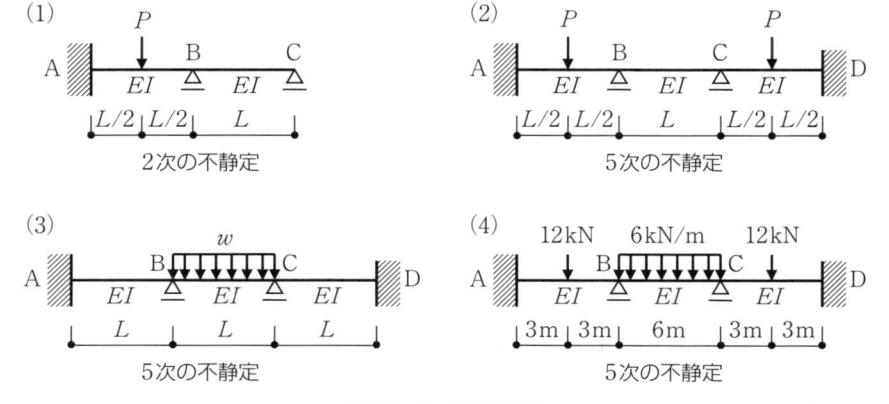

(4) 5次の不静定

図16.19 不静定梁

[問16.2] 図16.20に示す不静定ラーメンの応力をたわみ角法により求め，応力図(M図，Q図，N図)を描きなさい。ただし，各部材のせん断力，軸方向力は，それぞれM図およびQ図より求めなさい。

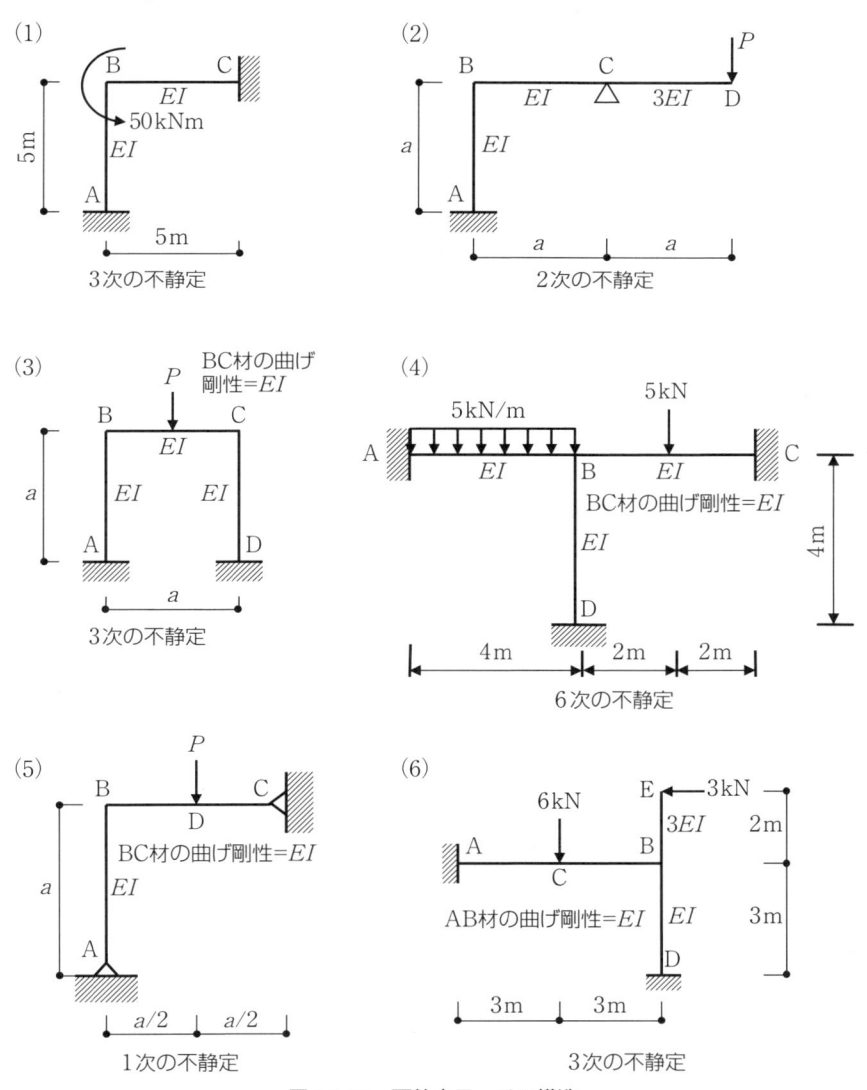

(1) 3次の不静定

(2) 2次の不静定

(3) 3次の不静定

(4) 6次の不静定

(5) 1次の不静定

(6) 3次の不静定

図16.20 不静定ラーメン構造

16.5 等価剛比，分割率，到達率

図16.21(a)のように，断面が一様で，節点が移動せず中間荷重が作用しないAB部材のA端に，材端モーメントM_{AB}を作用させた場合，(b)図に示すように，B端に材端モーメントM_{BA}が生じたとする．16.3節で学習した基本式を誘導し，**等価剛比**[13]，**到達率**[14]を示す．

$$\left. \begin{array}{l} M_{AB} = k(2\phi_A + \phi_B) \\ M_{BA} = k(\phi_A + 2\phi_B) = mM_{AB} \end{array} \right\} \quad (16.30)$$

ここで，mは到達率である．

(16.30)式からϕ_Bを消去しϕ_Aを求めると，次式となる．

$$\phi_A = \frac{2M_{AB} - M_{BA}}{3k} = \frac{2-m}{3k} \times M_{AB} \quad (16.31)$$

(16.31)式より，M_{AB}で表現すると，次式となる．

$$M_{AB} = \frac{3k}{2 \times (2-m)} \times (2\phi_A) = \bar{k}\phi_A \quad (16.32)$$

ここで，$\bar{k}(=\alpha k)$は**等価剛比**と呼び，αを**等価剛比係数**[15]と呼ぶ．

表16.1に等価剛比の一覧を示す．

図16.21 モーメントの到達

表16.1 等価剛比

支点の状況	曲げモーメント分布	m	α	$\bar{k}$
B端がピン		0	0.75	$0.75k$
B端が固定端		0.5	1.0	k

図16.22のような不静定ラーメンに，O点にモーメント荷重Mが作用した場合，各部材にどのように分割，分配されるかを等価剛比の概念を利用し，分割率を示す．

等価剛比の概念を利用して，基本式を誘導すると，次式のように表現できる．

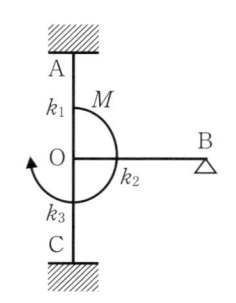

$$\left. \begin{array}{l} M_{OA} = \bar{k}_1 \times 2\phi_0 \\ M_{OB} = \bar{k}_2 \times 2\phi_0 \\ M_{OC} = \bar{k}_3 \times 2\phi_0 \end{array} \right\} \quad (16.33)$$

図16.22 等価剛比を用いた不静定ラーメン

※13：equivalent stiffness ration　　※14：carry over factor
※15：coefficient of equivalent stiffness ration

次に、O点での節点方程式は、次式のようになる。

$$M_{OA} + M_{OB} + M_{OC} = M$$
$$\leftrightarrow (\bar{k}_1 + \bar{k}_2 + \bar{k}_3) \times 2\phi_0 = M \tag{16.34}$$
$$\leftrightarrow 2\phi_0 = \frac{M}{\bar{k}_1 + \bar{k}_2 + \bar{k}_3}$$

(16.34)式を(16.33)式に代入すると、分割モーメント M_{OA}, M_{OB}, M_{OC} は、それぞれ次のようになる。

$$\left. \begin{array}{l} M_{OA} = \dfrac{\bar{k}_1}{\bar{k}_1 + \bar{k}_2 + \bar{k}_3} M = \dfrac{\bar{k}_1}{\sum \bar{k}} M \\[2mm] M_{OB} = \dfrac{\bar{k}_2}{\bar{k}_1 + \bar{k}_2 + \bar{k}_3} M = \dfrac{\bar{k}_2}{\sum \bar{k}} M \\[2mm] M_{OC} = \dfrac{\bar{k}_3}{\bar{k}_1 + \bar{k}_2 + \bar{k}_3} M = \dfrac{\bar{k}_3}{\sum \bar{k}} M \end{array} \right\} \tag{16.35}$$

ここで、$\bar{k}_1 / \sum \bar{k}$ は**分割率**[※16]と呼ぶ。

例題 16.7 等価剛比を用いた不静定ラーメン

図16.23に示す、不静定ラーメンのO点に35kNmのモーメント荷重が作用している。次の設問に解答しなさい。
(1) 各部材の等価剛比 $\bar{k}_{OA}$, $\bar{k}_{OB}$, $\bar{k}_{OC}$ を求めなさい。
(2) 各部材の分割モーメント M_{OA}, M_{OB}, M_{OC} を求めなさい。
(3) 各部材の到達モーメント M_{AO}, M_{BO}, M_{CO} を求めなさい。

[解説]
(1) 各部材の剛度、剛比を求めると、次の値となる。

$$剛度\ K_{OA} = K_{OB} = \frac{1}{L}, \quad K_{OC} = \frac{2I}{L} \tag{16.36}$$

OA材を基準とすると、各剛比は次のようになる。

$$剛比\ \bar{k}_{OA} = \bar{k}_{OB} = 1, \quad \bar{k}_{OC} = 2 \tag{16.37}$$

A, B点が固定端、C点がピン支点に注意すると、各部材の等価剛比は次の値となる。

$$等価剛比\ \bar{k}_{OA} = \bar{k}_{OB} = 1, \quad \bar{k}_{OC} = 0.75 \times 2 = 1.5 \tag{16.38}$$

(2) 等価剛比の和を $\sum \bar{k}$ とすると、$\sum \bar{k} = 3.5$ となる。
各部材の分割モーメントは、次のようになる。

$$M_{OA} = M_{OB} = \frac{1}{3.5} \times 35 = 10\,\mathrm{kNm}, \quad M_{OC} = \frac{1.5}{3.5} \times 35 = 15\,\mathrm{kNm} \tag{16.39}$$

(3) 上記(2)と同様にA, B点が固定支点(固定端)、C点がピン支点に注意すると、他端

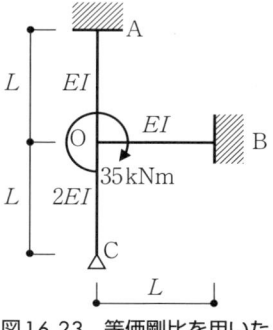

図16.23 等価剛比を用いた不静定ラーメン

[※16]: distribution factor

への到達率は固定支点(固定端)の場合，$m=0.5$ で，ピン支点の場合，$m=0$ となる。
$$M_{OA}=M_{OB}=10\times 0.5=5\,\text{kNm},\ M_{OC}=0\,\text{kNm} \tag{16.40}$$

16.6 層方程式

前節までは，節点が移動しない不静定連続梁，ラーメンの解法について述べたが，本節では，節点が移動する不静定ラーメンの解法について述べる。

不静定ラーメンに水平力が作用すると，柱にせん断力が生じて，柱が水平方向に移動する。その際，柱には部材角 R が生じる。その部材角 R を求めるために，水平力に対する層せん断力の釣り合い式(層方程式)を誘導する。柱の伸縮により，梁にも部材角が生じているが，低層の建物ではその影響が少ないと仮定し，梁の部材角は $R=0$ としても構わない。

図16.24のような2層骨組に水平力が作用した場合，各柱は水平方向に移動し，各部材角 R_i が生じる。節点の水平変位は，剛床仮定が成り立つ場合，次式のように各層の節点変位は同じである。

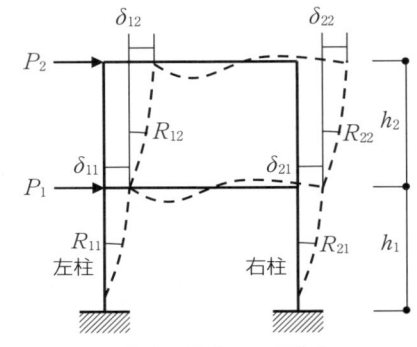

図16.24 節点が移動する不静定ラーメン

$$\left.\begin{array}{l}\delta_{11}=\delta_{21}+\delta_1\\ \delta_{12}=\delta_{22}+\delta_2\end{array}\right\} \tag{16.41}$$

各柱の部材角 R_{ij} は，(16.41)式より次式のように表現できる。ここで，添え字の i, j はそれぞれ，柱番号と階数を示す。

$$\left.\begin{array}{l}R_{11}=\delta_{11}/h_1=R_{21}=\delta_{21}/h_1=R_1\\ R_{12}=\delta_{12}/h_2=R_{22}=\delta_{22}/h_2=R_2\end{array}\right\} \tag{16.42}$$

ここで，水平力と層せん断力の釣り合いについて，図16.24を用いて説明する。2階の左，右柱の層せん断力の和を Q_2 とすると，Q_2 は水平力 P_2 を用いて，次式のように表現できる。一方，1階の両柱の層せん断力 Q_1 は，2階と同様に，次式のように与えられる。

$$Q_2=P_2,\ Q_1=P_1+P_2 \tag{16.43}$$

(16.43)式より，一般に n 層のL層スパンのラーメン構造の場合は，次式のように与えられる。

$$\sum_{k=1}^{L}{}_kQ_i=\sum_{j=i}^{n}P_j \tag{16.44}$$

つまり，任意層より上部に作用する水平力の合計が，その層の柱のせん断力の総和に等しいことを意味する。

16章 たわみ角法を用いた不静定構造物の解法

図16.25は，柱の曲げモーメントとせん断力の関係を描いた図である。同図より，柱のせん断力と曲げモーメントの関係は，次式のように表現できる。

$$_iQ_c = -\frac{M_上 + M_下}{h_i} \quad (16.45)$$

(16.45)式を層全体に拡張すると次式となり，これが**層方程式**[※17]にたわみ角法の基本式，節点方程式を連立させ，柱の部材角R_iを算出する。

$$\sum (M_上 + M_下) + Q \times h = 0 \quad (16.46)$$

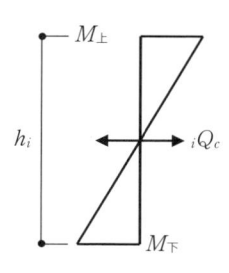

図16.25 柱の曲げモーメントとせん断力の関係

例題 16.8　節点が移動する3次の不静定ラーメン

図16.26に示すように，B点に水平荷重Pを受ける1層1スパンの不静定ラーメンの応力図(M図，Q図，N図)を描きなさい。ただし，各部材の曲げ剛性は，図中に示している。

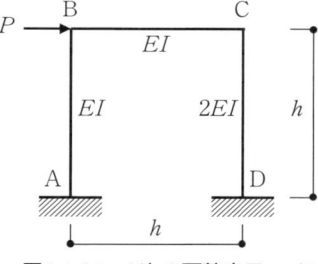

図16.26 3次の不静定ラーメン

[解説]
1) 剛比の計算

図16.26より，柱AB材，CD材，梁BC材の各部材長さはhと同じであるため，各部材の剛度を求めると，$K_{AB} = K_{BC} = I/L$，$K_{CD} = 2I/L$となる。

ここで，基準剛度をK_{AB}とし，各部材の剛比はそれぞれAB材とBC材が$k_{AB} = k_{BC} = 1$，CD材が$k_{CD} = 2$となる。

2) 基本式

16.3節の(16.10)式をもとに，柱AB材，梁BC材，柱CD材の材端モーメントを求めると，次式となる。

$$\left.\begin{aligned}
M_{AB} &= 1 \times (2 \times 0 + \phi_B + \psi) = \phi_B + \psi \\
M_{BA} &= 2\phi_B + \psi \\
M_{BC} &= 2\phi_B + \phi_C \\
M_{CB} &= \phi_B + 2\phi_C \\
M_{CD} &= 2 \times (2\phi_C + 0 + \psi) = 4\phi_C + 2\psi \\
M_{DC} &= 2\phi_C + 2\psi
\end{aligned}\right\} \quad (16.47)$$

ここで，ϕ_B，ϕ_C，ψはそれぞれB，C点での回転角に関するモーメント，AB材，BC材の部材角に関するモーメントである。

3) 節点方程式と層方程式

2)の基本式をもとに，B，C点での節点方程式および部材角に関するモーメントψを求めるために層方程式を誘導する。

B点およびC点の節点方程式は，(16.48)式と(16.49)式となる。

※17：story shearing equation

B点：$M_{BA}+M_{BC}=0：4\phi_B+\phi_C+\psi=0$ (16.48)

C点：$M_{CB}+M_{CD}=0：\phi_B+6\phi_C+2\psi=0$ (16.49)

柱AB材，CD材に関する層方程式は，次式となる。

$M_{AB}+M_{BA}+M_{DC}+M_{CD}=-Ph \leftrightarrow 3\phi_B+6\phi_C+6\psi=-Ph$ (16.50)

(16.48),(16.49)式より，ψを消すと，ϕ_Bとϕ_Cの関係は，$\phi_B=\dfrac{4}{7}\phi_C$となり，これを(16.48)式に代入して整理すると，ϕ_B，ϕ_Cはそれぞれ次のようになる。

$$\phi_B=-\frac{4}{23}\psi, \quad \phi_C=-\frac{7}{23}\psi \tag{16.51}$$

さらに，これを (16.50) 式の層方程式に代入すると，部材角モーメントψが，$\psi=-23Ph/84$となる。

よって，B点，C点の節点角に関するモーメントϕ_B，ϕ_Cは，それぞれ次のようになる。

$$\phi_B=-\frac{4}{23}\times\left(-\frac{23Ph}{84}\right)=\frac{4}{84}Ph, \quad \phi_C=-\frac{7}{23}\times\left(-\frac{23Ph}{84}\right)=\frac{7}{84}Ph \tag{16.52}$$

各部材の材端モーメントは，最終的に次の値となる。

$$M_{AB}=-\frac{19}{84}Ph, \quad M_{BA}=-\frac{15}{84}Ph, \quad M_{BC}=\frac{15}{84}Ph,$$

$$M_{CB}=\frac{18}{84}Ph, \quad M_{CD}=-\frac{18}{84}Ph, \quad M_{DC}=-\frac{32}{84}Ph \tag{16.53}$$

4) 応力図

3)の結果を用いて，図16.26の応力図（M図，Q図，N図）を描くと，**図16.27**となる。

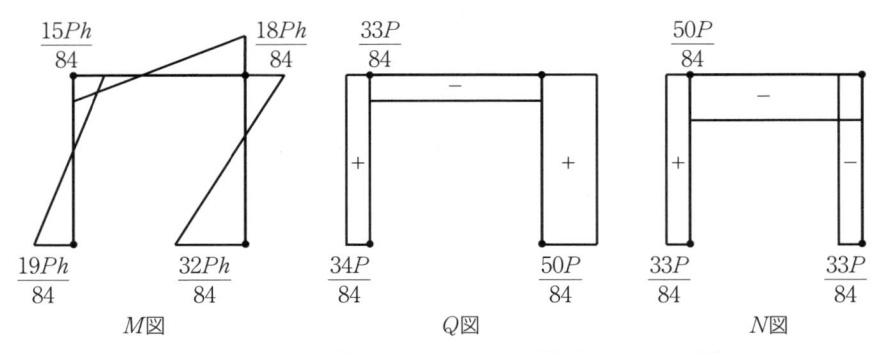

図16.27　3次の不静定ラーメンの応力図（M図，Q図，N図）

16章 演習問題 − 2

[問16.3] 図16.28に示す不静定ラーメン構造の応力をたわみ角法で解き，応力図（M図，Q図，N図）を描きなさい。図中の鉛直部材の右側あるいは左側，水平部材の上側あるいは下側に剛比を示している。

(1)

(2)

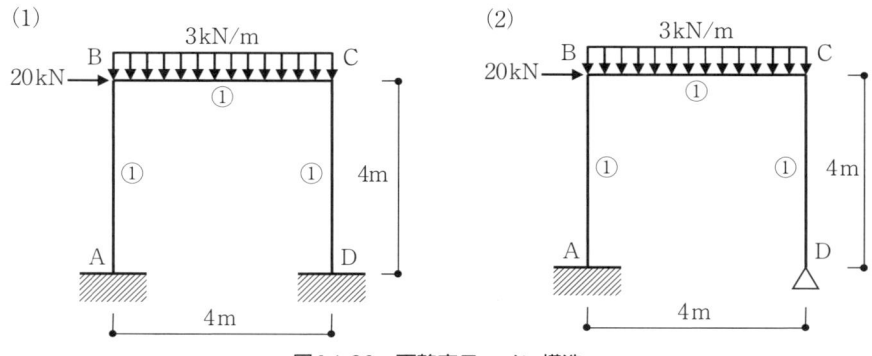

図16.28 不静定ラーメン構造

[問16.4] 図16.29に示す不静定ラーメンにおけるO点に反時計まわりの曲げモーメント42kNmが作用している。以下の設問に解答しなさい。ただし，OA材，OB材，OC材の剛比は，図中の下側，右側の数値を用いていること。
(1) OA材，OB材，OC材の等価剛比$\bar{k}_{OA}$, $\bar{k}_{OB}$, $\bar{k}_{OC}$をそれぞれ求めなさい。
(2) OA材，OB材，OC材の分割モーメントM_{OA}, M_{OB}, M_{OC}をそれぞれ求めなさい。
(3) OA材，OB材，OC材の到達モーメントM_{AO}, M_{BO}, M_{CO}をそれぞれ求めなさい。
(4) 上記(2), (3)の計算結果をもとに，図16.29の応力図（M図，Q図，N図），反力図を描きなさい。

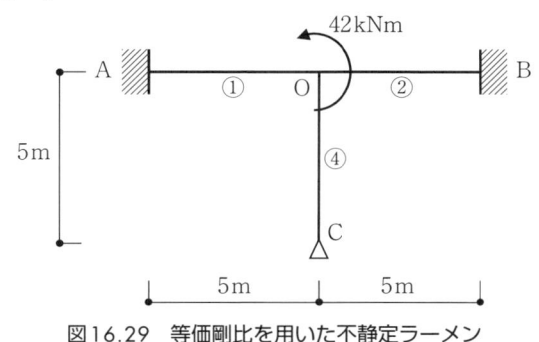

図16.29 等価剛比を用いた不静定ラーメン

17章　固定モーメント法を用いた不静定構造物の解法

17.1 概要

　16章では，不静定梁，不静定連続梁，不静定ラーメン構造の反力および応力を求める解法の一つである，たわみ角法を学習した。不静定部材の変形（節点角，部材角）に着目し，多次元の連立方程式を解くことによって，この節点角，部材角を求めることが可能である。より複雑な不静定構造物の応力を数学的に正確に求める解法である。

　一方，本章で学習する固定モーメント法は，1930年，アメリカのH.Cross教授によって提案された不静定連続梁，不静定ラーメン構造の応力を，図解式の漸近的計算法により直接求めることができる解法である。一般に固定モーメント法[※1]は固定法[※2]あるいはモーメント分配法[※3]と呼ばれることもある。固定モーメント法は，17.2節以降で解法の理論，例題を通じてしっかりと解説したいと思うが，固定モーメント法は，図式解法であるために，たわみ角法の近似解法と位置づけてほしい。

17.2 固定モーメント法の原理

　ここでは，節点が移動しない不静定連続梁を例題に，固定モーメント法の原理を説明する。

　図17.1は，等分布荷重 w を受けるAB材と，集中荷重 P を受けるBC材で構成される4次の不静定連続梁である。ただし，AB材，BC材の剛比は，それぞれ k_{AB}, k_{BC} とする。

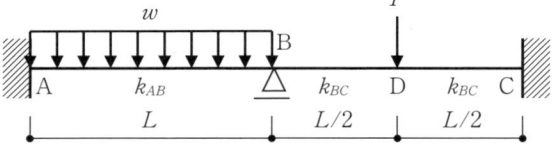

図17.1　4次の不静定連続梁

　固定モーメント法では，図17.1より，

① B点を固定端[※4]として考え，AB材，BC材の曲げモーメント図（M図）を描いてみる。その M 図が図17.2 (a) となる。節点Bでは，両端の曲げモーメントの値が一致せず，不釣り合いモーメント[※5]（$\overline{M}_B = C_{BA} - C_{BC}$）が存在する。

② この不釣り合いモーメントを図17.2 (b) のように，B点に $-\overline{M}_B$ の曲げモーメント，つまり解放モーメント[※6]として作用させ，曲げモーメント図（M図）を描いてみる。その M 図が図17.2 (c) となる。この時，解放モーメントはAB材，BC材に剛比配分[※7]で分割され，そのモーメントを分割モーメント[※8]という。その分割モーメントは，その部材の他端に到達させる。そのモーメントを到達モーメント[※9]という。

③ 前記①と②の作業で得られた図17.2 (a) と (c) を複合させることで，図17.1の不静定

※1：fixed end moment method　　※2：fixed end method　　※3：moment distribution method
※4：fixed end　　※5：non-equilibrium moment　　※6：release moment
※7：distribution of stiffness ratio　　※8：distribution moment　　※9：carry over moment

連続梁[※10]のM図が描ける。このM図が、図17.2(d)となる。

以上、固定モーメント法では、①と②の作業を反復させ、節点の不釣り合いモーメントが0に漸近するまで計算を行うか、あるいは、B点のような剛節点の両端の曲げモーメントが釣り合うまで計算を行うことになる。以下に実際の計算手順を示す。

[**手順**]

① 16章、16.3節のたわみ角法の基本式(16.10)式より、両端固定の場合の部材の材端モーメントを考える。

$$M_{AB} = C_{AB}, \quad M_{BA} = C_{BA}, \quad M_{BC} = C_{BC}, \quad M_{CB} = C_{CB} \tag{17.1}$$

② 解放モーメントの計算は、前章の16.5節の分割率[※11]DFの概念を利用し求める。

$$\left. \begin{array}{l} M_{BA} = \dfrac{\overline{k}_{AB}}{\overline{k}_{AB} + \overline{k}_{BC}} \times (-\overline{M}_B) = \dfrac{k_{AB}}{k_{AB} + k_{BC}} \times (-\overline{M}_B) \\[2mm] M_{BC} = \dfrac{k_{BC}}{k_{AB} + k_{BC}} \times (-\overline{M}_B) \end{array} \right\} \tag{17.2}$$

ここで、$k_{ij}/\sum k_{ij}$が分割率DFである。

また、到達モーメントは16.5節の到達率、つまり表16.1を参考にして求める。

$$M_{AB} = mM_{BA}, \quad M_{CB} = mM_{BC} \tag{17.3}$$

他端が固定端の場合、(17.3)式中の到達率mは、0.5となる。

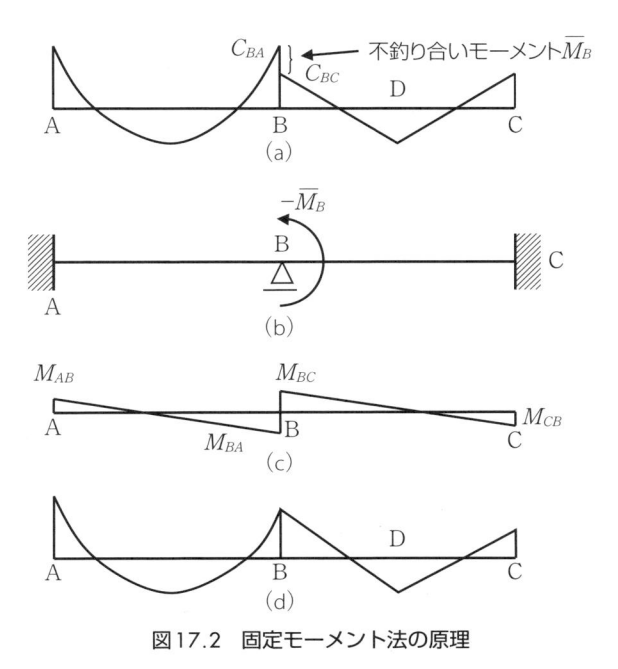

図17.2 固定モーメント法の原理

[※10]: non-statically determinate continued beams　　[※11]: distributed factor

17.3 固定モーメント法を用いた不静定構造物の解法

本節では，固定モーメント法を用いた不静定連続梁およびラーメン構造の例題を紹介する。

例題 17.1

図17.3のように，D点に集中荷重4kN，BC材に等分布荷重3kN/mが作用している不静定連続梁の応力図（M図，Q図）を，固定モーメント法を用いて描きなさい。ただし，AB材，BC材の剛比は，1と2とする。

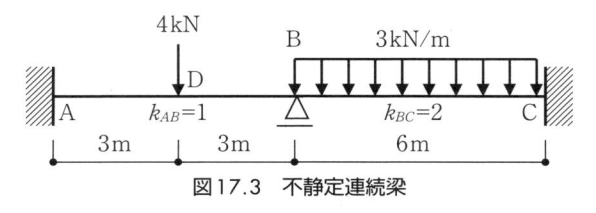

図17.3　不静定連続梁

[解説]

1) 固定端モーメント（FEM），分割率（DF）の計算

固定モーメント法の図解法を計算する前に，AB材とBC材の端部を固定にした場合の荷重項[※12]（C_{AB}, C_{BA}, C_{BC}, C_{CB}）と分割率（DF_{AB}, DF_{BC}）を計算すると，次の値となる。

$$C_{AB} = -\frac{1}{8} \times 4 \times 6 = -3 \text{kNm} = -C_{BA}, \quad C_{BC} = -\frac{1}{12} \times 3 \times 6^2 = -9 \text{kNm} = -C_{CB}$$

$$DF_{AB} = \frac{1}{3}, \quad DF_{BC} = \frac{2}{3}$$

2) 固定モーメント法（図式解法）

図17.4に固定モーメント法により計算結果を示す。

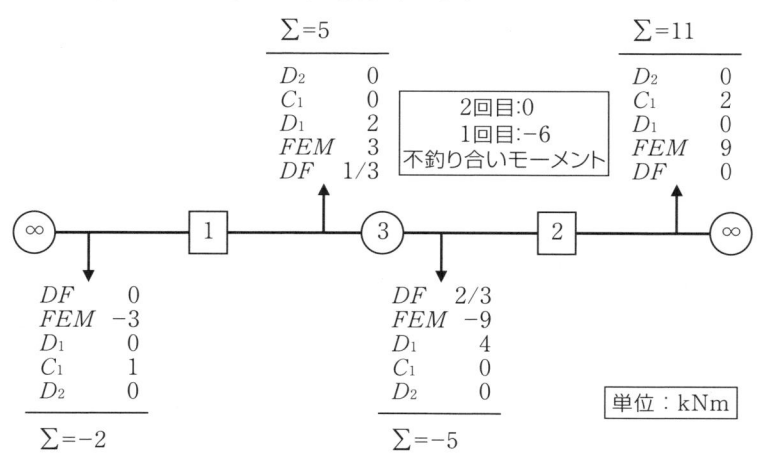

図17.4　固定モーメント法の計算表

※12：form factor

3)応力図

図17.4に示した固定モーメント法の計算表をもとに，図17.3のM図，Q図を描くと図17.5となる。

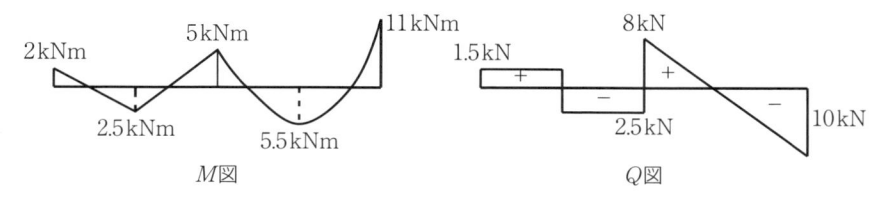

図17.5　不静定連続梁の応力図（M図とQ図）

例題 17.2

図17.6のように，BC材に等分布荷重3kN/mが作用している不静定ラーメンの応力図（M図，Q図，N図）を，固定モーメント法を用いて描きなさい。ただし，各部材の剛比は，すべて1とする。

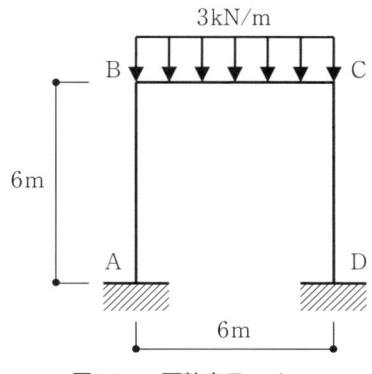

図17.6　不静定ラーメン

[解説]
1)固定端モーメント（FEM），分割率（DF）の計算

固定モーメント法の図解法を計算する前に，AB材とBC材の端部を固定にした場合の荷重項（C_{BC}, C_{CB}）と分割率（DF_{AB}, DF_{BC}, DF_{CD}）を計算すると，次の値となる。

$$C_{BC} = -\frac{1}{12} \times 3 \times 6^2 = -9\,\text{kNm} = -C_{CB}$$

$$DF_{AB} = DF_{BC} = DF_{CD} = 0.5$$

2)固定モーメント法（図式解法）

図17.7に固定モーメント法により計算結果を示す。

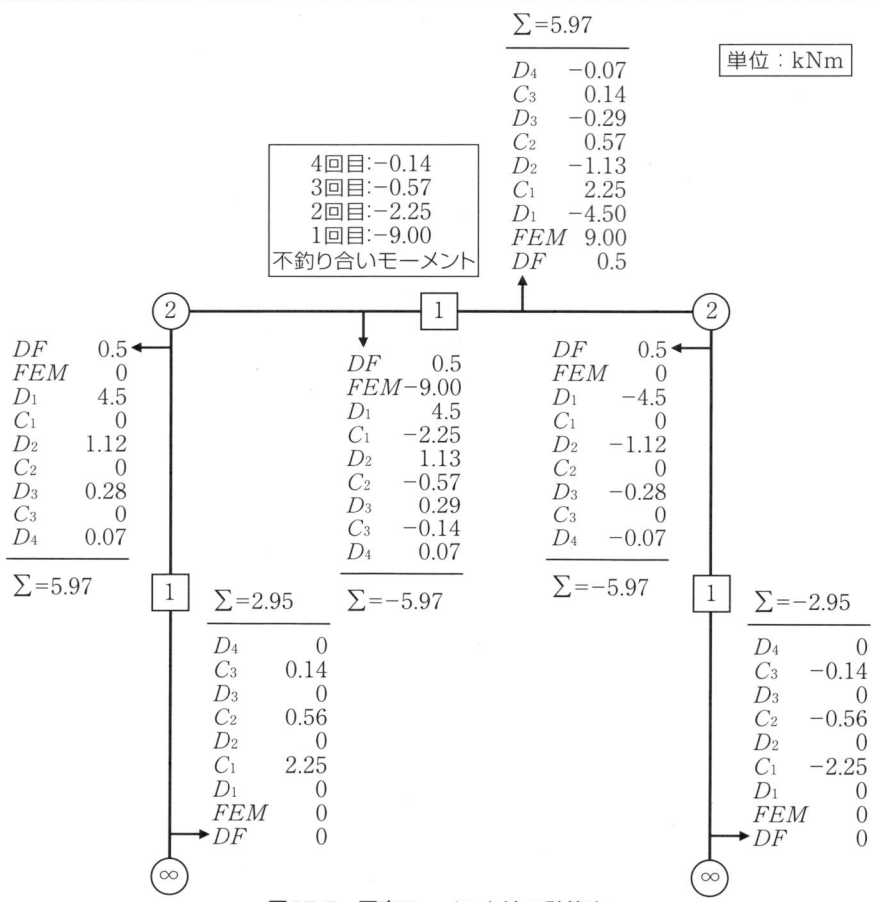

図17.7 固定モーメント法の計算表

	Σ=5.97
D_4	−0.07
C_3	0.14
D_3	−0.29
C_2	0.57
D_2	−1.13
C_1	2.25
D_1	−4.50
FEM	9.00
DF	0.5

単位：kNm

不釣り合いモーメント
- 1回目：−9.00
- 2回目：−2.25
- 3回目：−0.57
- 4回目：−0.14

節点②（左） Σ=5.97
DF	0.5
FEM	0
D_1	4.5
C_1	0
D_2	1.12
C_2	0
D_3	0.28
C_3	0
D_4	0.07

節点①（梁中央） Σ=−5.97
DF	0.5
FEM	−9.00
D_1	4.5
C_1	−2.25
D_2	1.13
C_2	−0.57
D_3	0.29
C_3	−0.14
D_4	0.07

節点①（右梁） Σ=−5.97
DF	0.5
FEM	0
D_1	−4.5
C_1	0
D_2	−1.12
C_2	0
D_3	−0.28
C_3	0
D_4	−0.07

節点②（右） Σ=−2.95
D_4	0
C_3	−0.14
D_3	0
C_2	−0.56
D_2	0
C_1	−2.25
D_1	0
FEM	0
DF	0

左柱脚 Σ=2.95
D_4	0
C_3	0.14
D_3	0
C_2	0.56
D_2	0
C_1	2.25
D_1	0
FEM	0
DF	0

図17.7 固定モーメント法の計算表

3) 応力図

図17.7に示した固定モーメント法の計算表をもとに，**図17.6**の応力図（M図，Q図，N図）を描くと，**図17.8**となる。

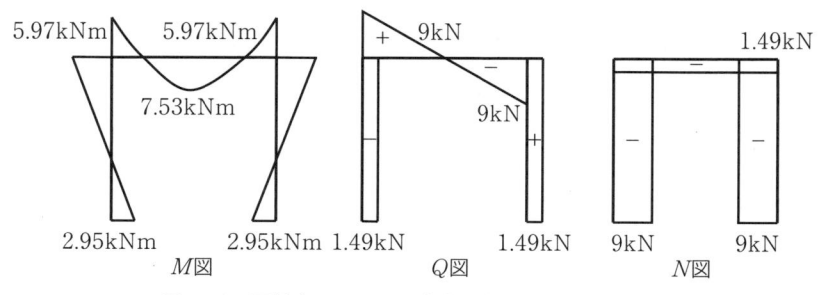

M図：5.97kNm，5.97kNm，7.53kNm，2.95kNm，2.95kNm

Q図：9kN，9kN，1.49kN，1.49kN

N図：1.49kN，9kN，9kN

図17.8 不静定ラーメンの応力図（M図，Q図，N図）

17章　固定モーメント法を用いた不静定構造物の解法

【注意しておきたいポイント】
固定モーメント法の収束計算の終了については，以下の2通りが考えられる。
①各節点における荷重項を含めた全曲げモーメントの値が，柱材と梁材で一致している場合
②不釣り合いモーメントが，0.01〜0.05程度の値になっている場合
のどちらかで判断することが望ましい。

17章 演習問題

[問17.1] 図17.9に示す不静定梁の応力を固定モーメント法により求め，応力図（M図，Q図）を描きなさい。ただし，各部材のせん断力Q_iはM図より求めなさい。

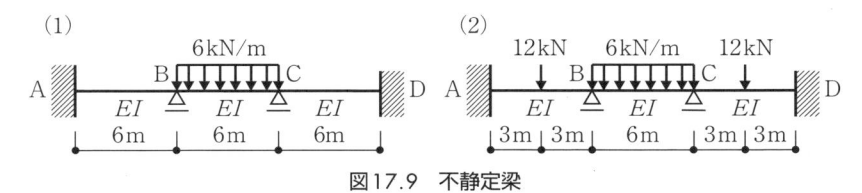

図17.9　不静定梁

[問17.2] 図17.10に示す不静定ラーメンの応力を固定モーメント法により求め，応力図（M図，Q図，N図）を描きなさい。ただし，各部材のせん断力Q_iはM図より，軸方向力N_iはQ図および反力図より求めなさい。

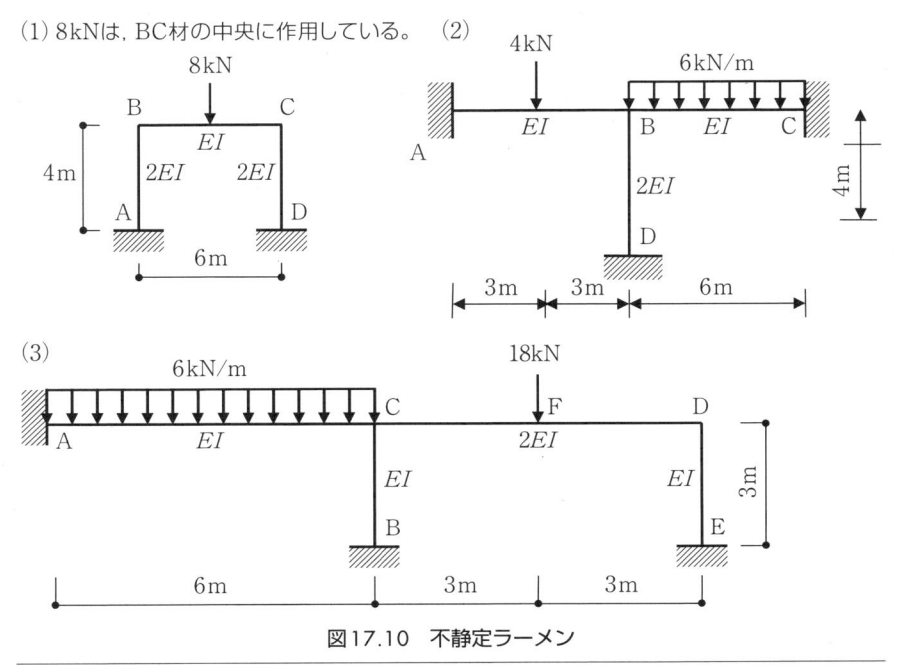

(1) 8kNは，BC材の中央に作用している。

図17.10　不静定ラーメン

18章　構造物の塑性解析と崩壊メカニズム

18.1 概要

　1章から7章では，構造力学の概念(力，支点，節点，構造物のモデル化)，静定構造物(静定梁，静定ラーメン，静定トラス構造)の反力と応力について，8章から11章では，応力度やひずみ度，断面の性質，部材断面の応力度について，13章，14章では，仮想仕事の原理を用いた静定構造物の変形に関する解法を，15章から17章では，仮想仕事の原理，たわみ角法および固定モーメント法による不静定構造物の解法について学習した。1章から17章までの構造物の応力解析は，すべて弾性領域の応力解析である。

　1995年の兵庫県南部地震以降，日本国内で多発している巨大地震が構造物に外力として作用した場合，構造物の応力状態は弾性域ではなく，塑性域あるいは崩壊域に達するかも知れない。巨大地震での構造物の崩壊を防ぐには，どの程度の地震荷重（水平荷重）で構造物が崩壊するか，計算により確認することが必要である。構造物が崩壊する荷重を崩壊荷重[※1]または終局荷重[※2]と呼んでいる。

　本章では，仮想仕事法による構造物の崩壊荷重の計算法，塑性解析および崩壊メカニズムについて解説する。本章での仮想仕事法による構造物の崩壊荷重の計算，塑性解析や崩壊メカニズムに関する問題は，1級建築士学科試験の学科Ⅳ（建築構造）や大学院修士課程の入試問題に多く出題されているので，例題や演習問題を通して理解を深めてほしい。

18.2 崩壊形の種類と仮想仕事法を用いた構造物の崩壊荷重の計算法

　構造物の崩壊荷重の計算は，外力（崩壊荷重）の仕事量と内力（崩壊時の曲げモーメント）の仕事量が等しいとする仮想仕事の原理を用いることになる。ただし，ここでは，崩壊は曲げモーメントのみによって生じるものと仮定する。

　この計算法を用いる場合，構造物が最終的にどのような形状で崩壊[※3]するか仮定しなければならない。ここでは，図18.1に示す1層1スパンの門形ラーメンを例に，崩壊形および崩壊荷重の手順を説明してみたい。図18.1に示す梁端部や柱頭，柱脚に生じるヒンジ（●印）のことを塑性ヒンジ[※4]と呼び，図18.1に示すような梁降伏型，柱降伏型など構造物の一般的な崩壊形といえる。

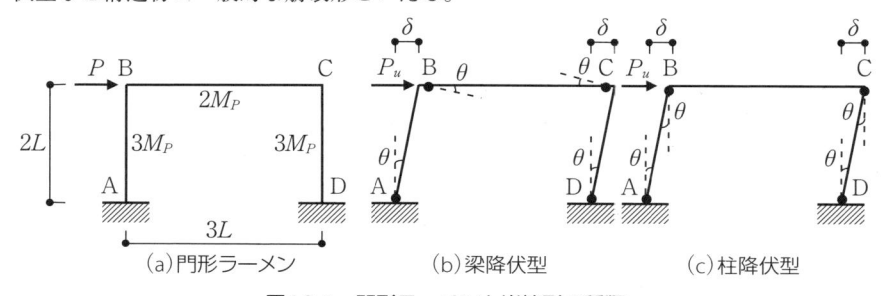

図18.1　門形ラーメンと崩壊形の種類

※1：collapse load　※2：ultimate load　※3：collapse　※4：plastic hinge

18章　構造物の塑性解析と崩壊メカニズム

実際の構造設計では、梁端部に塑性ヒンジが発生し、最終的に最上階の柱頭、最下階の柱脚に塑性ヒンジが発生した全体崩壊形になるように設計されている。

例題 18.1

図18.1に示すスパン $3L$、構造階高 $2L$ の門形ラーメン（3次の不静定ラーメン）を例題に崩壊荷重[※5]を求めなさい。ただし、柱材、梁材の全塑性モーメント[※6]は、それぞれ $3M_P$, $2M_P$、柱材と梁材の回転角は θ とする。

[解説]

まず、解法の手順は、以下の通りである。
① 構造物の崩壊形を仮定する。
② 崩壊形の塑性ヒンジの回転角 θ を柱材、梁材で求める。
③ 荷重点の節点変位量 δ と塑性ヒンジの回転角 θ との関係式を求める。
④ 内力仕事を計算する。
⑤ 外力仕事を計算する。
⑥ 仮想仕事の原理を用いて、崩壊荷重 P_u と全塑性モーメント M_P の関係式を求める。
⑦ 全部材に関する⑥に関する関係式を求め、崩壊荷重 P_u を求める。

① において、本例題では、図18.1(b)の梁降伏型と仮定してみる。

②、③において、図18.1(b)より、塑性ヒンジの回転角 θ と荷重点B点での節点変位量 δ の関係式は、次式のように表される。

$$\delta = 2L \times \theta \tag{18.1}$$

④において、内力仕事を計算すると、次式となる。

$$\text{内力仕事}：\sum M_P \times \theta = 3M_P \times \theta \times 2 + 2M_P \times \theta \times 2 = 10M_P\theta \tag{18.2}$$

⑤において、外力仕事を計算すると、次式となる。

$$\text{外力仕事}：\sum P_u \times \delta = P_u \delta \tag{18.3}$$

⑥、⑦において、仮想仕事の原理（外力仕事＝内力仕事）より、崩壊荷重 P_u は次の値となる。

$$P_u \delta = P_u \times 2L\theta = 10M_P\theta \rightarrow P_u = \frac{5M_P}{L} \tag{18.4}$$

18.3 仮想仕事法を用いた構造物の塑性解析

鋼材[※7]の応力度σとひずみ度εの関係を完全弾塑性体[※8]と仮定すると，図18.2に示すように，鋼材に生じる応力度σを次第に増加させていくと，弾性[※9]域では，ひずみ度εは比例的に増加していく。応力度σが降伏点[※10] σ_yに達すると鋼材が降伏[※11]し，応力度σは増加することなく，ひずみ度εのみが増加する。鋼材の降伏後，荷重を除荷すると，応力度は減少していく。しかし，応力度が0になっても，ひずみ度が残留する。このひずみを**残留ひずみ**[※12]といい，この現象を**塑性**[※13]という。

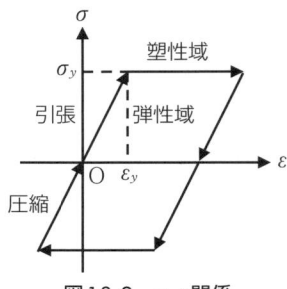

図18.2 σ-ε関係

ここで，図18.3に示すような単純梁(幅b×成d)のC点に，鉛直荷重Pを作用させ，梁断面に生じる応力度，梁の曲げモーメントについて考えてみよう。図18.4，図18.5に，弾塑性範囲内の梁材の曲げ応力度の分布と曲げモーメント図が描かれている。

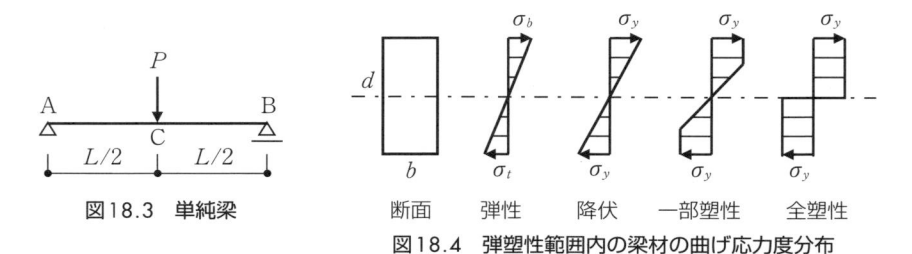

図18.3 単純梁

図18.4 弾塑性範囲内の梁材の曲げ応力度分布

図18.5 梁材の曲げモーメントの推移

図18.4より，C点の荷重Pを徐々に増加させていくと，弾性域では三角形分布，縁応力度が降伏点に達すると，降伏状態あるいは一部塑性状態(台形分布)となり，部材断面全体が降伏すると，全塑性状態(長方形分布)となる。
また，図18.5より，梁全体の応力で考えると，C点の

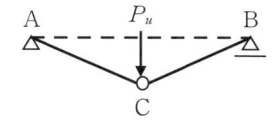

図18.6 崩壊メカニズム

※5：collapse load　※6：full plastic moment　※7：steel plate
※8：perfectly elasto-plastic body　※9：elastic　※10：yield ponit　※11：yield
※12：plastic strain　※13：plastic

18章　構造物の塑性解析と崩壊メカニズム

荷重 P を徐々に増加させていくと，部材内の曲げモーメントおよび断面内の曲げ応力度は増加し，降伏モーメント[※14] M_y（降伏点 σ_y）に達すると，応力状態が塑性域となり，最終的に全断面が降伏した（全塑性モーメント M_P に達した）場合は，**図18.6**のようにC点に塑性ヒンジが発生し，単純梁が不安定構造物（$m = 2 + 0 + 3 - 2 \times 3 = -1 < 0$）となり，崩壊することになる。そのときの荷重を**崩壊荷重** P_u という。

単純梁に生じる降伏モーメント M_y と全塑性モーメント M_P は，次式のように表現できる。

$$\left. \begin{array}{l} M_y = \sigma_y Z_x \\ M_P = \sigma_y Z_P \end{array} \right\} \tag{18.5}$$

ここで，Z_x，Z_P は，それぞれ9章で学習した弾性域での強軸まわりの断面係数および塑性域での塑性断面係数である。

例題 18.2

図18.7に示す，長方形断面（幅 b × 成 d）の塑性断面係数 Z_P を求めなさい。

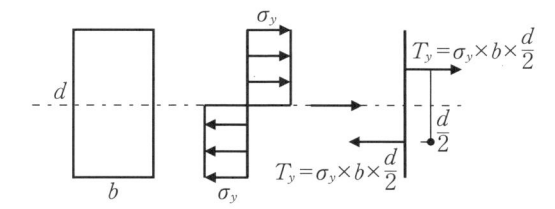

図18.7　長方形断面の塑性応力度分布

[解説]

図18.7の応力度分布より，全塑性モーメント M_P を求めると，次の値となる。

$$M_P = \sigma_y \times \frac{d}{2} \times b \times \frac{d}{4} \times 2 = \frac{\sigma_y}{4} bd^2 \tag{18.6}$$

$$Z_P = \frac{M_P}{\sigma_y} = \frac{bd^2}{4} \tag{18.7}$$

【注意しておきたいポイント】

弾性の断面係数 $Z_x = bd^2/6$ である。

例題 18.3

図18.8に示すようなC点に鉛直荷重 P を受ける不静定梁が，図18.9のような崩壊メカニズムを示したときの崩壊荷重 P_u を，仮想仕事の原理（外力仕事＝内力仕事）を用いて求めなさい。ただし，梁材の全塑性モーメントを M_P とする。

※14：yield moment

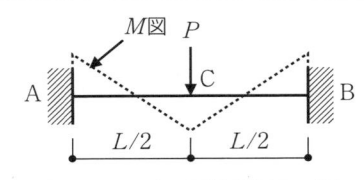

図18.8　3次の不静定梁のM図 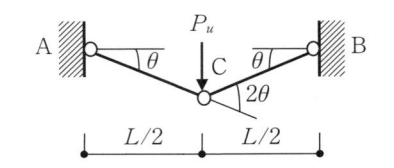　　　図18.9　3次の不静定梁の崩壊メカニズム

[解説]

　図18.8の3次の不静定梁のM図を描くと，図中の点線のようになり，A，B点が固定端，C点が荷重点に曲げモーメントが現れるので，これらのモーメントが全塑性モーメントM_Pに達すると，図18.9のような崩壊メカニズムを示すことになる。

　図18.9をもとに，外力仕事（$=\sum P \times \delta$），内力仕事（$=\sum M_P \times \theta$）を計算すると，次式となる。

外力仕事：$\sum P \times \delta = P_u \times \dfrac{L\theta}{2}$

内力仕事：$\sum M_P \times \theta = M_P \theta + M_P \times 2\theta + M_P \theta = 4 M_P \theta$ 　　　　(18.8)

　仮想仕事の原理を用いて計算すると，(18.8)式より，崩壊荷重P_uは，$P_u = 8M_P/L$となる。

18.4　保有耐力設計法と崩壊メカニズム

　現今の構造設計では，ほとんど許容応力度設計以外に保有耐力設計（終局耐力設計[※15]）を実施し，構造物の安全性を保証している。本節では，現今の保有耐力設計について簡単に述べ，構造物の崩壊メカニズムについて解説する。

　現今の保有耐力設計では，ほとんどコンピュータによる荷重増分解析[※16]が実施されている。構造物に作用する水平荷重の高さ方向の分布を仮定し，水平荷重を比例的に増加させ，段階的に応力解析を行う方法である。荷重増分ごとstep-by-stepに解析した結果，鉄筋コンクリート構造の場合，柱，梁，耐力壁（耐震壁）にひびわれが発生し，鉄筋（主筋[※17]）が降伏状態に達する。また，構造物の応力が徐々に増加，変形し，最終的には崩壊機構（崩壊メカニズム[※18]）を形成することになる。現今の構造設計では，できるかぎり降伏型の塑性ヒンジが発生するように部材断面，部材性能を決定している。

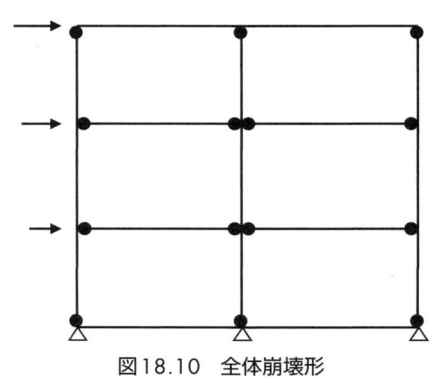

　ここで，荷重増分解析でのラーメン構造の崩壊メカニズムを形成する条件

図18.10　全体崩壊形

※15：ultimate lateral strength design　　※16：load push over analysis　　※17：main steel bar
※18：collapse mechanism

18章　構造物の塑性解析と崩壊メカニズム

を以下に示す。

① 図18.10に示すように，最下階の柱脚，最上階の柱頭，全階の大梁の両端に塑性ヒンジ（降伏ヒンジ）が生じ，全体崩壊機構（不安定構造物）となっている場合
② ある任意の階の層間変形角 $\theta_i(=\delta_i/h_i)$（層間変位 δ_i を構造階高 h_i で除した値）が1/50以上に達した場合

のどちらか一方を満足した場合である。

18章 演習問題

[問18.1] 図18.11に示すT形矩形の塑性断面係数 Z_P を求めなさい。

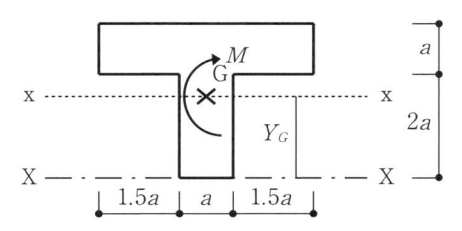

図18.11　T形矩形の塑性断面係数

[問18.2] 図18.12に示す1次の不静定梁において，図18.13に示すような崩壊メカニズムを示した。このときのC点の崩壊荷重 P_u を，仮想仕事の原理を用いて求めなさい。ただし，梁材の全塑性モーメントは M_P とする。

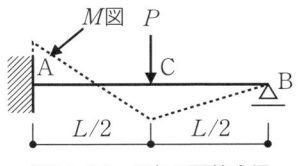

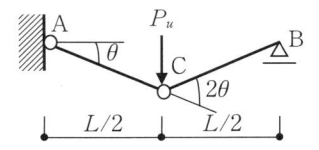

図18.12　1次の不静定梁　　**図18.13　1次の不静定梁の崩壊メカニズム**

[問18.3] 図18.14に示すようなC，D点に鉛直荷重 P を受ける3次の不静定梁において，荷重を増加させていくと，図18.15のように，A，B，C，D点に塑性ヒンジが生じ，不安定構造となり崩壊した。このときのC，D点の崩壊荷重を P_u，仮想仕事の原理を用いて求めなさい。ただし，梁材の全塑性モーメントは M_P とする。

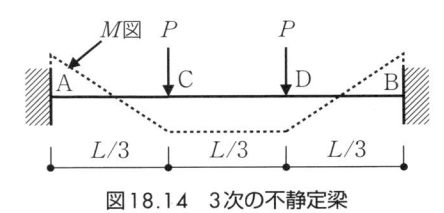

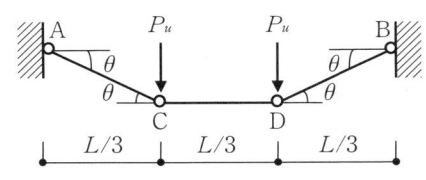

図18.14　3次の不静定梁　　**図18.15　3次の不静定梁の崩壊メカニズム**

[問18.4] 図18.16に示すように，C点に水平荷重P，E点に鉛直荷重Pを受ける不静定ラーメンにおいて，それぞれの荷重を増加させると図18.17に示す崩壊メカニズムを示した。そのときのC，E点での崩壊荷重を，仮想仕事の原理を用いて求めなさい。ただし，柱材（AC材，BD材）の全塑性モーメントM_Pは300kNm，梁材（CE材，ED材）の全塑性モーメントM_Pは200kNmとする。

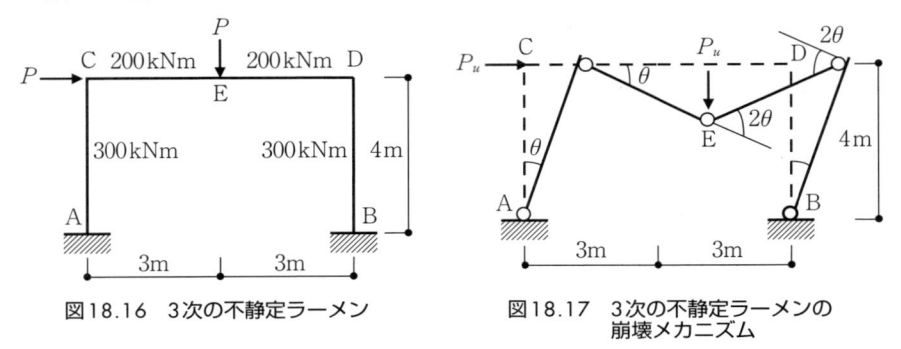

図18.16　3次の不静定ラーメン

図18.17　3次の不静定ラーメンの崩壊メカニズム

演習問題解答

2章 演習問題

[問2.1]

(1)
(数式解法)　$R = \sqrt{3^2+4^2} = 5\,\text{kN}$

(図式解法)

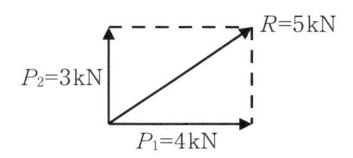

(2)
(数式解法)：(16頁, 2.2式より),
$R = \sqrt{P_1^2 + P_2^2 + 2P_1P_2\cos\theta} = \sqrt{4^2+3^2+2\times 4\times 3\cos 135°}$
$\cong 2.8\,\text{kN}$

(図式解法)

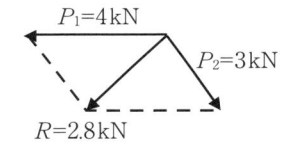

(3)
(数式解法)　$R = \sqrt{(4-\sqrt{3}/2)^2 + (2+\sqrt{3}/2)^2} \cong 4.53\,\text{kN}$

(図式解法)

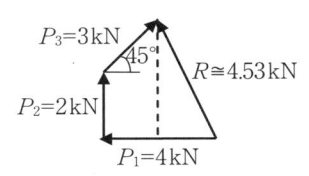

(4)　(数式解法のみ)　$R = 8\,\text{kN}$（鉛直下向き）
(5)　(数式解法のみ)　$R = 6\,\text{kN}$（鉛直下向き）

[問2.2]

(1)

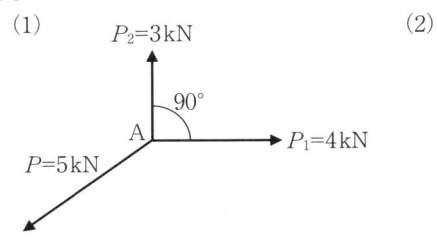

(2)

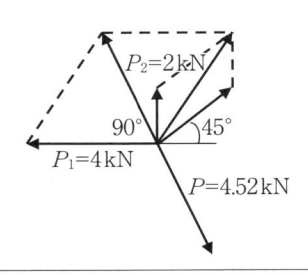

(3) (4)

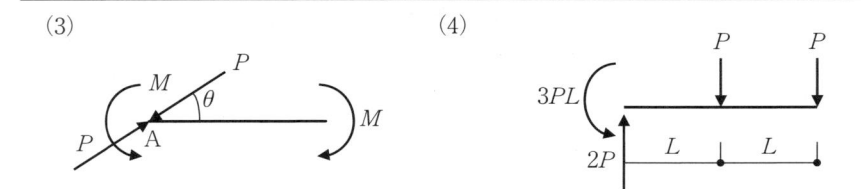

[問2.3] 力の釣り合い条件式より，P_2，P_4 を求める。
$\sum Y = 0 : P_2 + P_4 - 80 = 0$
$\sum M_C = 0 : -30 \times 12 + P_2 \times 8 - 50 \times 4 = 0$
よって，$P_2 = 70\,\mathrm{kN}$，$P_4 = 10\,\mathrm{kN}$

=== 3章 演習問題 ===

[問3.1]
(1) ローラー支点は，水平方向，回転方向に対しては拘束されていないが，鉛直方向に対しては拘束されており，そのために鉛直反力の1つの反力が存在する。ピン支点は，回転方向には拘束されていないが，水平，鉛直方向に対しては拘束されている。そのために，水平と鉛直反力の2つの反力が存在する。固定支点は，水平，鉛直，回転方向いずれに対しても拘束されているために，3つの反力が存在する。
(2) ピン節点は，5章で学習するゲルバー梁，6章で学習する3ヒンジラーメン，7章で学習するトラス構造の節点である。ピン節点は，回転方向に対し拘束されていないため，曲げモーメントが0となる。剛節点は，6章で学習する静定ラーメン構造を構成する柱，梁材の交点，建築構造では接合部というが，この剛節点は，4章で学習する曲げモーメント，せん断力，軸方向力を，柱や梁材に伝達する役割をもつ。

=== 4章 演習問題 ===

反力の仮定する向きは，水平方向が右向き，鉛直方向は上向き，モーメント反力は時計まわりを仮定する。解答にマイナスの符号がついている場合は，仮定が逆であることを示す。
[問4.1]
(1) $H_A = 0$, $V_A = 5\,\mathrm{kN}$, $V_B = 4\,\mathrm{kN}$
(2) $H_A = 0$, $V_A = 9\,\mathrm{kN}$, $M_A = -24\,\mathrm{kNm}$
(3) $V_A = 3\,\mathrm{kN}$, $H_B = 0$, $V_C = 6\,\mathrm{kN}$
(4) $H_A = 0$, $V_A = 5\,\mathrm{kN}$, $V_B = -5\,\mathrm{kN}$
(5) $H_A = 0$, $V_A = 4\,\mathrm{kN}$, $V_B = 8\,\mathrm{kN}$
(6) $H_A = 0$, $V_A = -M/L$, $V_B = M/L$
(7) $H_A = 0$, $V_A = 3P$, $M_A = -5PL$
(8) $H_A = 3\,\mathrm{kN}$, $V_A = 2\,\mathrm{kN}$, $V_B = 1\,\mathrm{kN}$

[問4.2]
(1) $M_C = 4 \times 2 = 8\,\text{kNm}$, $M_D = 4 \times 4 - 3 \times 2 = 10\,\text{kNm}$, $Q_{CD} = 4 - 3 = 1\,\text{kN}$
(2) $M_B = 18\,\text{kNm}$ (右側のモーメント反力), $M_C = -2 \times 2 = -4\,\text{kNm}$ (左側から), $Q_{AC} = -2\,\text{kN}$
(3) $M_A = -6\sqrt{3}\,\text{kNm}$, $N_{AB} = -4\cos 60° = -2\,\text{kN}$(圧縮)
(4) $N_{AC} = -3\sqrt{2}\cos 45° = -3\,\text{kN}$(圧縮), $Q_{CB} = 2 - 3 = -1\,\text{kNm}$
(5) $Q_{AC} = 2\,\text{kN}$, 左$M_C = 2 \times 2 = 4\,\text{kNm}$, 右$M_C = 2 \times 2 - 10 = -6\,\text{kNm}$
(6) $N_D = 5\,\text{kN}$(引張), $Q_D = 12 - 6 - 2 \times 1 = 4\,\text{kN}$,
 $M_D = -36 + 12 \times 4 - 6 \times 2.5 - 2 \times 1 \times 0.5 = -4\,\text{kNm}$

[問4.3]
(1) 図4.10のM図より, せん断力$Q_{AC} = V_A$, $Q_{CB} = -V_B$を求める.
 $Q_{AC} = \dfrac{12 - 0}{3} = 4\,\text{kN} = V_A$, $Q_{CA} = -\dfrac{12 - 0}{3} = -4\,\text{kN} = -V_B$より, C点に集中荷重が8kN, 鉛直下向きに作用している.
(2) 図4.10のM図より, A点はピン支点で通常, 曲げモーメント$M = 0$であるが, 18kNmがM図に存在しているので, A点を中心に18kNmのモーメント荷重が作用している.
(3) 図4.10のM図より, M図は10kNmで一定値を示している. B点に時計まわりに18kNmが作用している.

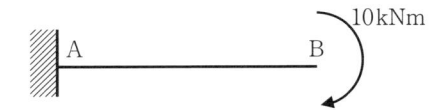

(1) (2)

(3)

5章 演習問題

[問5.1]

(1)
- M図: 60kNm, 20kNm, 2kN, 10kN
- Q図: 10kN (+), 5kN
- N図: 2kN (−)

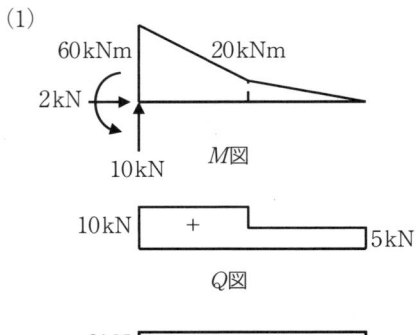

(2)
- M図: 25kNm, 10kN
- Q図: 10kN (+)
- N図なし

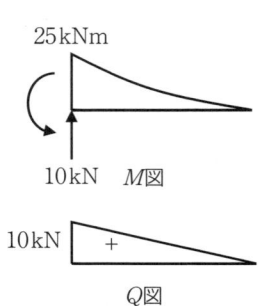

(3)
- M図: $3a^2$, a^2, 10kN, $2a$
- Q図: $2a$ (+)
- N図: 10kN (+)

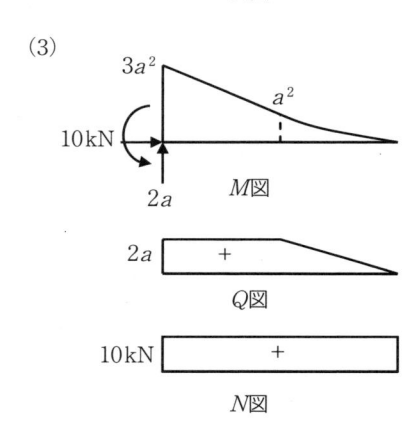

(4)
- M図: 96kNm, 60kNm, 12kNm, 6kN, 18kN
- Q図: 18kN (+), 6kN
- N図: 6kN (+)

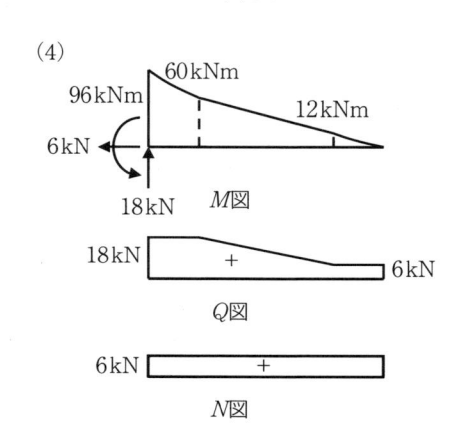

[問5.2]

(1)
- M図: P, P, $3P$, $3P$, P
- Q図: P (+), P (−)
- N図: P (−)

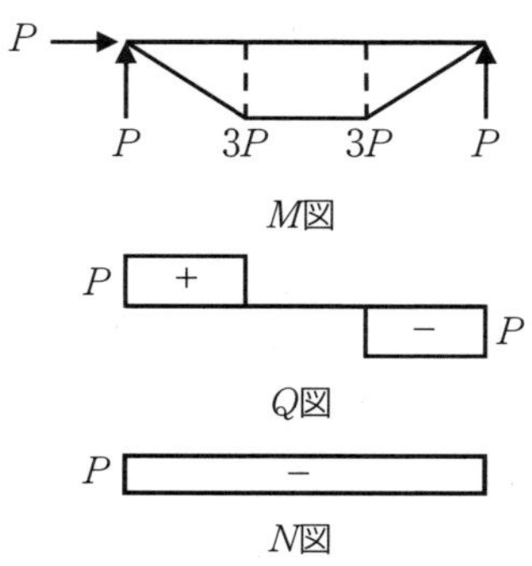

(2)
- M図: 6kN, 9kNm, 6kN
- Q図: 6kN (+), 6kN (−)
- N図なし

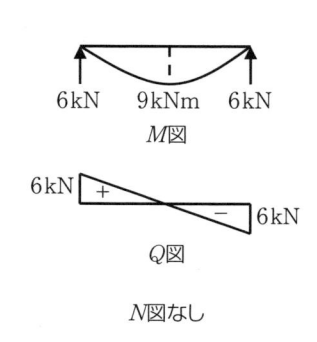

演習問題解答

(3)

M図に関する値: $\dfrac{PL}{2}$, $\dfrac{P}{2}$, $\dfrac{PL}{4}$, $\dfrac{5P}{2}$

M図

Q図: $\dfrac{P}{2}$ +, $-$, $\dfrac{3P}{2}$, P

N図なし

(4)

4.5kNm, 5.06kNm, 1.5kN

M図

4.5kN +, 4.5kN, 2.25m, 1.5kN $-$

Q図

N図なし

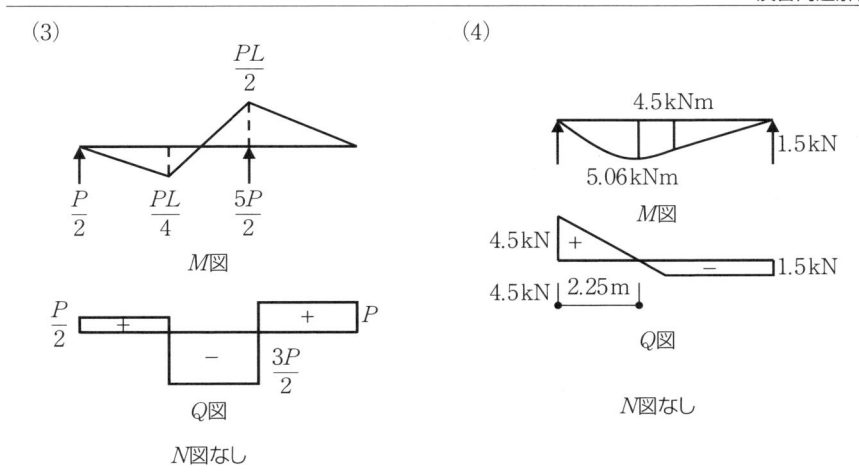

[問5.3]

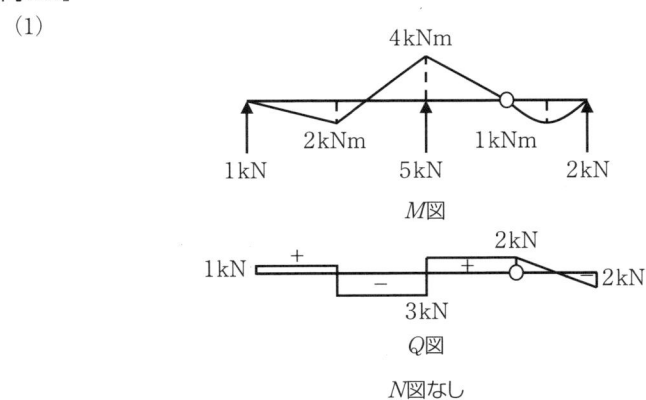

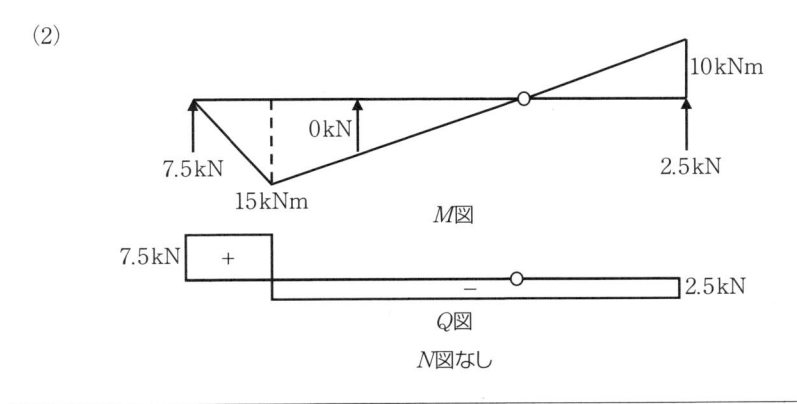

(1)

4kNm, 2kNm, 1kNm, 1kN, 5kN, 2kN

M図

1kN +, $-$, 3kN, 2kN +, 2kN

Q図

N図なし

(2)

10kNm, 0kN, 7.5kN, 15kNm, 2.5kN

M図

7.5kN +, $-$, 2.5kN

Q図

N図なし

6章 演習問題

[問6.1]

(1)

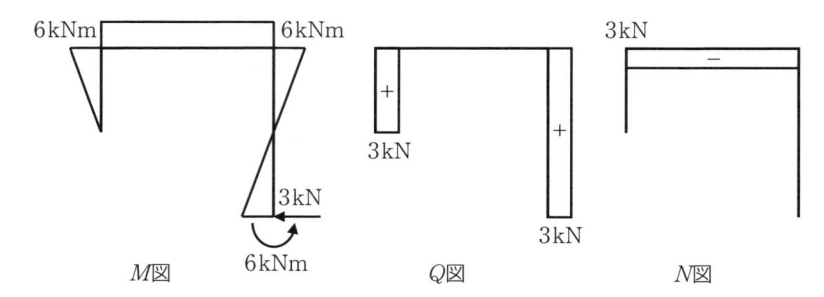

*M*図: 6kNm, 6kNm, 3kN, 6kNm
*Q*図: +, 3kN, +, 3kN
*N*図: −, 3kN

(2)

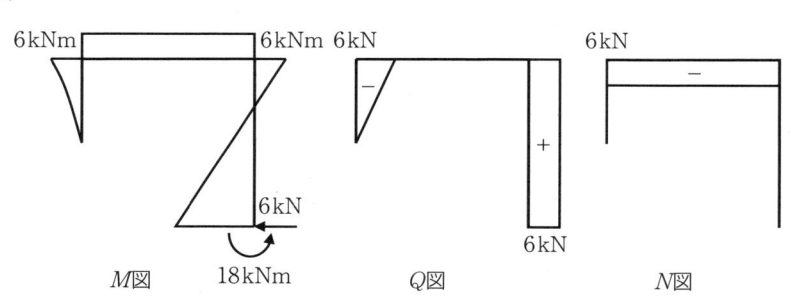

*M*図: 6kNm, 6kNm, 6kN, 18kNm
*Q*図: −, 6kN, +, 6kN
*N*図: −, 6kN

(3)

*M*図: 6kNm, 18kNm, 6kNm, 3kN, 6kN
*Q*図: −, 3kN, 6kN, +, 3kN
*N*図: −, 3kN, −, 6kN

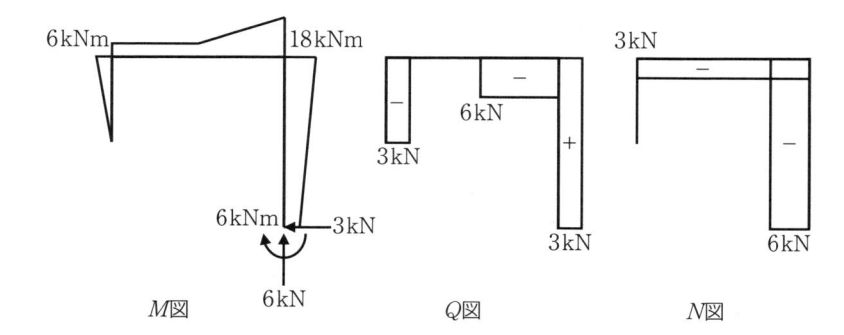

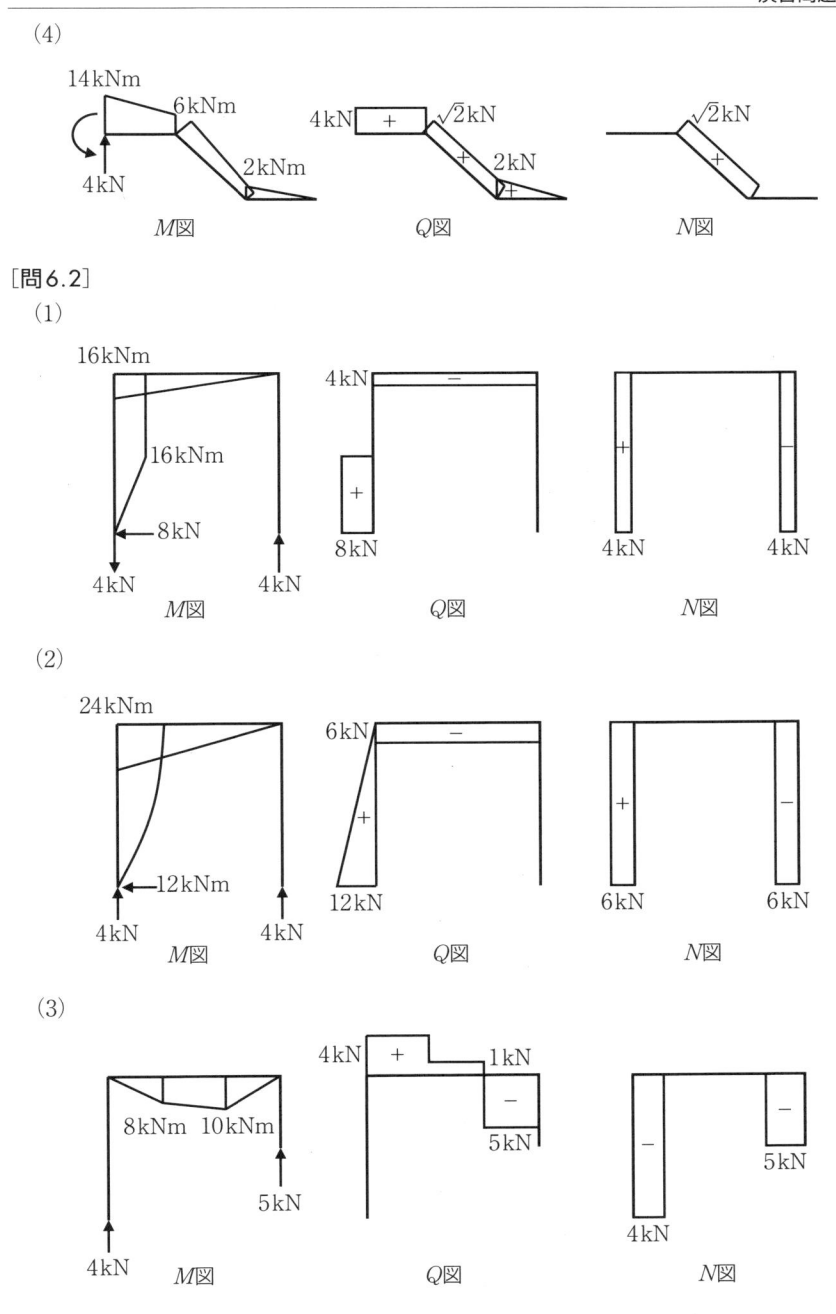

(4)

14kNm, 6kNm, 4kN, 2kNm　*M*図
4kN, $\sqrt{2}$kN, 2kN　*Q*図
$\sqrt{2}$kN　*N*図

[問6.2]

(1)

16kNm, 16kNm, 8kN, 4kN, 4kN　*M*図
4kN, 8kN　*Q*図
4kN, 4kN　*N*図

(2)

24kNm, 12kNm, 4kN, 4kN　*M*図
6kN, 12kN　*Q*図
6kN, 6kN　*N*図

(3)

8kNm, 10kNm, 4kN, 5kN　*M*図
4kN, 1kN, 5kN　*Q*図
4kN, 5kN　*N*図

165

(4)

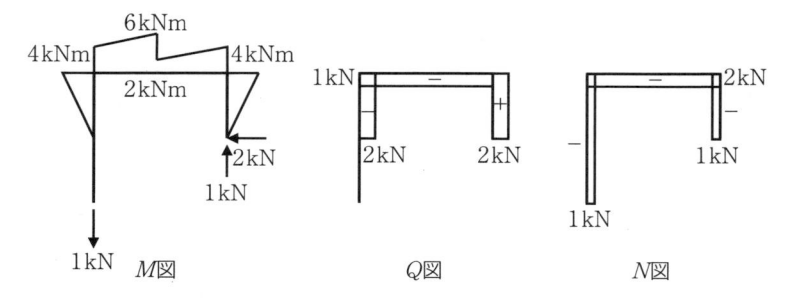

M図 : 4kNm, 6kNm, 2kNm, 4kNm, 2kN, 1kN, 1kN

Q図 : 1kN, 2kN, 2kN

N図 : 2kN, 1kN, 1kN

[問6.3]

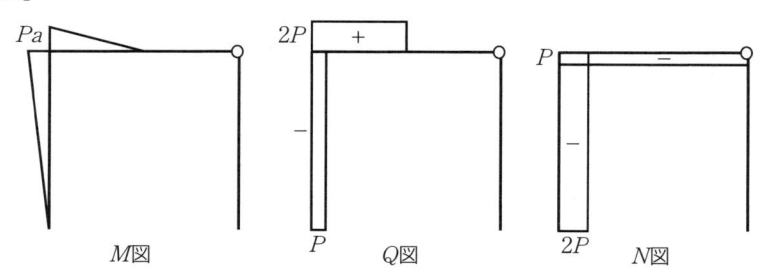

M図 : Pa

Q図 : $2P$, P

N図 : P, $2P$

[問6.4]

(1) $V_A = 2.25\,\text{kN}$, $V_C = 6.75\,\text{kN}$

(2) $M_D = 2.5 \times 1.5 = 3.38\,\text{kNm}$, $Q_D = 2.25/\sqrt{2} = 1.59\,\text{kN}$,
$N_D = -2.25/\sqrt{2} = -1.59\,\text{kN}$ （付図6-1参照）
$M_E = -6.75 \times 1.5 + 3 \times 1.5 \times 1.5/2 = -6.75\,\text{kNm}$（右側から）
よって，$M_E = 6.75\,\text{kNm}$, $Q_E = -2.25\,\text{kN}$

付図6.1 D点での力の釣り合い

[問6.5]

(1) 反力の仮定する方向は，水平反力が右向き，鉛直反力は上向き，モーメント反力は時計まわりとする。
  3つの反力は，$H_D = -10\,\text{kN}$, $V_D = 10\,\text{kN}$, $M_D = -10\,\text{kNm}$ となる。

(2) 応力図は，下記の図となる。

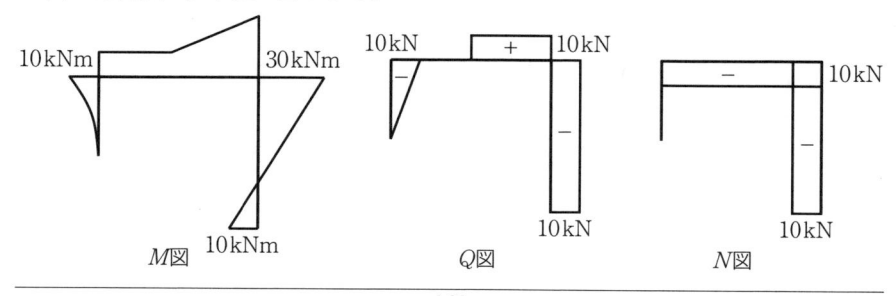

M図 : 10kNm, 30kNm, 10kNm

Q図 : 10kN, 10kN, 10kN

N図 : 10kN, 10kN

(3) 図6.18のD点のモーメント反力M_Dを求めると，次の値となる。

$\sum M_D = 0 : M_D + 5 \times 2 \times 3 - 10 \times 2 + M_C = 0$ より，$M_D = -M_C - 10$ となる。

ここで，F点に曲げモーメントが生じないためには，F点で部材を切断し，下半分でのモーメントの釣り合いを考えて，C点のM_Cを求める。

$M_F = 0 : -M_C - 10 + 10 \times 2 = 0$ (右側)より，$M_C = 10\,\mathrm{kNm}$ となる。

■■■ 7章 演習問題 ■■■

[問7.1]

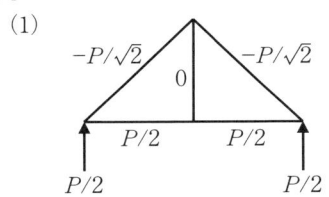

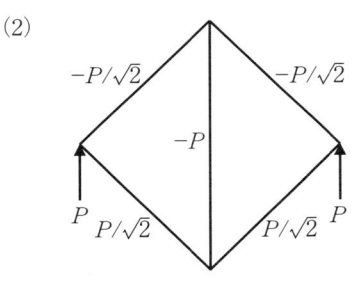

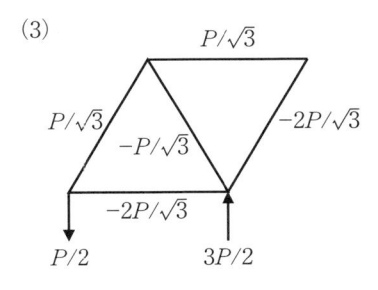

(1) 図：$-P/\sqrt{2}$，$-P/\sqrt{2}$，0，$P/2$，$P/2$，$P/2$，$P/2$

(2) 図：$-P/\sqrt{2}$，$-P/\sqrt{2}$，$-P$，$P/\sqrt{2}$，$P/\sqrt{2}$，P，P

(3) 図：$P/\sqrt{3}$，$P/\sqrt{3}$，$-P/\sqrt{3}$，$-2P/\sqrt{3}$，$-2P/\sqrt{3}$，$P/2$，$3P/2$

[問7.2]

節点法，切断法を併用し，①～⑤の軸方向力を求める。ただし，＋が引張，－が圧縮とする。

①$-5\,\mathrm{kN}$，②$5\sqrt{2}\,\mathrm{kN}$，③0，④$-10\,\mathrm{kN}$，⑤$-15\,\mathrm{kN}$

(理由) トラス材は，部材の両端がピン節点で，荷重が節点のみに作用しており，部材の中間荷重には作用しないため，曲げモーメントやせん断力が生じることはない。よって，軸方向力のみが生じる。

[問7.3]

アーチの鉛直反力をV_A，V_Bとし，力の釣り合い条件式より，反力は以下の値となる。

$V_A = P/4$，$V_B = 3P/4$

D，E点の座標を$D(x_D, y_D)$，$E(x_E, y_E)$とすると，

$x_D = 4(1 - \cos 45°) = 4(1 - 1/\sqrt{2})$，$x_E = 4(1 + \cos 45°) = 4(1 + 1/\sqrt{2})$ より，

$y_D = 4\sin 45° = 2\sqrt{2}$，$y_E = 4\sin 45° = 2\sqrt{2}$

D，E点の応力は，以下の通りである。

$N_D = -\dfrac{P}{4}\sin 45° = -\dfrac{P}{4\sqrt{2}}\left(=-\dfrac{\sqrt{2}P}{8}\right)$

$$Q_D = \frac{P}{4}\cos 45° = +\frac{P}{4\sqrt{2}}\left(=\frac{\sqrt{2}P}{8}\right)$$

$$M_D = \frac{P}{4}x_D = (1-1/\sqrt{2})P = \left(\frac{2-\sqrt{2}}{2}\right)P$$

$$N_E = -\frac{3P}{4}\sin 45° = -\frac{3P}{4\sqrt{2}}\left(=-\frac{3\sqrt{2}P}{8}\right)$$

$$Q_E = -\frac{3P}{4}\cos 45° = -\frac{3P}{4\sqrt{2}}\left(=-\frac{3\sqrt{2}P}{8}\right)$$

$$M_E = \frac{P}{4}x_E - P(x_E - 6) = 3(1-1/\sqrt{2})P = 3\left(\frac{2-\sqrt{2}}{2}\right)P$$

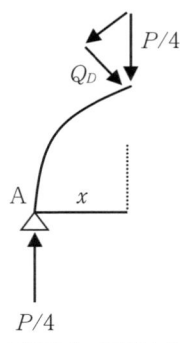

付図7.1 切断されたアーチ(AD間)

[問7.4]

A点の反力は，$H_A = 0$，$V_A = 2P$，$M_A = -2Pa$ となる。

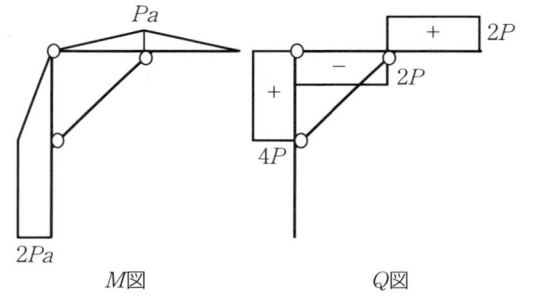

付図7.2 M図，Q図，N図

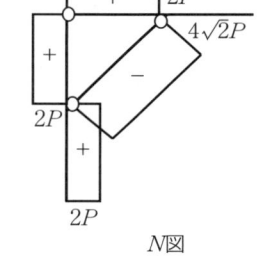

━━━━━━━━━ 8章 演習問題 ━━━━━━━━━

[問8.1]

(8.1)式より，$\sigma_T = \dfrac{100 \times 10^3}{20 \times 10^2} = 50\,\text{N/mm}^2$ となる。

[問8.2]

(8.1)式より，$\sigma_C = \dfrac{500 \times 10^3}{3.14 \times 10^2 \times 10^2} = 15.92\,\text{N/mm}^2$

[問8.3]

(数式解法)

$\sigma_x = 30\,\text{N/mm}^2$，$\sigma_y = -20\,\text{N/mm}^2$ および(8.6)式より，
$\theta = 30°$，45°の場合の応力度σ_θ，τ_θは，次の値となる。

$$\sigma_{30°} = \frac{30-20}{2} + \frac{30+20}{2}\cos 60° = 17.5\,\text{N/mm}^2$$

$$\tau_{30°} = \frac{30+20}{2}\sin 60° = 25 \times \frac{\sqrt{3}}{2} = 21.7\,\text{N/mm}^2$$

$$\sigma_{45°} = \frac{30-20}{2} + \frac{30+20}{2}\cos 90° = 5\,\mathrm{N/mm^2}$$

$$\tau_{45°} = \frac{30+20}{2}\sin 90° = 25\,\mathrm{N/mm^2}$$

(図式解法)：モールの応力円

中心 $\left(\dfrac{\sigma_x+\sigma_y}{2},\,0\right)=(5,\,0)$，半径 $\dfrac{\sigma_x-\sigma_y}{2}=25\,\mathrm{N/mm^2}$

モールの応力円は，付図8.1の通りである。

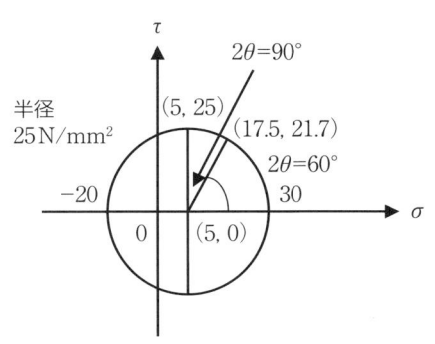

付図8.1　モールの応力円

[問8.4]

(数式解法)

(8.6)式より，$\theta=45°$ の場合の応力度は，次の値となる。

$\sigma_{45°}=50\sin 90°=50\,\mathrm{N/mm^2}$

$\tau_{45°}=-50\cos 90°=0\,\mathrm{N/mm^2}$

(図式解法)

中心は原点で，半径は $50\,\mathrm{N/mm^2}$ となる。

モールの応力円は，付図8.2となる。

付図8.2　モールの応力円

[問8.5]

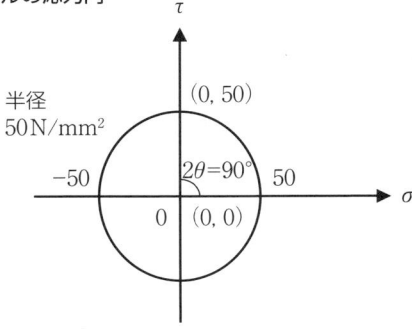

圧縮応力度 $\sigma_C = \dfrac{1000\times 10^3}{100^2}=100\,\mathrm{N/mm^2}$

応力度とひずみ度の関係より，縦ひずみ ε_L から縮み量 (ΔL) を求める。

$$\varepsilon_L = \frac{\Delta L}{L}=\frac{\sigma_C}{E}\ \text{より}，\ \Delta L = \frac{\sigma_C}{E}L=\frac{100}{2.1\times 10^5}\times 1000 = 0.48\,\mathrm{mm}$$

材軸に対して直交する方向の伸び量 (Δd) は，(8.14)式より求めると，次の値となる。

$\Delta d = \nu\Delta L = 0.3\times 0.48 = 0.14\,\mathrm{mm}$

[問8.6]

断面1と2は並列に複合しているので，各負担する軸方向力は異なるが，ひずみ度(縮み量)は同じである。(8.23)式より，断面1と2の負担する軸方向力 N_1，N_2 は，次の値

となる。

$$N_1 = \frac{A}{4 \times 1.5A + A}P = \frac{P}{7}, \quad N_2 = P - N_1 = \frac{6}{7}P$$

━━━━━━━━━━━━━━━ 9章 演習問題 ━━━━━━━━━━━━━━━

[問9.1]

(1) 図心までの距離 y_G は，次の値となる。

$$y_G = \frac{S_x}{A} = \frac{\int_0^{\sqrt{3}a} y \times (a - y/\sqrt{3})\,dy}{\frac{\sqrt{3}a^2}{2}} = \frac{\sqrt{3}}{3}a$$

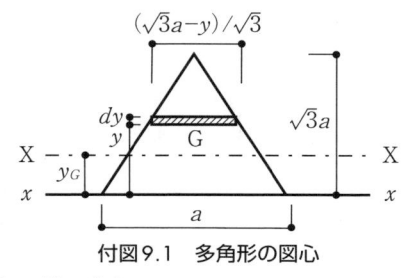

付図9.1 多角形の図心

(2) 9.2節の例題1と同様に考える。

$$y_G = \frac{S_x}{A_1 + A_2} = \frac{3a^2 \times 0.5a + 3a^2 \times 2.5a}{6a^2} = \frac{9a^3}{6a^2} = 1.5a$$

[問9.2]

(1) 問9.1(1)の問題で三角形の図心の位置は求められているので，これをもとに図心まわりの断面2次モーメント I_X を求める。

$$I_x = \int_A y^2 dA = \int_0^{\sqrt{3}a} y^2 \times \frac{1}{\sqrt{3}}(\sqrt{3}a - y)\,dy = \frac{\sqrt{3}}{4}a^4$$

$$I_X = I_x - y_G^2 A = \frac{\sqrt{3}}{4}a^4 - \left(\frac{a}{\sqrt{3}}\right)^2 \times \frac{\sqrt{3}}{2}a^2 = \frac{\sqrt{3}}{12}a^4$$

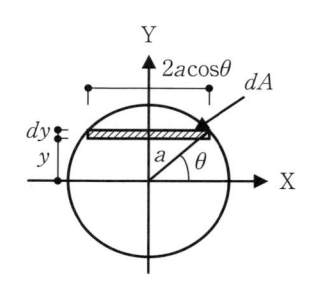

(2)

付図9.2 円の断面2次モーメント

$$I_X = \int_A y^2 dA = \int_{-a}^{a} (r\sin\theta) \times 2a\cos\theta\,dy = 4a^4 \int_0^{\pi/2} (\sin\theta\cos\theta)^2\,d\theta$$

$$= \frac{a^4}{2}\int_0^{\pi/2}(1 - \cos 4\theta)\,d\theta = \frac{\pi a^4}{4}$$

【注意しておきたいポイント】

$y = a\sin\theta, \ \dfrac{dy}{d\theta} = a\cos\theta \ \rightarrow \ dy = a\cos\theta \times d\theta, \ dA = 2a\cos\theta \times dy = 2a^2\cos\theta \times d\theta$

三角関数 $(\sin\theta\cos\theta)^2 = \left(\dfrac{1}{2}\sin 2\theta\right)^2 = \dfrac{1}{4}\sin^2 2\theta = \dfrac{1}{4} \times \dfrac{1}{2}(1-\cos 4\theta)$
$\qquad\qquad\qquad\qquad = \dfrac{1}{8}(1-\cos 4\theta)$

[問9.3]

(1) 問9.1(2)のように，L形断面を長方形に分割し，図心を求めると，次の値となる。

$(X_G, \ Y_G) = \left(\dfrac{7a}{8}, \ \dfrac{19a}{8}\right)$

(2)

$I_X = \dfrac{109}{12}a^4, \ I_x = I_X - Y_G^2 A = \dfrac{109}{12}a^4 - \left(\dfrac{7a}{8}\right)^2 \cdot 4a^2 = \dfrac{661}{192}a^4$

[問9.4]

(1)

$S_X = 4t^2 \times 2.5t + 2t^2 \times t = 12t^3 = (4t^2 + 2t^2) \times Y_G$

$\therefore Y_G = 2t$

(2)

$I_X = I_x + Y_G^2 \times A$ より，$I_x = I_X - Y_G^2 \times A$

$I_x = \dfrac{4t \times t^3}{12} + 4t^2 \times 2.5t + \dfrac{t \times (2t)^3}{12} + 2t^2 \times t^2 = 28t^4$

$\therefore I_x = 28t^4 - 24t^4 = 4t^4$

（別解）

$I_x = \dfrac{4t \times t^3}{12} + 4t^2 \times \left(\dfrac{t}{2}\right)^2 + \dfrac{t \times (2t)^3}{12} + 2t^2 \times t^2 = 4t^4$

(3)

$_tZ_x = \dfrac{4t^4}{2t} = 2t^3, \ _cZ_x = \dfrac{4t^4}{t} = 4t^3$

10章 演習問題

[問10.1]

付図10.1にM図，Q図を示している。

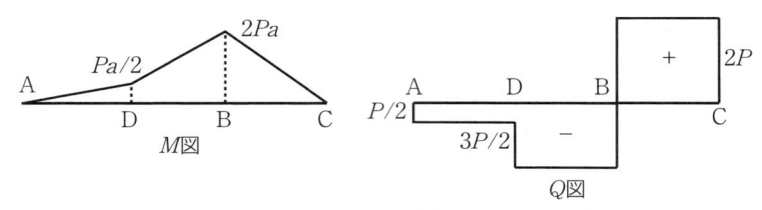

付図10.1　張り出し梁の応力図（M図とQ図）

断面が$b \times 2b$より，断面積$A = 2b^2$，断面係数$Z = 2b^3/3$となる。

ここで，付図10.1のM図，Q図の結果から，曲げモーメント，せん断力が最大となる点，部材は，それぞれB点とBC材である。

曲げ応力度（縁応力度）　$\sigma_b = \dfrac{M}{Z} = \dfrac{2Pa}{\dfrac{2b^3}{3}} = \dfrac{3Pa}{b^3}$

せん断応力度　$\tau = \dfrac{Q}{A} = \dfrac{2P}{2b^2} = \dfrac{P}{b^2}$

[問10.2]

図心から距離eだけずれて軸方向力Pが作用している場合は，図心に軸方向力Pと偏心による曲げモーメントPeが作用している場合に置換し，断面が全圧縮状態となる偏心距離eを求める。軸方向応力度と曲げ応力度は，次の値となる。

$\sigma_c = \dfrac{P}{BD}$, $\sigma_b = \dfrac{M_e}{Z} = \dfrac{Pe}{BD^2/6}$

部材断面に引張応力度が生じないための条件は，次式となる。

$\sigma_c -_t\sigma_b \geq 0 \leftrightarrow \dfrac{P}{BD} - \dfrac{6Pe}{BD^2} \geq 0$より，$e \leq \dfrac{D}{6}$となる。

[問10.3]

図10.20より，A-A断面に生じる複合応力度は，次式となる。

圧縮側：$-\sigma_c -_c\sigma_b = -\dfrac{P}{BD} - \dfrac{6QL}{BD^2} = -\sigma$ ①

引張側：$-\sigma_c +_t\sigma_b = -\dfrac{P}{BD} + \dfrac{6QL}{BD^2} = 0$ ②

①，②式より，P, Qは次の値となる。

$P = \dfrac{\sigma BD}{2}$, $Q = \dfrac{\sigma BD^2}{12L}$

[問10.4]

正方形断面の断面2次モーメント$I = \dfrac{a^4}{12}$，円形断面の断面2次モーメント$I = \dfrac{\pi a^4}{64}$ (9章演習問題，問9.2(2)を参照)となる。

図10.21より，(a)〜(c)の座屈長さは，それぞれ$L_k = 0.5L$，$0.7L$，$7L/15$となる。

参考までに，(c)図において，部材の途中に座屈止め(ピン支点)が取り付いており，部材長としては$2L/3$となる。材端の支持条件より，1端は固定端，他端はピン支点と考えると，座屈長さL_kは，$0.7 \times \dfrac{2L}{3} = \dfrac{7L}{15}$となる。

正方形断面における(a)〜(c)図の弾性座屈荷重P_Eを計算すると，以下のようになる。

(a) $P_E = \dfrac{\pi^2 E \times a^4/12}{(L/2)^2} = \dfrac{\pi^2 E a^4}{3L^2}$

(b) $P_E = \dfrac{\pi^2 E \times a^4/12}{(0.7L)^2} = \dfrac{25\pi^2 E a^4}{147L^2}$

(c) $P_E = \dfrac{\pi^2 E \times a^4/12}{(7L/15)^2} = \dfrac{225\pi^2 E a^4}{588L^2}$

円形断面における(a)〜(c)図の弾性座屈荷重P_Eを計算すると，以下のようになる。

(a) $P_E = \dfrac{\pi^2 E \times \pi a^4/64}{(L/2)^2} = \dfrac{\pi^3 E a^4}{16L^2}$

(b) $P_E = \dfrac{\pi^2 E \times \pi a^4/64}{(0.7L)^2} = \dfrac{25\pi^3 E a^4}{784L^2}$

(c) $P_E = \dfrac{\pi^2 E \times \pi a^4/64}{(7L/15)^2} = \dfrac{225\pi^3 E a^4}{3136L^2}$

11章 演習問題

[問11.1]

(1)

等分布荷重wによるM図の式は，$M_x = wLx/2 - wx^2/2$となる。

(11.1)式のたわみ曲線式より，

$$\dfrac{d^2 y}{dx^2} = -\dfrac{M_x}{EI} = -\dfrac{1}{EI}\left(\dfrac{wL}{2}x - \dfrac{w}{2}x^2\right) \quad \text{①}$$

①式を1階，2階積分すると，回転角(たわみ角)，変形量(たわみ量)の一般式が求められる。

$$\theta = \dfrac{1}{EI}\left(\dfrac{wL}{4}x^2 - \dfrac{w}{6}x^3\right) + C_1 \quad \text{②}$$

$$y = \dfrac{1}{EI}\left(\dfrac{wL}{12}x^3 - \dfrac{w}{24}x^4\right) + C_1 x + C_2 \quad \text{③}$$

境界条件：$\begin{array}{l} x = 0, L \text{のとき，} y = 0 \\ x = L/2 \text{のとき，} \theta = 0 \end{array}$ ④

④式の条件を②式に代入し，C_1, C_2を求めると，$C_1 = wL^3/24EI$, $C_2 = 0$となる．

$$\theta = \frac{1}{EI}\left(\frac{wL}{4}x^2 - \frac{w}{6}x^3\right) + \frac{wL^3}{24EI} \qquad ⑤$$

よって，

$$y = \frac{1}{EI}\left(\frac{wL}{12}x^3 - \frac{w}{24}x^4\right) + \frac{wL^3}{24EI} \qquad ⑥$$

C点の変形量δ_C，A点の回転角θ_Aは，以下の値となる．

$$\delta_C = \frac{5wL^4}{384EI}, \quad \theta_A = \frac{wL^3}{24EI}$$

以下，(2)〜(4)の問題は，(1)を参考に，たわみ曲線および境界条件式より求めることができる．ここでは，解答のみを示す．

(2)

$$\delta_B = \frac{wL^4}{8EI}, \quad \theta_B = \frac{wL^3}{6EI}$$

(3)

$$\delta_C = 0, \quad \theta_A = -\frac{ML}{24EI}$$

(4)

$$\delta_B = \frac{ML^2}{2EI}, \quad \theta_B = \frac{ML}{EI}$$

[問11.2]

(1)

弾性荷重による単純梁モデルを，付図11.1に示す．

「モールの定理」より，A点の回転角θ_AはA点のせん断力（鉛直反力），C点の変形量δ_CはC点の曲げモーメントに等しい．よって，付図11.1において，力の釣り合い条件式より，A点のせん断力を求める．

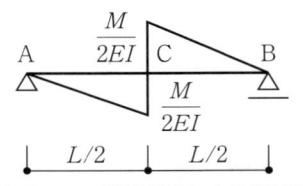

付図11.1 弾性荷重による単純梁

$$\Sigma M_B = 0 : V_A L + \frac{ML}{8EI} \times \frac{2L}{3} - \frac{ML}{8EI} \times \frac{L}{3} = 0 \quad \therefore V_A = \theta_A = -\frac{ML}{24EI}$$

C点の変形量δ_Cは，$\delta_C = M_C = -\frac{ML}{24EI} \times \frac{L}{2} + \frac{ML}{8EI} \times \frac{L}{6} = 0$

C点の変形量δ_C，A点の回転角θ_Aは，$\delta_C = 0$, $\theta_A = -\frac{ML}{24EI}$となる．

以下，(2)〜(4)の問題は，(1)を参考にモールの定理を適用すれば求めることができる．ここでは，解答のみを示す．

(2)

$$\delta_B = \frac{ML^2}{2EI}, \quad \theta_B = \frac{ML}{EI}$$

(3)
$$\delta_C = \frac{4PL^3}{243EI}, \quad \theta_A = \frac{5PL^2}{81EI}$$
(4)
$$\delta_B = \frac{5PL^3}{6EI}, \quad \theta_B = \frac{PL^2}{2EI}$$

12章 演習問題

[問12.1]
(1) $m = 3 + 1 + 4 - 2 \times 4 = 0$　安定で静定
(2) $m = 2 + 0 + 4 - 2 \times 3 = 0$　安定で静定
(3) $m = 9 + 0 + 3 - 2 \times 6 = 0$　安定で静定
(4) $m = 3 + 2 + 5 - 2 \times 4 = 2$　安定で2次の不静定
(5) $m = 5 + 4 + 6 - 2 \times 6 = 3$　安定で3次の不静定
(6) $m = 5 + 3 + 6 - 2 \times 6 = 2$　安定で2次の不静定
(7) $m = 3 + 2 + 8 - 2 \times 4 = 5$　安定で5次の不静定
(8) $m = 5 + 4 + 6 - 2 \times 6 = 3$　安定で3次の不静定
(9) $m = 6 + 6 + 6 - 2 \times 6 = 6$　安定で6次の不静定
(10) $m = 6 + 2 + 7 - 2 \times 6 = 3$　安定で3次の不静定

13章 演習問題

[問13.1]
(1) 図13.17のM図の式を求めると，$M_x = -M$となる。

今，仮想荷重をB点に鉛直下向きに$\overline{P}=1$を作用させ，$\overline{M}$図の式を求めると，次式となる。

$\overline{M} = -a + x$となる。ここで，仮想仕事の原理より，B点の変形量δ_Bは，次の値となる。

$$1 \times \delta_B = \int \frac{M\overline{M}}{EI} dx = \int_0^a \frac{(-M) \times (x-a)}{EI} dx = \frac{Ma^2}{2EI}$$

同様に，B点の回転角はB点に仮想の曲げモーメント$\overline{M}=1$を作用し，$\overline{M}$図の式を求めると次式となる。$\overline{M}_x = 1$となる。仮想仕事の原理より，B点の回転角θ_Bは，次の値となる。

$$1 \times \theta_B = \int_0^a \frac{(-M) \times (-1)}{EI} dx = \frac{Ma}{EI}$$

(2) (1)と同様に，B点に仮想荷重$\overline{P}=1$，仮想曲げモーメント$\overline{M}=1$を作用させ，B点の変形量δ_Bと回転角θ_Bを求める。

$$\delta_B = \int_0^a \frac{P(x-a) \times (x-2a)}{EI} dx = \frac{5Pa^3}{6EI}, \quad \theta_B = \int_0^a \frac{P(x-a) \times (-1)}{EI} dx = \frac{Pa^2}{2EI}$$

(3) (1)と同様に，C点に仮想荷重$\overline{P}=1$，A点に仮想モーメント$\overline{M}=1$を時計まわ

りに作用させ，C点の変形量δ_CとA点に回転角θ_Aを求める。

$$\delta_C = \int_0^{a/2} \frac{\left(\frac{wa}{2}x - \frac{w}{2}x^2\right) \times \frac{x}{2}}{EI} dx = \frac{5wa^4}{384EI}$$

$$\theta_A = \int_0^a \frac{\left(\frac{wa}{2}x - \frac{w}{2}x^2\right) \times \left(1 - \frac{x}{a}\right)}{EI} dx = \frac{wa^3}{24EI}$$

(4) (1)と同様に，C点に仮想荷重$\overline{P} = 1$を作用させて，C点に変形量δ_Cを求める。

$$\delta_C = \int_0^a \frac{P(3x-5a) \times (x-2a)}{EI} dx + \int_a^{2a} \frac{2P(x-2a)^2}{EI} dx = \frac{37Pa^3}{6EI}$$

[問13.2]

問13.1と同様に，C点に仮想曲げモーメント$\overline{M} = 1$を時計まわりに仮定し，回転角θ_Cを求める。

$$1 \times \theta_C = \int_0^a \frac{P(3a-x) \times (-1)}{3EI} dx + \int_a^{2a} \frac{2P(2a-x) \times (-1)}{2EI} dx = -\frac{4Pa^2}{3EI}$$

ここで，回転角の符号が負であることは，仮想モーメントを作用させる方向が逆であったことを示している。したがって，$\theta_C = 4Pa^2/3EI$となる。

[問13.3]

図13.19に示す梁の変形の様子を考えると，C点は変形しないことが予想される。したがって，$\delta_C = 0$となる。また，B点の回転角θ_Bを求める場合，B点に仮想曲げモーメント$\overline{M} = 1$を時計まわりに作用させ，仮想仕事の原理を適用すると，$\theta_B = Ma/6EI$となる。

[問13.4]

(1) 図13.20において，A点からxm離れた位置での曲げモーメントの式を求めると，次式となる。また，仮想荷重$\overline{P} = 1$をB点に鉛直下向きに作用させ，A点からxm離れた位置での曲げモーメントの式を求めると，次式となる。

$$M_x = -\frac{1}{2}wa^2 + wax - \frac{1}{2}wx^2$$

$$\overline{M}_x = x - a$$

仮想仕事の原理より，B点の鉛直変位量δ_Bは，次の値となる。

$$1 \times \delta_B = \frac{1}{EI} \int_0^a \left(-\frac{wa^2}{2} + wax - \frac{1}{2}wx^2\right) \times (x-a) dx = \frac{wa^4}{8EI}$$

(2) B点の鉛直変位量δ_Bを0にするためには，B点に対し鉛直上向きに荷重X_Bを作用させ，B点の鉛直変位量δ'_Bを求める。仮想仕事の原理より，

$$\delta'_B = \frac{X_B a^3}{3EI}$$となる。

(1)式の結果より，B点の鉛直変位量δ_Bを0にするためには，次式を満足すればよい。

$$\delta_B - \delta'_B = 0 \Leftrightarrow \frac{wa^4}{8EI} - \frac{X_B a^3}{3EI} = 0$$

よって，$X_B = \dfrac{3wa}{8}$

[問13.5]
(1) 問13.5と同様に，図13.21での曲げモーメントの式を求め，またB点に時計まわりに仮想曲げモーメント $\overline{M} = 1$ を作用させ，曲げモーメントの式を求める。
$M_x = -5Pa + 3Px \quad (0 \leq x \leq a)$
$M_x = 2P(x - 2a) \quad (a \leq x \leq 2a)$
$\overline{M}_x = -1 \quad (0 \leq x \leq a)$
$\overline{M}_x = 0 \quad (a \leq x \leq 2a)$
仮想仕事の原理より，B点の回転角 θ_B を求めると，次の値となる。
$$1 \times \theta_B = \dfrac{1}{EI}\int_0^a P(3x - 5a) \times (-1) dx = \dfrac{7Pa^2}{2EI}$$

(2) B点の回転角 θ_B を0にするためには，B点に対して反時計まわりに曲げモーメント M_B を作用させ，B点の回転角 θ'_B を求める。仮想仕事の原理より，
$\theta'_B = \dfrac{M_B a}{EI}$ となる。

(1)式の結果より，B点の回転角 θ_B を0にするためには，次式を満足すればよい。
$\theta_B - \theta'_B = 0 \leftrightarrow \dfrac{7Pa^2}{2EI} - \dfrac{M_B a}{EI} = 0$

よって，$M_B = \dfrac{7Pa}{2}$ （B点に対し反時計まわりに $\dfrac{7Pa}{2}$ を作用させる）

[問13.6]
図13.31の単純梁において，C点に仮想荷重 $\overline{P}$ を追加で作用させ，M図の式を求めると，次式となる。

$0 \leq x < a : M_x = M\left(1 - \dfrac{x}{2a}\right) + \dfrac{\overline{P}}{2}x$

$a \leq x < 2a : M_x = M\left(1 - \dfrac{x}{2a}\right) + \overline{P}\left(a - \dfrac{x}{2}\right)$

ここで，カスチリアノの定理を適用すると，

$1 \times \delta_C = \int \dfrac{M}{EI} \times \dfrac{\partial M}{\partial \overline{P}} dx$

$= \int_0^a \dfrac{\{M(1 - x/2a) + \overline{P}x/2\} \times x/2}{EI} dx + \int_a^{2a} \dfrac{\{M(1 - x/2a) + \overline{P}(a - x/2)\} \times (a - x/2)}{EI} dx$

ここで，仮想荷重 $\overline{P} = 0$ とおくと，

$= \dfrac{Ma^2}{6EI} + \dfrac{Ma^2}{12EI} = \dfrac{Ma^2}{4EI}$ となる。

一方，A点の回転角を求める場合は，仮想曲げモーメント $\overline{M}$ をA点に追加し，M図の式を求める。

$$M_x = (M+\overline{M})\times\left(1-\frac{x}{2a}\right), \quad \frac{\partial M}{\partial \overline{M}} = 1-\frac{x}{2a} \quad \text{となる．}$$

カスチリアノの定理を適用すると，

$$1\times\theta_A = \int_0^{2a}\frac{(M+\overline{M})\times(1-x/2a)\times(1-x/2a)}{EI}dx = \frac{2Ma}{3EI} \quad \text{となる．}$$

[問13.7]

問13.6と同様に，カスチリアノの定理を適用し，A点の回転角θ_Aを求めると，次の値となる．

$$\theta_A = \frac{Pa^2}{3EI}$$

[問13.8]

問13.6と同様に，カスチリアノの定理を適用し，D点の鉛直変形量δ_Dを求めると，次の値となる．

$$\delta_D = \frac{5Pa^3}{6EI}$$

[問13.9]

(1) A点，C点にモーメント荷重$2Pa$とPaが作用している図13.34の張り出し梁の変形図を描くと，付図13.1となる．

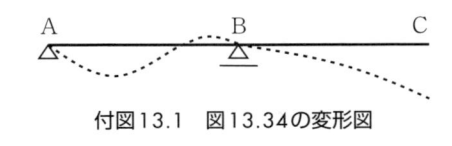

付図13.1 図13.34の変形図

(2) 問13.6と同様に，カスチリアノの定理を適用し，C点の鉛直変形量δ_Cを求めると，次の値となる．

$$\delta_C = \frac{Pa^3}{2EI}$$

図13.34において，C点にモーメント荷重Paが作用しているために，C点は(1)の結果より，鉛直下向きに変形する．C点の鉛直変位量δ_Cを0にするためには，C点に対し鉛直上向きの荷重X_Cを作用すればよい．荷重X_Cを作用した場合の鉛直変位量δ'_Cを求めると，次の値となる．

$$\delta_C = \frac{2X_C a^3}{2EI}$$

C点の鉛直変位量δ_Cを0にするためには，次の条件式を満足すればよい．

$$\delta_C - \delta'_C = 0 \Leftrightarrow \frac{Pa^3}{2EI} - \frac{2X_C a^3}{2EI} = 0$$

よって，$X_C = \dfrac{3P}{4}$ （C点に対し鉛直上向きに$3P/4$を作用させる．）

[問13.10]

例題13.3の解説を参考にして，片持ち梁とバネに分離する．バネに働く力をXとし，片持ち梁には，上向きにばねの反力Xを作用させる．

バネつき片持ち梁全体に作用するひずみエネルギーUは，次式となる．

$$U = \int_0^L \frac{M_x^2}{2EI}dx + \frac{X^2}{2K} = \int_0^L \frac{1}{2EI} \times \left(-X \times x + \frac{wx^2}{2}\right)dx + \frac{X^2}{2K}$$

上式をXで偏微分し，最小仕事の原理を適用すると，バネに働く力Xは次の値となる。

$$\frac{\partial U}{\partial X} = \frac{1}{EI}\int_0^L \left(-X \times x + \frac{wx^2}{2}\right) \times (-x)dx + \frac{X}{K} = \left(\frac{L^3}{3EI} + \frac{1}{K}\right) \times X - \frac{wL^4}{8EI} = 0$$

よって，$X = \dfrac{\dfrac{wL^4}{8}}{\left(\dfrac{L^3}{3EI} + \dfrac{1}{k}\right)}$

14章 演習問題

[問14.1]

(1) 図14.1に示すトラスのN図は，付図14.1となる。D点の鉛直変位を求めるために，仮想荷重をD点に鉛直下向きに作用させ，描くと付図14.2となる。

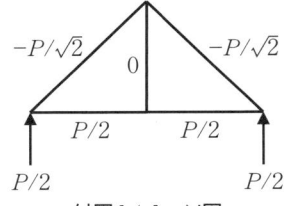

付図14.1　N図

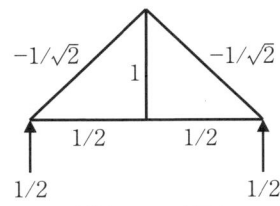

付図14.2　$\overline{N}$図

仮想仕事の原理より，D点の鉛直変形量δ_Dは，次の値となる。

$$\delta_D = \frac{1}{EA}\left\{2 \times \frac{P}{2} \times \frac{1}{2} \times a + 2 \times \left(-\frac{P}{\sqrt{2}}\right) \times \left(-\frac{1}{2}\right) \times \sqrt{2}a\right\} = \frac{Pa}{EA}\left(\sqrt{2} + \frac{1}{2}\right)$$

(2) (1)と同様に，N図，$\overline{N}$図を描くと，付図14.3となる。

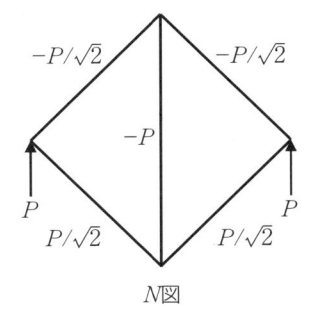

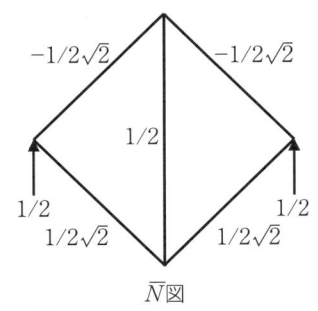

付図14.3　N図と$\overline{N}$図

仮想仕事の原理より，D点の鉛直変形量δ_Dは，次の値となる。

$$\delta_D = \frac{Pa}{EA}\left(1 - \frac{1}{\sqrt{2}}\right)$$

(3) (1)と同様に，各部材の軸方向力を求めN図，$\overline{N}$図を描く。

179

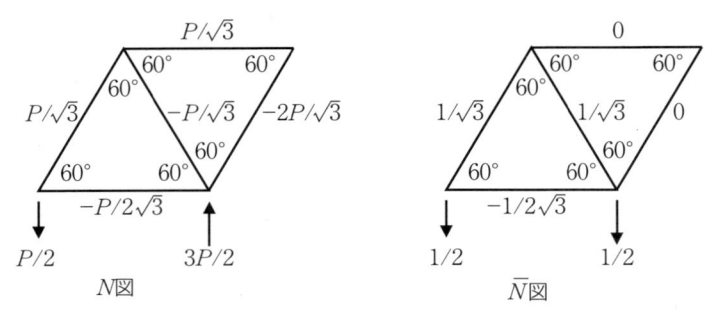

付図14.4　N図と$\overline{N}$図

仮想仕事の原理を適用すると，C点の鉛直変形量δ_Cが求まる。参考までに，トラス材の変形の様子を考えると，C点の仮想荷重$\overline{P}=1$は，上向きに作用することが望ましい。

$$\delta_C = \frac{Pa}{12EA}$$

(4)　(1)と同様に，各部材の軸方向力を求め N図，$\overline{N}$図を描く。

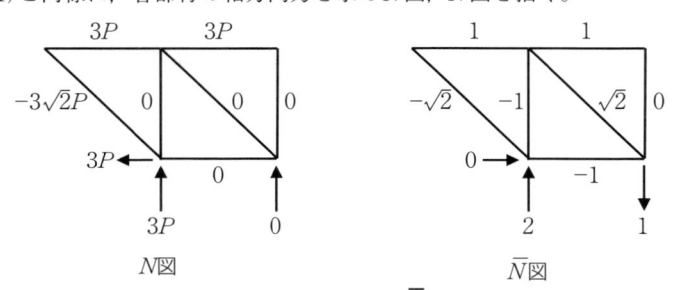

付図14.5　N図と$\overline{N}$図

仮想仕事の原理を適用すると，C点の鉛直変形量δ_Cが求まる。

$$\delta_C = \frac{3Pa}{EA}(1+2\sqrt{2})$$

[問14.2]

(1)

① $\delta_C = \int_0^a \frac{Px^2}{EI}dx + \int_0^a \frac{(-Pa)(-a)}{EI}dy = \frac{4Pa^3}{3EI}$

$\theta_C = \int_0^a \frac{Px}{EI}dx + \int_0^a \frac{(-Pa)(-1)}{EI}dy = \frac{3Pa^2}{2EI}$

② $\delta_D = \int_0^a \frac{(-Pa)\times a}{EI}dy = -\frac{Pa^3}{EI}$

(2)

$\delta_D = \int_0^a \frac{Py^2}{EI}dy + \int_{a/2}^a \frac{Pa/2\times y}{EI}dy + \int_0^a \frac{1}{EI}\times\frac{P}{2}(a-x)\left(a-\frac{x}{2}\right)dx = \frac{7Pa^3}{16EI}$

15章 演習問題

[問15.1]

(1) 1次の不静定梁であるので，基本形と余剰形は，付図15.1に示す片持ち梁とする。

仮想仕事の原理を用いて，δ_{10}，δ_{11}を求めると，次の値となる。

$$\delta_{10} = \frac{ML^2}{2EI}, \quad \delta_{11} = \frac{V_B L^3}{3EI} \quad (1)$$

ここで，B点はローラー支点で，鉛直方向に対し拘束されているので，次式が成り立つ。

$$\delta_B = \delta_{10} - \delta_{11} = 0 \Leftrightarrow \frac{ML^2}{2EI} - \frac{V_B L^3}{3EI} = 0 \quad (2)$$

(2)式より，

$$V_B = \frac{3M}{2L}, \quad V_A = -\frac{3M}{2L} となる。$$

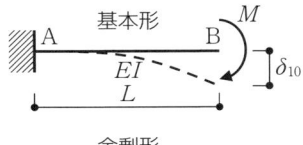

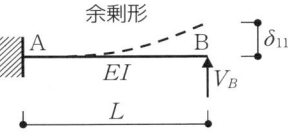

付図15.1 基本形と余剰形

1次の不静定梁において，未知数が1つわかると静定系と同じ扱いになるので，力の釣り合い条件より，A点のモーメント反力M_Aを求める。

$$\sum M_A = 0 : M_A + M - \frac{3M}{2L} \times L = 0 より, \quad M_A = \frac{M}{2} となる。$$

よって，M図，Q図は，以下の図となる。

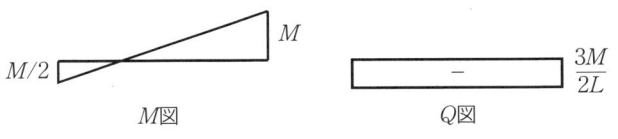

付図15.2 M図とQ図

(2) 1次の不静定梁であるので，基本形と余剰形は，付図15.2に示す片持ち梁とする。仮想仕事の原理を用いて，δ_{10}，δ_{11}を求めると，次の値となる。

$$\delta_{10} = \frac{5PL^3}{48EI}, \quad \delta_{11} = \frac{V_B L^3}{3EI} \quad (1)$$

ここで，B点はローラー支点で，鉛直方向に対し拘束されているので，次式が成り立つ。

$$\delta_B = \delta_{10} - \delta_{11} = 0 \Leftrightarrow \frac{5PL^3}{48EI} - \frac{V_B L^3}{3EI} = 0 \quad (2)$$

(2)式より，

$$V_B = \frac{5P}{16}, \quad V_A = \frac{11P}{16} となる。$$

1次の不静定梁において，未知数が1つわかると静定系と同じ扱いになるので，力の釣り合い条件式より，A点のモーメント反力M_Aを求める。

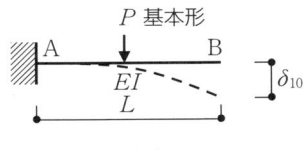

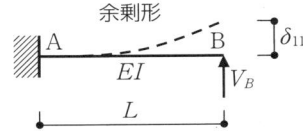

付図15.3 基本形と余剰形

$$\Sigma M_A = 0 : M_A + \frac{PL}{2} - \frac{5PL^2}{16} = 0 \text{ より,} \quad M_A = -\frac{3PL}{16} \text{ となる。}$$

よって，M図，Q図は，以下の図となる。

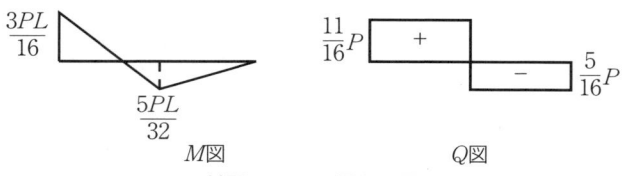

付図15.4　M図とQ図

(3)　3次の不静定梁であるが，水平外力がないために水平反力は0となり，2次の不静定梁と同じである。基本形と2種類の余剰形は，付図15.5に示す単純梁とする。仮想仕事の原理を用いて，θ_{10}，θ_{11}，θ_{12}，θ_{20}，θ_{21}，θ_{22} を求めると，次の値となる。

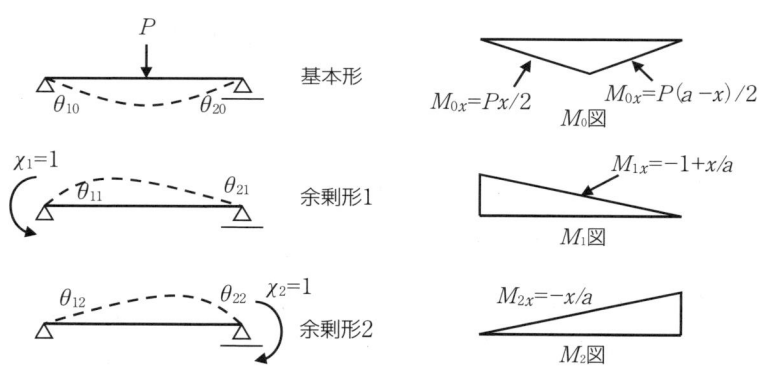

付図15.5　基本形と余剰形

(15.13)式に示す仮想仕事の原理を用いて，θ_{10}，θ_{11}，θ_{12}，θ_{20}，θ_{21}，θ_{22}は，次の値となる。

$$\theta_{10} = -\frac{Pa^2}{16EI}, \quad \theta_{11} = \frac{a}{3EI}, \quad \theta_{12} = \frac{a}{6EI} = \theta_{21}, \quad \theta_{20} = -\frac{Pa^2}{16EI}, \quad \theta_{22} = \frac{a}{3EI}$$

ここで，A, B点は固定端で変形，回転に対し拘束されており，次の連立方程式(15.14)式を導く。

$$-\frac{Pa^2}{16EI} + \frac{a}{3EI}\chi_1 + \frac{a}{6EI}\chi_2 = 0 \tag{1}$$

$$-\frac{Pa^2}{16EI} + \frac{a}{6EI}\chi_1 + \frac{a}{3EI}\chi_2 = 0 \tag{2}$$

(1)，(2)式より，

$$\chi_1 = \chi_2 = \frac{PL}{8}$$

よって，M図，Q図は，以下の図となる。

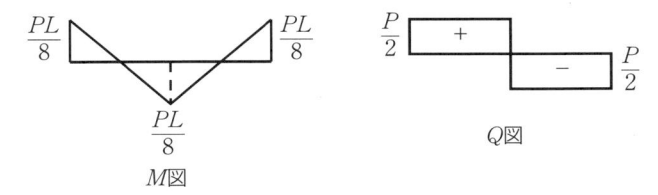

付図15.6　M図とQ図

(4) (3)の類題であり，基本形，2種類の余剰形は，同じ単純梁とする。ここでは，θ_{10}, θ_{11}, θ_{12}, θ_{20}, θ_{21}, θ_{22} の結果とM図，Q図のみを示す。

$$\theta_{10} = -\frac{4Pa^2}{81EI}, \quad \theta_{11} = \frac{a}{3EI}, \quad \theta_{12} = \frac{a}{6EI} = \theta_{21}, \quad \theta_{20} = -\frac{5Pa^2}{81EI}, \quad \theta_{22} = \frac{a}{3EI}$$

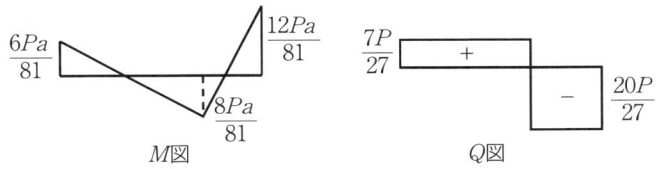

付図15.7　M図とQ図

[問15.2]

図15.25の不静定梁は，1次の不静定梁である。基本形と余剰形は，付図15.8に示す片持ち梁とする。基本形と余剰形のM図は，下図となる。

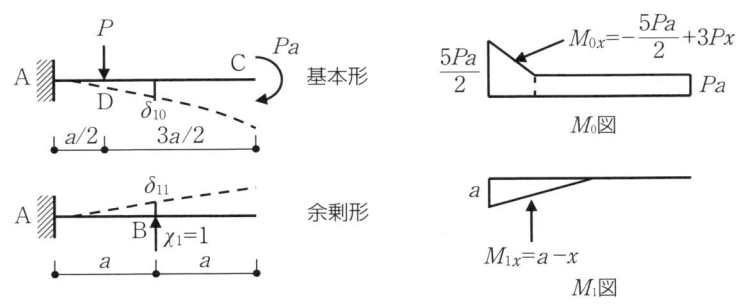

付図15.8　基本形と余剰形

ここで，B点の鉛直変位を仮想仕事の原理を用いて求めると，次の値となる。

$$\delta_{10} = -\frac{13Pa^3}{16EI}, \quad \delta_{11} = \frac{a^3}{3EI} \text{で,}$$

B点は，図15.20では実際にはローラー支点であるために，鉛直方向には拘束されており，変形することはできない。よって，次の1次方程式を導く。

$$\delta_B = \delta_{10} + \delta_{11}\chi_1 = 0 \leftrightarrow -\frac{13Pa^3}{16EI} + \frac{a^3}{3EI} \times \chi_1 = 0 \text{より,}$$

$$\chi_1 = V_B = \frac{39}{16}P \text{となる。}$$

よって，未知反力が決定できると，静定系の問題に帰着でき，A点の支点は力の釣り合い条件式より求まる。

$$V_A = \frac{9}{16}P, \quad M_A = \frac{Pa}{16} \quad \text{となる。}$$

以上より，M図，Q図は，付図15.9となる。

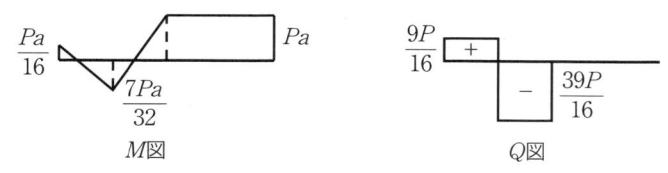

付図15.9　M図とQ図

[問15.3]

図15.26の不静定連続梁は2次の不静定梁である。問15.1(3)を参考に，基本形と2種類の余剰形を考える。この問題では，基本形と余剰形はB，C点の支点を削除し，片持ち梁とする。基本形，余剰形1，2において，B，C点での節点変位をそれぞれδ_{10}，δ_{11}，δ_{12}，δ_{20}，δ_{21}，δ_{22}とすると，次の値とする。

$$\delta_{10} = -\frac{17wa^4}{24EI}, \quad \delta_{11} = \frac{a^3}{3EI}, \quad \delta_{12} = \frac{5a^3}{6EI} = \delta_{21}, \quad \delta_{20} = -\frac{2wa^4}{EI}, \quad \delta_{22} = \frac{8a^3}{3EI} \quad \text{となる。}$$

ここで，B点，C点とも実際にはローラー支点で，鉛直方向に移動が拘束されているので，次の連立方程式が成り立つ。

$$\delta_B = -\frac{17wa^4}{24EI} + \frac{a^3}{3EI}\chi_1 + \frac{5a^3}{6EI}\chi_2 = 0$$

$$\delta_C = -\frac{2wa^4}{EI} + \frac{5a^3}{6EI}\chi_1 + \frac{8a^3}{3EI}\chi_2 = 0 \tag{1}$$

(1)式より，

$$\chi_1 = \frac{32}{28}wa, \quad \chi_2 = \frac{11}{28}wa \quad \text{となる。}$$

また，A点の支点反力V_A，M_Aは，力の釣り合い条件式より，$V_A = 13wa/28$，$M_A = -wa^2/14$となる。

以上より，M図，Q図を描くと，付図15.10となる。

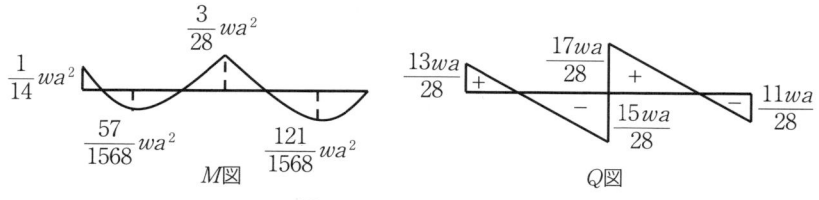

付図15.10　M図とQ図

[問15.4]
(1) 図15.27の不静定梁をO点で上下に分離すると，AB梁，CD梁はそれぞれ単純梁となるため，AB梁，CD梁が負担する荷重をP_{AB}，P_{CD}とおくと，次式の関係が成り立つ。

$P_{AB} + P_{CD} = 4P$ ①

AB梁，CD梁のO点の鉛直変位量（たわみ量）δ_Cは同じであるため，次式となる。

$\delta_C = {}_C\delta_{AB} = \dfrac{P_{AB} \times (2a)^3}{48E \times 2I} = \dfrac{P_{AB}\, a^3}{12EI}$ ②

$\delta_C = {}_C\delta_{CD} = \dfrac{P_{CD} \times a^3}{48EI} = \dfrac{P_{CD}\, a^3}{12EI}$ ③

②，③式より，$P_{CD} = 4P_{AB}$となり，①式に代入すると，それぞれの負担する荷重P_{AB}，P_{CD}は，$P_{AB} = 4P/5$，$P_{CD} = 16P/5$となる。

(2) (1)の計算結果をもとに，AB梁，CD梁の応力図（M図，Q図）を描くと，付図15.11となる。

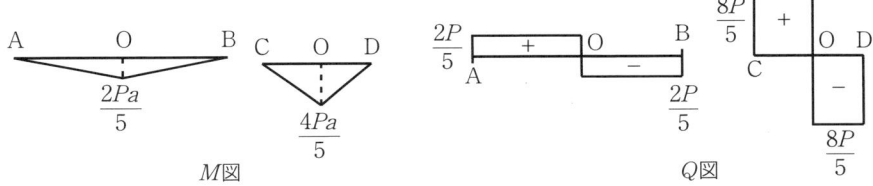

付図15.11　M図とQ図

[問15.5]
15章，15.3節の例題15.6を参考にして，余剰力をH_Bと仮定し，軸方向力図（N図）を描き，最小仕事の原理を用いて余剰力H_Bを求めると，次式となる。

$1 \times \delta_B = \dfrac{L}{EA}\left\{(4\sqrt{2}+2) \times H_B - (2\sqrt{2}+2) \times P\right\} = 0$

$H_B = \dfrac{2\sqrt{2}+2}{4\sqrt{2}+2} = 0.56P$

H_Bの結果をN図の軸方向力に代入し，N図を描くと付図15.12となる。

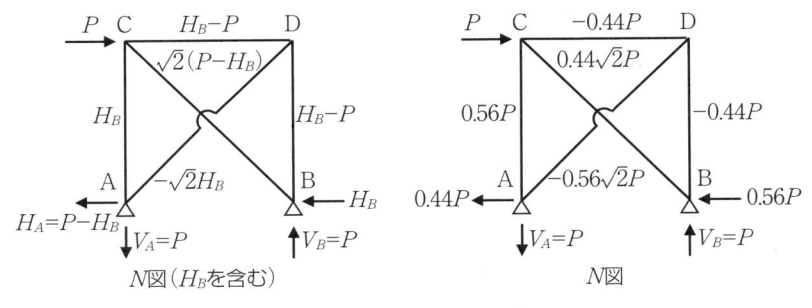

付図15.12　M図とN図

次に，C点に仮想荷重 $\overline{P}=1$ を作用させ，最小仕事の原理を用いて余剰力 $\overline{H}_B$ を求め，仮想の軸方向力図（$\overline{N}$図）を描くと，付図15.13となる。

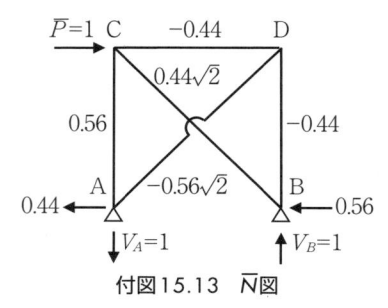

付図15.13　$\overline{N}$図

仮想仕事の原理より，C点の水平変位量 δ_C は，次の値となる。

$$1 \times \delta_C = \frac{0.56^2 PL}{EA} + \frac{(-0.44)^2 PL}{EA} \times 2 + \frac{(-0.56\sqrt{2})^2 P}{EA} \times \sqrt{2}L + \frac{(0.44\sqrt{2})^2 P}{EA} \times \sqrt{2}L$$

$$= \frac{2.1PL}{EA}$$

16章 演習問題

[問16.1]

(1)　①準備計算：剛比と荷重項

AB材，BC材の剛度を K_{AB}, K_{BC} とすると，$K_{AB} = K_{BC} = 1/L$ となり，基準剛度を $\overline{K} = K_{AB}$ とすると，各剛比は $k_{AB} = k_{BC} = 1$ となる。

AB材の荷重項 C_{AB}, C_{BA} は，$C_{AB} = -PL/8 = -C_{BA}$ となる。

②基本式と節点方程式：この不静定連続梁において，A点は固定端で節点角モーメント $\phi_A = 0$，B，C点の節点角モーメントを ϕ_B, ϕ_C とする。(16.10)式より，たわみ角法の基本式を導く。

基本式：

$$M_{AB} = \phi_B - \frac{PL}{8},\ M_{BA} = 2\phi_B + \frac{PL}{8},\ M_{BC} = 2\phi_B + \phi_C,\ M_{CB} = \phi_B + 2\phi_C = 0 \quad (1)$$

（C点はローラー支点のため）

節点方程式(B点)：

$$M_{BA} + M_{BC} = 0 : 4\phi_B + \phi_C + PL/8 = 0 \quad (2)$$

(1)式の $M_{CB} = 0$ と(2)式より，$\phi_B = -2PL/56$，$\phi_C = PL/56$ となる。
よって，材端モーメントは，以下の通りである。

$$M_{AB} = -\frac{9}{56}PL,\ M_{BA} = \frac{3}{56}PL = -M_{BC},\ M_{CB} = 0$$

以上より，M図と Q図を描くと，付図16.1となる。

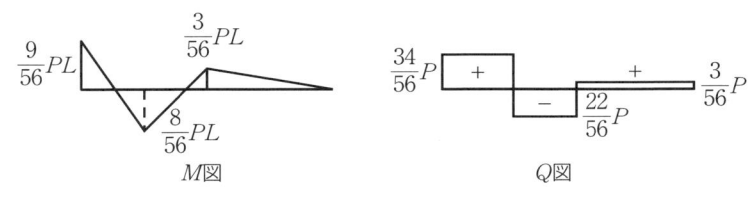

付図16.1 M図とQ図

(2)〜(4)については，(1)の解答を参考に解けば，M図，Q図を描くことは容易である．(2)〜(4)について，M図，Q図のみとする．

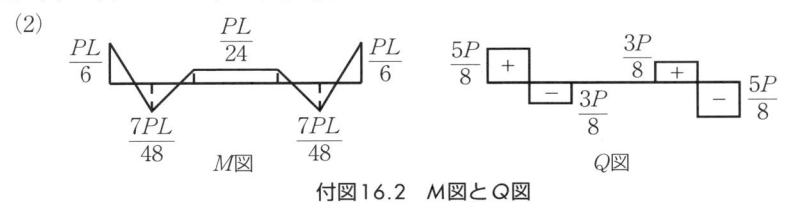

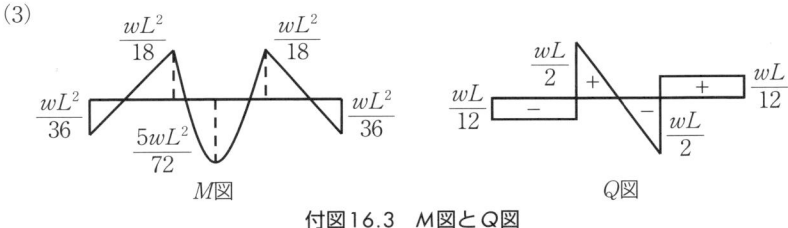

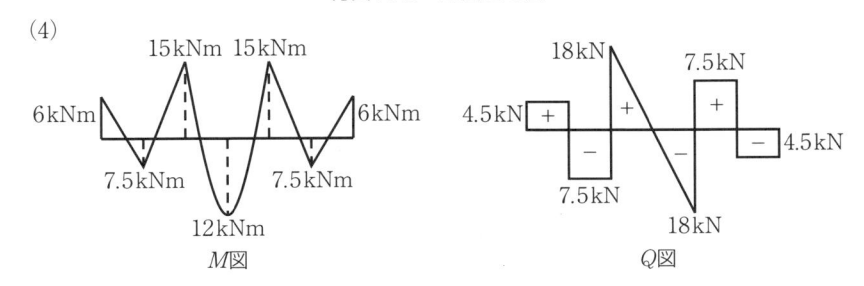

(2)

付図16.2 M図とQ図

(3)

付図16.3 M図とQ図

(4)

付図16.4 M図とQ図

[問16.2]
(1) ①剛比と荷重項

AB材，BC材の剛度を K_{AB}, K_{BC} とすると，$K_{AB} = K_{BC} = 1/5$ となり，基準剛度を $\overline{K} = K_{AB}$ とすると，各剛比は $k_{AB} = k_{BC} = 1$ となる．各部材に中間荷重が作用していないので，荷重項はない．

②基本式と節点方程式：この不静定連続梁において，A，C点は固定端で節点角モーメント $\phi_A = \phi_C = 0$，B点の節点角モーメントを ϕ_B とする．(16.10) 式より，たわみ角法の基本式を導く．

基本式：
$M_{AB} = \phi_B$, $M_{BA} = 2\phi_B$, $M_{BC} = 2\phi_B$, $M_{CB} = \phi_B$

節点方程式（B点）：
$M_{BA} + M_{BC} = -50 : 4\phi_B = -50$ より, $\phi_B = -12.5\,\text{kNm}$

よって，各部材の材端モーメントは，以下の通りである。

$M_{AB} = -12.5\,\text{kNm}$, $M_{BA} = -25\,\text{kNm}$, $M_{BC} = -25\,\text{kNm}$, $M_{CB} = -12.5\,\text{kNm}$

以上より，M図，Q図，N図を描くと，付図16.5となる。

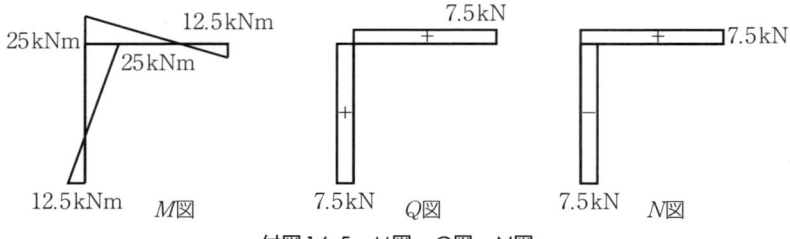

付図16.5 M図，Q図，N図

(2)〜(6)の問題は，(1)の問題を参考に解けば，M図，Q図，N図を描くことは可能である。(2)〜(6)について，M図，Q図，N図のみとする。

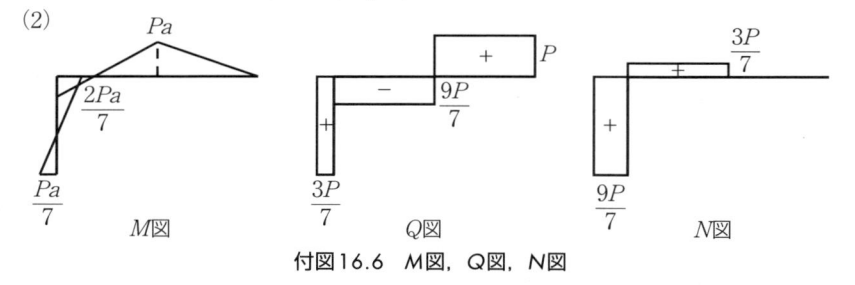

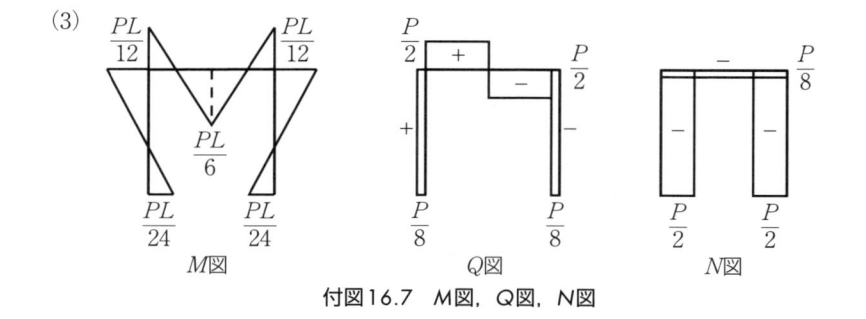

(2)

付図16.6 M図，Q図，N図

(3)

付図16.7 M図，Q図，N図

(4)

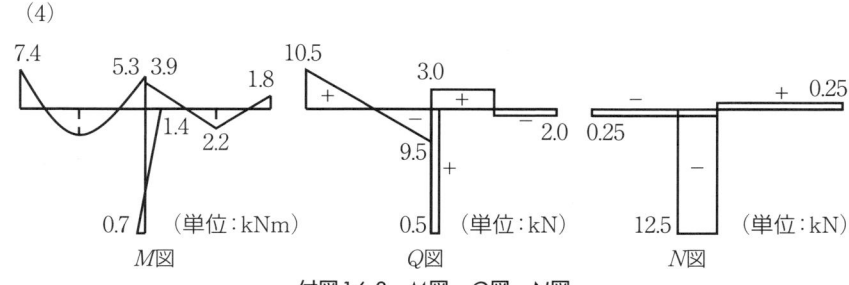

付図16.8　M図，Q図，N図

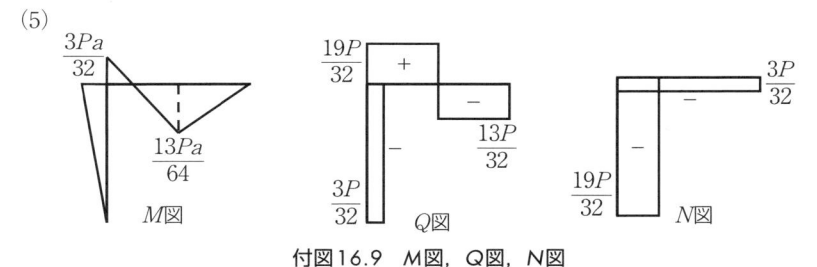

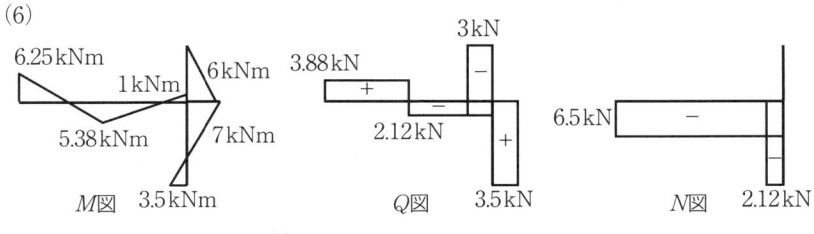

(5)

付図16.9　M図，Q図，N図

(6)

付図16.10　M図，Q図，N図

[問16.3]

(1) この不静定ラーメンは，B点に20kNの水平荷重が作用しているために，B，C点の節点は横方向に変形し，AB材，DC材に部材角ψが生じる。

①荷重項の計算：$C_{BC} = -4\text{kNm} = -C_{CB}$

②基本式，節点方程式および層方程式の誘導：

基本式：
$$M_{AB} = \phi_B + \psi, \quad M_{BA} = 2\phi_B + \psi$$
$$M_{BC} = 2\phi_B + \phi_C - 4, \quad M_{CB} = \phi_B + 2\phi_C + 4 \tag{1}$$
$$M_{CD} = 2\phi_C + \psi, \quad M_{DC} = \phi_C + \psi$$

節点方程式（B，C点）：

B点：$M_{BA} + M_{BC} = 0 : 4\phi_B + \phi_C + \psi - 4 = 0 \tag{2}$

C点：$M_{CB} + M_{CD} = 0 : \phi_B + 4\phi_C + \psi + 4 = 0 \tag{3}$

層方程式：
$$M_{AB} + M_{BA} + M_{CD} + M_{DC} = 0$$
$$\leftrightarrow 3\phi_B + 3\phi_C + 4\psi = -30 \tag{4}$$

(1)～(4) 式より，$\phi_B = 7.05\,\text{kNm}$，$\phi_C = 4.38\,\text{kNm}$，$\psi = -28.57\,\text{kNm}$ となり，各部材の材端モーメントは，以下の通りである。

$M_{AB} = -21.52\,\text{kNm}$，$M_{BA} = -14.48\,\text{kNm}$，$M_{BC} = -14.48\,\text{kNm}$
$M_{CB} = 19.81\,\text{kNm}$，$M_{CD} = -19.81\,\text{kNm}$，$M_{DC} = -24.19\,\text{kNm}$

以上より，M図，Q図，N図を描くと，付図16.11となる。

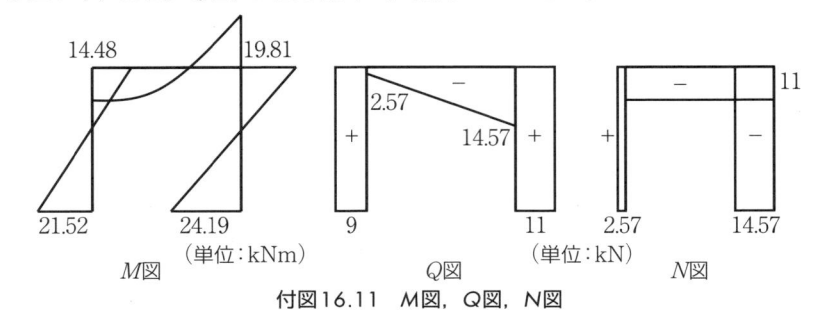

付図16.11 M図，Q図，N図

(2) (1)の解答例を参考に考えると，M図，Q図，N図は描くことは可能である。(2)の問題で注意すべき点は，D点がピン支点であり，基本方程式を誘導する際，$M_{DC} = \phi_C + 2\phi_D + \psi = 0$ とすればよい。ここでは，M図，Q図，N図のみを示す。

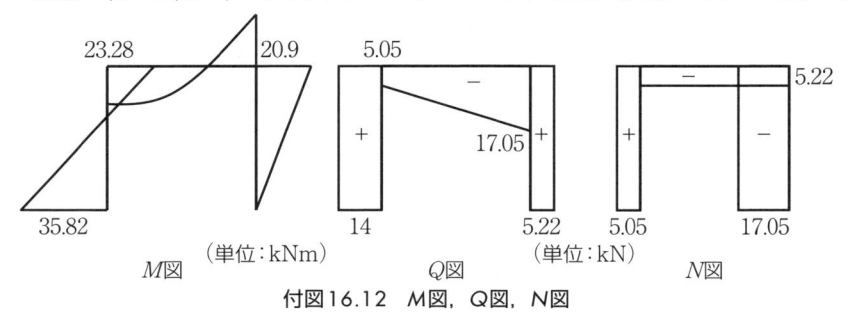

付図16.12 M図，Q図，N図

【注意しておきたいポイント】

問16.3の(1)と(2)は，同じフレームで同じ荷重を作用しているが，D点の支点の支持条件が固定端とピンの違いである。しかし，2つのフレームの生じる応力図は，固定端とピン支持では，曲げモーメントとせん断力は，D点がピン支点の場合のほうが，固定端に比べAB材の分担が大きくなることがわかる。一方，N図に関しては，逆にBC材(梁材)が負担するせん断力が大きくなり，CD材のほうが負担する軸方向力が大きくなることも，この図から理解できる。

以上のことより，構造力学は単なる数学上の部材の計算ではなく，実際の構造設計の基礎を学んでいることを，問16.3から理解してほしい。

[問16.4]
(1) A点，B点は固定端，C点はピン支点であるので，OA材，OB材，OC材の等

価剛比は，次の値となる。

$\bar{k}_{OA}=1$，$\bar{k}_{OB}=2$，$\bar{k}_{OC}=0.75\times 4=3$

(2) OA材，OB材，OC材の分割モーメントは，(1)の等価剛比を用いて求めると，次のようになる。

$M_{OA}=1/6\times 42=7\,\text{kNm}$，$M_{OB}=2/6\times 42=14\,\text{kNm}$，$M_{OC}=3/6\times 42=21\,\text{kNm}$

(3) A点，B点は固定端であるため，OA材，OB材については，分割モーメントの半分が到達し，OC材については，C点がピン支点であるために，到達モーメントは0となる。

$M_{AO}=7\times 7.5=3.5\,\text{kNm}$，$M_{BO}=14\times 0.5=7\,\text{kNm}$，$M_{CO}=0\,\text{kNm}$

(4) (2)，(3)の計算結果をもとに，図16.29の応力図（M図，Q図，N図）および反力図を描くと，付図16.3となる。

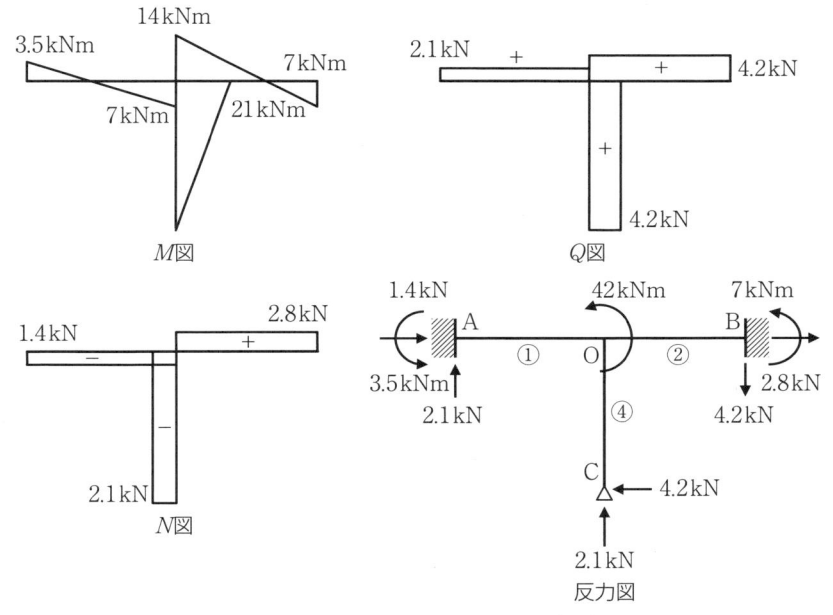

付図16.13 M図，Q図，N図および反力図

==== 17章 演習問題 ====

[問17.1]

(1) 各部材の曲げ剛性，部材長は同じであるので，剛比は1となる。BC材には，6kN/mの等分布荷重が作用しているので，固定端モーメント（FEM，荷重項）が生じる。このFEMを求めると，$FEM_{BC}=-18\,\text{kNm}=-FEM_{CB}$ となる。

17.3節で学習した固定モーメント法の図解を，付図17.1に示す。節点まわりの曲げモーメントの釣り合いは，不釣り合いモーメントが限りなく0に近づくか，節点が左側と右側で釣り合うかのどちらかで判定し，計算を終了する。

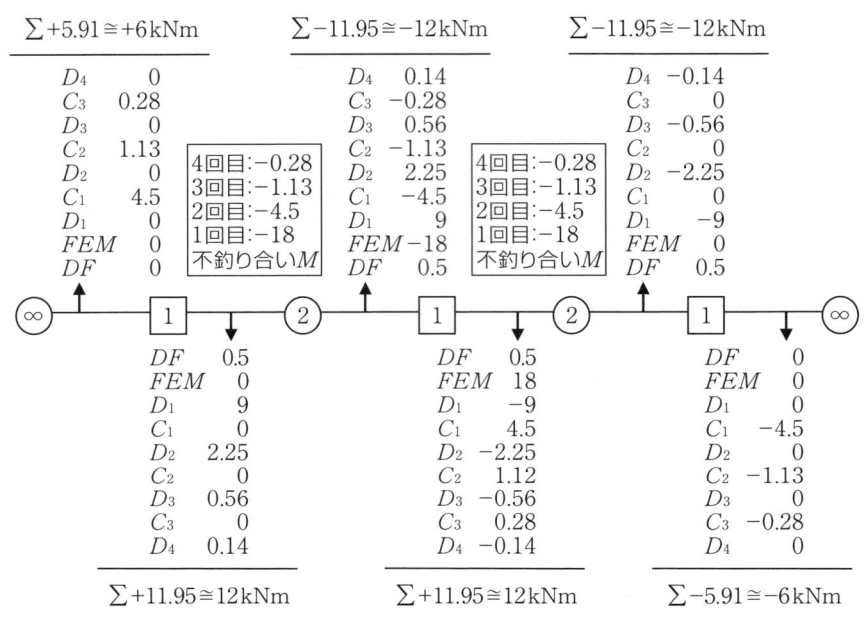

$\sum +5.91 \cong +6\,\mathrm{kNm}$		$\sum -11.95 \cong -12\,\mathrm{kNm}$		$\sum -11.95 \cong -12\,\mathrm{kNm}$	
D_4	0	D_4	0.14	D_4	-0.14
C_3	0.28	C_3	-0.28	C_3	0
D_3	0	D_3	0.56	D_3	-0.56
C_2	1.13	C_2	-1.13	C_2	0
D_2	0	D_2	2.25	D_2	-2.25
C_1	4.5	C_1	-4.5	C_1	0
D_1	0	D_1	9	D_1	-9
FEM	0	FEM	-18	FEM	0
DF	0	DF	0.5	DF	0.5

4回目：-0.28
3回目：-1.13
2回目：-4.5
1回目：-18
不釣り合いM

DF	0.5	DF	0.5	DF	0
FEM	0	FEM	18	FEM	0
D_1	9	D_1	-9	D_1	0
C_1	0	C_1	4.5	C_1	-4.5
D_2	2.25	D_2	-2.25	D_2	0
C_2	0	C_2	1.12	C_2	-1.13
D_3	0.56	D_3	-0.56	D_3	0
C_3	0	C_3	0.28	C_3	-0.28
D_4	0.14	D_4	-0.14	D_4	0
$\sum +11.95 \cong 12\,\mathrm{kNm}$		$\sum +11.95 \cong 12\,\mathrm{kNm}$		$\sum -5.91 \cong -6\,\mathrm{kNm}$	

付図17.1 固定モーメント法の計算法

付図17.1をもとにM図，Q図を描くと，付図17.2となる。

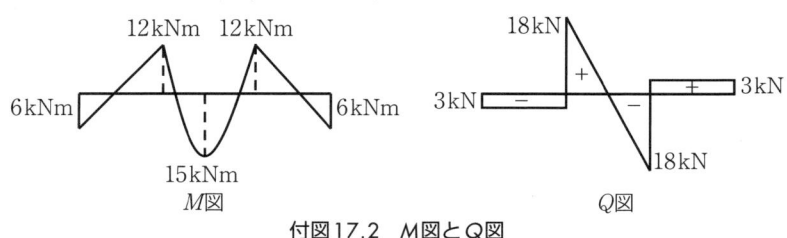

付図17.2 M図とQ図

(2) (1)と同様に，固定モーメント法を適用すると，M図，Q図は描くことは可能である。ここでは，計算過程は省略し，M図，Q図のみを示す。

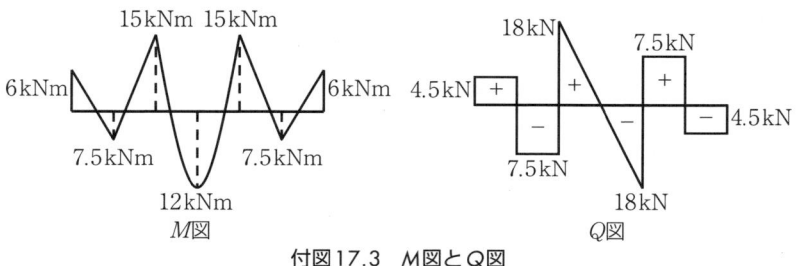

付図17.3 M図とQ図

[問17.2]
問17.1 (2)と同様に，ここでは，M図，Q図，N図のみを示す．

(1)

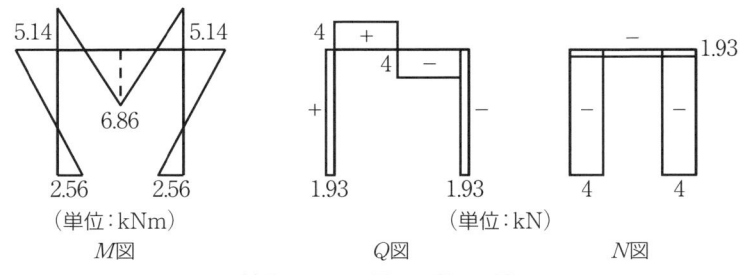

付図17.4 M図，Q図，N図

(2)

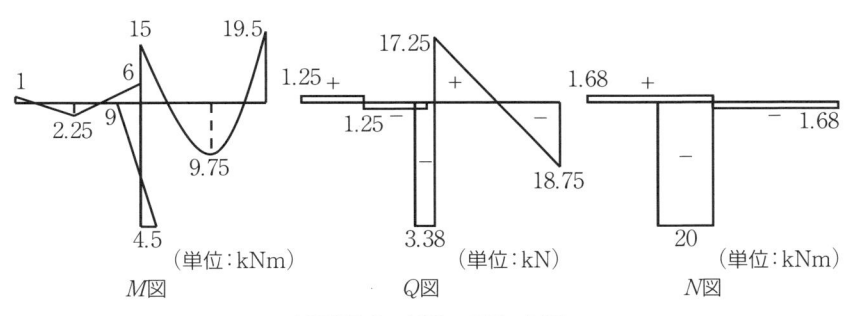

付図17.5 M図，Q図，N図

(3)

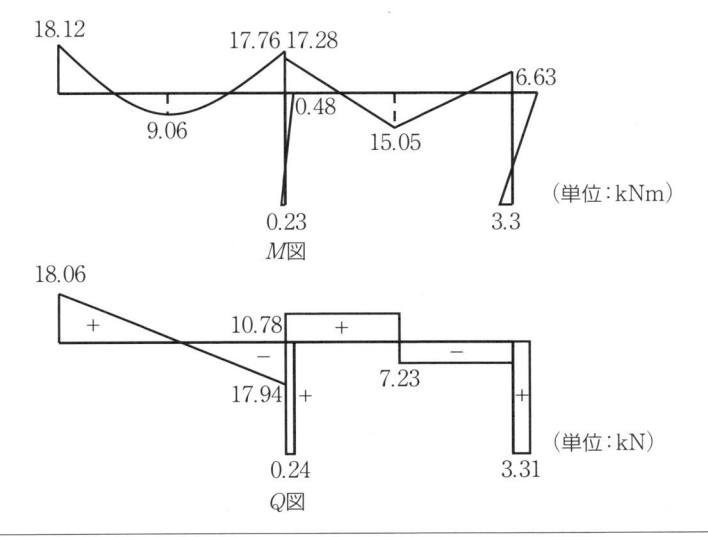

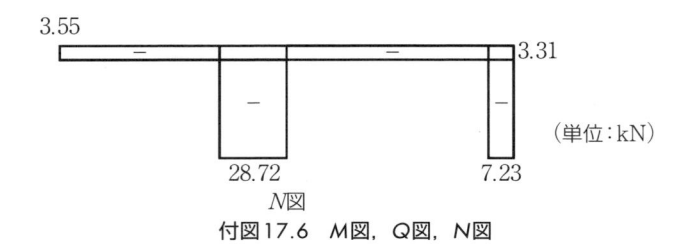

```
         3.55                                    3.31
         ┌──────────────────┬──────────────────┐
         │        −         │        −         │
         │                  │                  │
         │         −        │         −        │
         │                  │                  │    （単位：kN）
         │                  │                  │
              28.72              7.23
                     N図
              付図17.6  M図，Q図，N図
```

18章 演習問題

[問18.1]

9章の問9.4より，図心はX軸から$2a$で，全断面が降伏点に達した場合の応力度分布を付図18.1に示す．付図18.1より，全塑性モーメントM_Pを求めると，次の値となる．

$$M_P = 4a^2\sigma_y \times \frac{a}{2} + 2a^2\sigma_y \times a = 4a^3\sigma_y$$

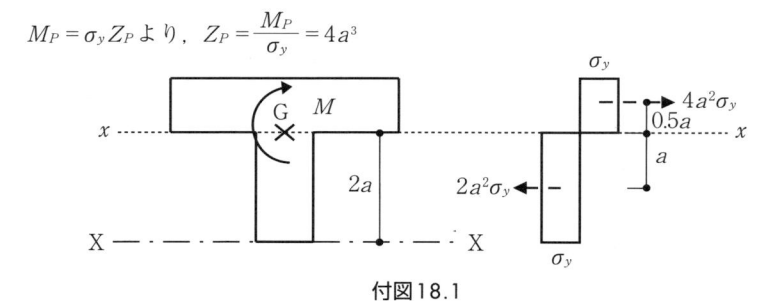

$M_P = \sigma_y Z_P$ より，$Z_P = \dfrac{M_P}{\sigma_y} = 4a^3$

付図18.1

[問18.2]

図18.10より，外力仕事，内力仕事は，次の値となる．

外力仕事：$\sum P\delta = P_u \times \dfrac{1}{2}L\theta$

内力仕事：$\sum M_P \theta = 2M_P\theta + M_P\theta = 3M_P\theta$

よって，崩壊荷重P_uは，$P_u = 6M_P/L$となる．

[問18.3]

問18.2と同様に，外力仕事＝内力仕事から崩壊荷重P_uを求める．

$2P_u \times \dfrac{L\theta}{3} = 4M_P\theta$ より，崩壊荷重 $P_u = 6M_P/L$

[問18.4]

問18.2と同様に，外力仕事＝内力仕事から崩壊荷重P_uを求める．

外力仕事 $= P_u \times 4\theta + P_u \times 3\theta = 7P_u\theta$

内力仕事 $= 2 \times 300\theta + 200\theta + 2 \times 200 \times 2\theta = 1600\theta$

よって，崩壊荷重 $P_u = 1600\theta/7\theta = 228.6\,\text{kN}$

[**参考文献**]

1) 岡田義光，最新日本の地震地図，東京書籍，2006
2) 山田孝一郎，松本芳紀，新しい建築工学4 建築構造力学Ⅰ 第2版，森北出版，2001
3) 山田孝一郎，松本芳紀，新しい建築工学4 建築構造力学Ⅱ 第2版，森北出版，2001
4) 寺本隆幸，建築構造の力学Ⅰ(静定構造物編)，森北出版，2005
5) 寺本隆幸，建築構造の力学Ⅱ(不静定構造物・振動応答解析編)，森北出版，2007
6) 大田和彦，藤井大地，はじめて学ぶ建築構造力学，森北出版，2008
7) 鈴木基行，ステップアップで実力がつく 構造力学徹底演習 基礎から応用ま243問，森北出版，2006
8) 伴潔，金谷弘，藤原勝義，建築骨組の力学，森北出版，1997
9) 田中尚，高梨晃一，宇田川邦明，建築骨組の力学(演習編)，森北出版，1979
10) 米田昌弘，構造力学を学ぶ(応用編)，森北出版，2003
11) 基本建築関係法令集 平成25年度版，井上書院，2013
12) 鉄筋コンクリート構造計算規準・同解説，日本建築学会，1988
13) 鉄筋コンクリート構造計算規準・同解説，日本建築学会，1999
14) 高梨晃一，福島暁男，基礎からの鉄骨構造，森北出版，2003
15) 鋼構造設計規準(SI単位版)，日本建築学会，2002

索　引

［あ―お］

アーチ — 48, 53
圧縮応力度 — 56, 73
圧縮場 — 73
安定構造物 — 89
安定と不安定 — 89
1次の不静定梁 — 114
1次の不静定連続梁 — 106, 120
一部塑性状態 — 154
一対の関係 — 86
エネルギー保存の法則 — 92, 93
鉛直荷重 — 12
鉛直反力 — 23, 24
オイラー — 79
オイラーの弾性座屈荷重 — 79
応力 — 25, 56
応力度 — 56, 73
大きさ — 14

［か―こ］

回転 — 14
回転角 — 128
回転端 — 21
解放モーメント — 146
外力仕事 — 92, 93, 152, 153
荷重項 — 131, 148
荷重増分解析 — 156
カスチリアノの第1定理 — 102
カスチリアノの第2定理 — 105
カスチリアノの定理 — 114
仮想外力 — 92
仮想荷重 — 96
仮想荷重の考え方 — 98
仮想仕事の原理 — 92, 97, 108
仮想仕事法による構造物の崩壊荷重の計算 — 152
仮想の弾性荷重 — 86
仮想変位 — 96
片持ち梁 — 30, 31
片持ち梁型 — 40, 41
片持ち梁型ラーメン — 40
完全弾塑性体 — 154
基本形 — 114
曲率半径 — 74
許容応力度設計 — 156
クレモナ図法 — 48
ゲルバー梁 — 30, 36
交叉梁 — 123
合成ラーメン — 48, 54
剛接数 — 89
剛節点 — 21
構造 — 10
構造設計 — 10
構造力学 — 10, 11
剛度 — 130
剛比 — 130
降伏 — 154
降伏荷重 — 79
降伏状態 — 156
降伏点 — 79, 154, 155
降伏モーメント — 155
合力 — 15
固定荷重 — 12
固定支点 — 21
固定端 — 21
固定端モーメント — 128
固定法 — 146
固定モーメント法 — 146
固定モーメント法の原理 — 146, 147
コンクリート充填鋼管構造 — 11

［さ―そ］

最外縁 — 67
最小仕事の原理 — 105, 114, 123
最小仕事の原理を用いたバネつき単純梁 — 105
材端モーメント — 128
座屈 — 70, 79
座屈応力度 — 80
座屈荷重 — 73
座屈現象 — 79
作用点 — 14
三角形 — 48
3次の不静定梁 — 118
残留ひずみ — 154
残留変形 — 61
軸剛性 — 94
軸方向応力度 — 73
軸方向力 — 25, 93
軸方向力によるひずみエネルギー — 93
仕事 — 92
仕事量 — 92
軸方向応力度 — 73
支持端 — 20
地震荷重 — 12
実荷重 — 96
実変位 — 96
支点 — 20
支点の反力数 — 89
終局荷重 — 152
終局耐力設計 — 156
重心 — 65
集中荷重 — 12
主応力度 — 58
主断面2次モーメント — 69
衝撃荷重 — 12
常時の荷重 — 83
示力図 — 49
垂直応力度 — 56
垂直ひずみ度 — 61
水平反力 — 23, 24

索 引

数式解法	15,48
図式解法	15,48
図心(重心)	65
3ヒンジラーメン	40,43
静定アーチ	48,53
静定形	114
静定構造物	89
静定と不静定	89
静定トラス	48
静定トラスの変形	108
静定梁	30
静定ラーメン構造	40
静定ラーメンの変形	109
積載荷重	12
切断法	48,51
節点	20,21
節点角	129
節点数	90
節点法	48,50
節点方程式	134
ゼロ部材	50
図解式の漸近的計算法	146
全塑性状態	154
全塑性モーメント	155
せん断応力度	56,73,76
せん断剛性	95
せん断弾性係数	62
せん断ひずみ度	61
せん断力	26
せん断力によるエネルギー	93
層方程式	142,143
塑性	62,154
塑性域	152
塑性解析	152
塑性断面係数	155
塑性ヒンジ	152

[た―と]

耐震安全性	11
縦ひずみ	61
縦ひずみ度	61
たわみ	83
たわみ角(変形角)	83
たわみ角法	128
たわみ角法の基本式	129,131
たわみ曲線	83
たわみ量(変形量)	83
短期荷重	12
単純梁	30,32
単純梁型	40
単純梁型ラーメン	42
弾性	61
弾性域	152
弾性曲線	83
弾性係数	62
弾性限界	62
断面1次モーメント	65
断面極2次モーメント	68
断面係数	65,67

断面積	65
断面相乗モーメント	68
断面2次半径	65,70
断面2次モーメント	65,66
断面の核	73,78
断面の主軸	68
力	14
力の合成	15
力の3要素	14
力の多角形	18
力の釣り合い	17,18
力の釣り合い条件式	18
力の分解	17
力のモーメント	14
中立軸	74
長期荷重	12,83
直線部材	48
適合条件	114
鉄筋コンクリート構造	11
鉄骨造	11
鉄骨鉄筋コンクリート構造	11
等価剛比	140
等価剛比係数	140
到達モーメント	146
到達率	140,147
等分布荷重	12
特殊な不静定梁	122
トラス構造	48

[な―の]

内力	15,56
内力仕事	92,93,152,153
2次以上の不静定梁	116
2次の不静定梁	122
ニュートンの第2法則	14

[は―ほ]

柱降伏型	152
柱材の座屈強度	70
梁降伏型	152
張り出し梁	30,35
判別式	89
反力	20,23
非常時荷重	12
ひずみエネルギー	92
ひずみ度	56,61
引張応力度	56,73
引張場	73
標準剛度	130
標準せん断応力度	76
ヒンジ端	21
ピン支点	21
ピン接合	48
ピン節点	21
不安定構造物	89,155
風圧力	12
複合応力度	73,77

項目	ページ
複合構造	62
部材角	128, 129, 142
部材数	89
不静定構造	114
不静定構造物	89
不静定トラス	114, 123
不静定力	114
不静定連続梁	116, 146
縁応力度	75
不釣り合いモーメント	146, 147
プレストレスコンクリート構造	11
分割モーメント	146
分割率	140, 141
分力	17
閉合	18
平行弦トラス	48
平面保持の仮定	74
変位法	128
変形	83, 92
ポアソン比	61
崩壊	152
崩壊域	152
崩壊荷重	152, 155
崩壊メカニズム	152, 156
細長比	80
保有耐力設計	156

[ま―も]

項目	ページ
曲がりにくさ	66
曲げ応力度	56, 73, 74, 75
曲げ剛性	66, 84
曲げモーメント	26, 93
曲げモーメントによるひずみエネルギー	94

項目	ページ
向き	14
モーメント荷重	34
モーメント反力	23, 24
モーメント分配法	146
モールの応力円	58
モールの定理	83, 86
木造	11
門型	40

[や―よ]

項目	ページ
山形トラス	48
ヤング係数	62
横ひずみ	61
横ひずみ度	61
余剰形	114
余剰力	114, 124

[ら―ろ]

項目	ページ
ラーメン構造	40
ローラー支点	20
ローラー節点	22

[わ]

項目	ページ
ワーレントラス	48

[欧文]

項目	ページ
Q図，N図の符号のつけ方	41

著者略歴

中川　肇（なかがわ はじめ）
　1991年　関西大学工学部建築学科卒業
　1993年　関西大学大学院工学研究科建築学専攻博士課程前期課程修了，修士（工学）取得
　　　　　西松建設㈱建築設計部構造課入社
　1998年　関西大学大学院工学研究科建築学専攻博士課程後期課程修了，博士（工学）取得
　2002年　西松建設㈱建築設計部構造課退社，国立明石工業高等専門学校建築学科助手
　2005年　国立明石工業高等専門学校建築学科講師
　2006年　独立行政法人国立高等専門学校機構 明石工業高等専門学校建築学科助教授
　2007年　独立行政法人国立高等専門学校機構 明石工業高等専門学校建築学科准教授
　　　　　現在に至る

　担当科目　建築構造力学，鉄骨構造，鉄骨構造設計演習，耐震工学，防災工学，測量学，測量実習，建築生産など
　専門分野　耐震工学，防災工学
　資　格　　博士（工学），1級建築士，1級建築施工管理技士，建築工事監理技術者，防火管理者，VEリーダー，防災士，市民救命士

基礎から学ぶ 建築構造力学
理論と演習からのアプローチ

2013年9月10日　第1版第1刷発行

・本書の複製権・翻訳権・上映権・譲渡権・公衆送信権（送信可能化権を含む）は株式会社井上書院が保有します。

JCOPY 〈（社）出版者著作権管理機構 委託出版物〉
本書の無断複写は著作権法上での例外を除き禁じられています。複写される場合は，そのつど事前に，（社）出版者著作権管理機構（電話03-3513-6969，FAX03-3513-6979，e-mail：info@jcopy.or.jp)の許諾を得てください。

著　者　中川　肇 ©
発行者　関谷　勉
発行所　株式会社 井上書院
　　　　東京都文京区湯島2-17-15　斎藤ビル
　　　　電話(03)5689-5481　FAX(03)5689-5483
　　　　http://www.inoueshoin.co.jp
　　　　振替00110-2-100535

装　幀　高橋揚一
印刷・製本　有限会社秋元印刷所

ISBN978-4-7530-0652-6　C3052　　　Printed in Japan

図解 建築の構造と構法

鈴木秀三編
岩下陽市・古本勝則・奥屋和彦・磯野重浩著
A4判・164頁・二色刷　定価3360円

建築生産工程の流れを通して構造全般の概要が学習できるよう徹底図解したテキスト。構造別に，特徴，材料，工法，施工，法規等の基礎知識が整理しやすいよう一工程を見開きで構成し，各構法を共通プランを用いて解説。

模型で学ぶ 建築構法入門　在来木造編[改訂版]

森永智年・京牟禮実
A4判・52頁　定価3570円

スチレンボードを使った模型キット(テキスト＋スチレンボード7枚＋部材切出し用型紙)。現場施工の手順に沿って模型を作製することにより，短期間で在来軸組工法の構法や部材名称，施工の流れが学習できる。

建築の力学　塑性論とその応用

桑村仁
A5判・200頁　定価2625円

災害などに対する建物の安全性確保に必要な塑性学の知識について，基礎理論から塑性設計法の実践，建築構造設計への応用技術が身につくよう，構造物の挙動を理解することを中心に構造システム全体を通して平易に解説。

建築系学生のための 卒業設計の進め方

日本建築学会編
B5判・192頁　定価2730円

卒業設計に着手する建築系学生を対象に，計画案作成，準備，進め方について基本事項やノウハウを体系的に整理した。課題設定の手掛かりとなる各種テーマや製作過程におけるポイントを，多数の作品事例をまじえて詳解。

建築系学生のための 卒業論文の書き方

山口廣・笠井芳夫・浅野平八
A5変形判・154頁　定価1890円

卒業論文に取り組む建築系学生を対象に，テーマの設定方法や資料の収集・整理といった準備段階から，実際の書き方・まとめ方まで「技術系」と「計画系」に分けて，サンプルを多数例示しながらまとめた好手引書。

空間デザイン事典

日本建築学会編
A5変形判・228頁・カラー　定価3150円

覆う，積む，つなぐ，浮かす，自然を取り込むなど，空間を形づくる20の概念を軸に整理した98のデザイン手法について，その意味や特性，使われ方を，写真で例示した世界の建築・都市空間(700事例)を手掛かりに解説。

建築模型をつくろう

遠藤義則
A5変形判・270頁・カラー　定価3360円

建築模型の材料と道具，模型の種類とその利用効果，模型製作におけるプロセスと基本的なテクニック，仕上げの表現方法など，模型製作に必要なノウハウを豊富なカラー写真とイラストをまじえて丁寧に解説した入門書。

＊上記価格は，消費税5％を含んだ総額表示となっております。